U0716978

元史

明 宋濂等撰

第六册

卷六四至卷七七（志）

中華書局

元史

元史卷六十四

志第十六

河渠一

水爲中國患，尙矣。知其所以爲患，則知其所以爲利，因其患之不可測，而能先事而爲之備，或後事而有其功，斯可謂善治水而能通其利者也。昔者，禹堙洪水，疏九河，陂九澤，以開萬世之利。而周禮地官之屬，所載瀦防溝遂之法甚詳。當是之時，天下蓋無適而非水利也。自先王疆理井田之制壞，而後水利之說興。魏史起鑿漳河，秦鄭國引涇水，漢鄭當時、王安世輩，或獻議穿漕渠，或建策防水決，是數君子者，皆嘗試其術而卒有成功，太史公河渠一書猶可考。自時厥後，凡好事喜功之徒，率多爲興利之言，而其患顧有不可勝言者矣。夫潤下，水之性也，而欲爲之防，以殺其怒，遏其衝，不亦甚難矣哉。惟能因其勢而導之，可蓄則儲水以備旱暵之災，可洩則瀉水以防水潦之溢，則水之患息，而於是蓋有無窮之利焉。

元有天下，內立都水監，外設各處河渠司，以興舉水利、修理河隄爲務。決雙塔、白浮諸水爲通惠河，以濟漕運，而京師無轉餉之勞。導渾河，疏灤水，而武淸、平灤無墊溺之虞。浚冶河，障滹沱，而眞定免決嚙之患。開會通河於臨淸，以通南北之貨。疏陝西之三白，以溉關中之田。泄江湖之淫潦，立捍海之横塘，而浙右之民得免於水患。當時之善言水利，如太史郭守敬等，蓋亦未嘗無其人焉。一代之事功，所以爲不可泯也。今故著其開修之歲月、工役之次第，歷敍其事而分紀之，作河渠志。

通惠河

通惠河，其源出於白浮、甕山諸泉水也。世祖至元二十八年，都水監郭守敬奉詔興舉水利，因建言：「疏鑿通州至〔大〕都河，〔一〕改引渾水溉田，於舊牐河蹤跡導淸水，上自昌平縣白浮村引神山泉，西折南轉，過雙塔、榆河、一畝、玉泉諸水，至西〔水〕門入都城，〔二〕南匯爲積水潭，東南出文明門，東至通州高麗莊入白河。總長一百六十四里一百四步。塞淸水口一十二處，共長三百一十步。壩牐一十處，共二十座，節水以通漕運，誠爲便益。」從之。首事於至元二十九年之春，告成於三十年之秋，賜名曰通惠。凡役軍一萬九千一百二十九，工匠五百四十二，水手三百一十九，沒官囚隸百七十二，計二百八十五萬工，用楮幣百五十二萬錠，糧三萬八千七百石，木石等物稱是。役興之日，命丞相以下皆親操畚鍤爲之倡。置牐之處，往往於地中得舊時磚木，時人爲之感服。船既通行，公私兩便。先時通州至大都五十里，陸輓官糧，歲若干萬，民不勝其悴，至是皆罷之。

其壩牐之名曰：廣源牐；〔三〕西城牐二，上牐在和義門外西北一里，下牐在和義水門西三步；海子牐，在都城內；〔四〕文明牐二，上牐在麗正門外水門東南，下牐在文明門西南一里；魏村牐二，上牐在文明門東南一里，下牐西至上閘一里；籍東牐二，在都城東南王家莊；郊亭牐二，〔五〕在都城東南二十五里銀王莊；通州牐二，上牐在通州西門外，下牐在通州南門外；〔六〕楊尹牐二，在都城東南三十里；朝宗牐二，上牐在萬億庫南百步，下牐去上閘百步。

成宗元貞元年四月，中書省臣言：「新開運河牐，宜用軍一千五百，以守護兼巡防往來船內姦宄之人。」從之。七月，工部言：「通惠河創造牐壩，所費不貲，雖已成功，全藉主守之人，上下照略修治，今擬設提領三員，管領人夫，專一巡護，降印給俸。」其西城牐改名會川，海子牐改名澄清，文明牐仍用舊名，魏村牐改名惠和，籍東牐改名慶豐，郊亭牐改名平津，通州牐改名通流，河門牐改名廣利，楊尹牐改名溥濟。」武宗至大四年六月，省臣言：「通州至大都運糧河牐，始務速成，故皆用木，歲久木朽，一旦俱敗，然後致力，將見不勝其勞。今爲永固計，宜用磚石，以次修治。」從之。後至泰定四年，始修完焉。

文宗天曆三年三月，中書省臣言：「世祖時開挑通惠河，安置閘座，全藉上源白浮、一畝等泉之水以通漕運。今各枝及諸寺觀權勢，私決隄堰，澆灌稻田、水碾、園圃，致河淺妨漕事，乞禁之。」奉旨：白浮、甕山直抵大都運糧河隄堰泉水，諸人毋挾勢偷決，大司農司、都水監可嚴禁之。

壩河

壩河，亦名阜通七壩。

成宗大德六年三月，京畿漕運司言：「歲漕米百萬，全藉船壩夫力。自冰開發運至河凍時止，計二百四十日，日運糧四千六百餘石，所轄船夫一千三百餘人，壩夫七百三十，占役俱盡，晝夜不息。今歲水漲，衝決壩隄六十餘處，雖已修畢，恐霖雨衝圮，走泄運水，以此點視河隄淺澀低薄去處，請加修理。」自五月四日入役，六月十二日畢。深溝壩九處，計一萬五千一百五十三工。王村壩一處，計七百十三工。鄭村壩一處，計一千一百二十五工。

西陽壩三處，計一千二百六十二工。郭村壩三處，計一千九百八十七工。千斯壩下一處，計一萬工。總用工三萬二百四十。

金水河

金水河，其源出於宛平縣玉泉山，流至(義和)〔和義〕門南水門入京城，〔七〕故得金水之名。

至元二十九年二月，中書右丞馬速忽等言：「金水河所經運石大河及高良河、西河俱有跨河跳槽，今已損壞，請新之。」是年六月興工，明年二月工畢。

至大四年七月，奉旨引金水河水注之光天殿西花園石山前舊池，置牐四以節水。閏七月興工，九月成，凡役夫匠二十九，爲工二千七百二十三，除妨工，實役六十五日。

隆福宮前河

隆福宮前河，其水與太液池通。

英宗至治二年五月，奉敕云：「昔在世祖時，金水河濯手有禁，今則洗馬者有之，比至秋疏滌，禁諸人毋得污穢。」於是會計修浚，三年四月興工，五月工畢，凡役軍八百，爲工五千六百三十五。

海子岸

海(水)〔子〕岸，〔八〕上接龍王堂，以石甃其四周。海子一名積水潭，聚西北諸泉之水，流行入都城而匯于此，汪洋如海，都人因名焉。仁宗延祐六年二月，都水監計會前後，與元修舊石岸相接。「凡用石三百五，各長四尺，闊二尺五寸，厚一尺，石灰三千斤，該三百五工，丁夫五十，石工十，九月五日興工，十一日工畢。

至治三年三月，大都河道提舉司言：「海子南岸東西道路，當兩城要衝，金水河浸潤於其上，海子風浪衝嚙於其下，且道狹，不時潰陷泥濘，車馬艱於往來，如以石砌之，實永久之計也。」泰定元年四月，工部應副工物，七月興工，八月工畢，凡用夫匠二百八十七人。

雙塔河

雙塔河，源出昌平縣孟村一畝泉，經雙塔店而東，至豐善村，入楡河。

至元三年四月六日，巡河官言：「雙塔河時將泛溢，不早爲備，恐至潰決，臨期卒難措手。乃計會閉水口工物，開申都水監，創開雙塔河，未及堅久。今已及水漲之時，倘或決壞，走泄水勢，悞運船不便。」省準制國用司給所需，都水監差夫修治焉。凡合閉水口五處，用工二千一百五十五。

盧溝河

盧溝河，其源出於代地，名曰小黃河，以流濁故也。自奉聖州界，流入宛平縣境，至都城四十里東麻谷，分爲二派。

太宗七年歲乙未八月敕：「近劉冲祿言：『率水工二百餘人，已依期築閉盧溝河元破牙梳口，若不修隄固護，恐不時漲水衝壞，或貪利之人盜決溉灌，請令禁之。』劉冲祿可就主領，毋致衝塌盜決。犯者以違制論，徒二年，決杖七十。如遇修築時，所用丁夫器具，應差處調發之。其舊有水手人夫內，五十人差官存留不妨。已委管領，常切巡視體究，歲一交番，所司有不應副者罪之。」

白浮甕山

白浮甕山，卽通惠河上源之所出也。白浮泉水在昌平縣界，西折而南，經甕山泊，自西水門入都城焉。

成宗大德七年六月，甕山等處看牐提領言：「自閏五月二十九日始，晝夜雨不止，六月九日夜半，山水暴漲，漫流隄上，衝決水口。」於是都水監委官督軍夫，自九月二十一日入役，至是月終輟工，實役軍夫九百九十三人。十一年三月，都水監言：「巡視白浮甕山河隄，崩三十餘里，宜編荊笆爲水口，以泄水勢。」計修笆口十一處，四月興工，十月工畢。

仁宗皇慶元年正月，都水監言：「白浮甕山隄，多低薄崩陷處，宜修治。」來春二月入役，八月修完，總修長三十七里二百十五步，計七萬三千七百七十三工。延祐元年四月，都水監言：「自白浮甕山下至廣源牐隄堰，多淤澱淺塞，源泉微細，不能通流，擬疏滌。」由是會計工程，差軍千人疏治。

泰定四年八月，都水監言：「八月三日至六日，霖雨不止，山水泛溢，衝壞甕山諸處笆口，浸沒民田。」計料工物，移文工部關支修治。自八月二十六日興工，九月十三日工畢，役軍夫二千名，實役九萬工，四十五日。

渾河

渾河，本盧溝水，從大興縣流至東安州、武清縣，入漷州界。

至大二年十月，渾河水決左都威衛營西大隄，泛溢南流，沒左右二翊及後衛屯田麥，由是左都威衛言：「十月五日，水決武清縣王甫村隄，闊五十餘步，深五尺許，水西南漫平地流，環圓營倉局，水不沒者無幾。恐來春冰消，夏雨水作，衝決成渠，軍民被害，或遷置營司，或多差軍民修塞，庶免墊溺。」三年二月十二日，省準下左右翊及後衛、大都路委官督工修治，至五月二十日工畢。

皇慶元年二月十七日，東安州言：「渾河水溢，決黃堝隄一十七所。」都水監計工物移文工部。二十七日，樞密知院塔失帖木兒奏：「左衛言渾河決隄口二處，屯田浸不耕種，已發軍五百修治。臣等議，治水有司職耳，宜令中書戒所屬用心修治。」從之。七月，省委工部員外郎張彬言：「巡視渾河，六月三十日霖雨，水漲及丈餘，決隄口二百餘步，漂民廬，沒禾稼，乞委官修治，發民丁刈雜草興築。」

延祐元年六月十七日，左衛言：「六月十四日，渾河決武清縣劉家莊隄口，差軍七百與東安州民夫協力同修之。」三年三月，省議：「渾河決隄堰，沒田禾，軍民蒙害，既已奏聞。差官相視，上自石徑山金口，下至武清縣界舊隄，長計三百四十八里，中間因舊修築者大小四十七處，漲水所害合修補者一十九處，無隄創修者八處，宜疏通者二處，計工三十八萬一百，役軍夫三萬五千，九十六日可畢。如通築則役大難成，就令分作三年爲之，省院差官先發軍民夫匠萬人，興工以修其要處。」是月二十日，樞府奏撥軍三千，委中衞僉事督修治之。七年五月，營田提舉司言：「去歲十二月二十一日，屯戶巡視廣（賦）〔武〕屯北渾河隄二百餘步將崩，〔九〕恐春首土解水漲，浸沒爲患，乞修治。」都水監委濠寨，會營田提舉司官、武清縣官，督夫修完廣武屯北陷薄隄一處，計二千五百工；永興屯北隄低薄一處，計四千一百六十六工；落垡村西衝圮一處，計三千七百三十三工；永興屯北崩圮一處，計六千五百十八工；北王村莊西河東岸至白墳兒，南至韓村西道口，計六千九十三工；劉邢莊西河東岸北至寶僧百戶屯，南至白墳兒，計三萬七百十二工。總用工五萬三千七百二十二。

泰定四年四月，省議：「三年六月內霖雨，山水暴漲，泛沒大興縣諸鄉桑棗田園。移文樞府，於七衞屯田及見有軍內，差三千人修治。」

白河

白河，在漷州東四里，北出通州潞縣，南入于通州境，又東南至香河縣界，又流入于武清縣境，達于靜海縣界。

至元三十年九月，漕司言：「通州運糧河全仰白、榆、渾三河之水，合流名曰潞河，舟楫之行有年矣。今歲新開牐河，分引渾、榆二河上源之水，故自李二寺至通州三十餘里，河道淺澀。今春夏天旱，有止深二尺處，糧船不通，改用小料船搬載，淹延歲月，致虧糧數。先是，都水監相視白河，自東岸吳家莊前，就大河西南，斜開小河二里許，引榆河合流至深溝壩下，以通漕舟。今丈量，自深溝、榆河上灣，至吳家莊龍王廟前白河，西南至壩河八百步。及巡視，知榆河上源築閉，其水盡趨通惠河，止有白佛、靈溝、一子母三小河水入榆河，泉脈微，不能勝舟。擬自吳家莊就龍王廟前閉白河，於西南開小渠，引水自壩河上灣入榆河，庶可漕運。又深溝樂歲五倉，積貯新舊糧七十餘萬石，站車輓運艱緩，由是訪視通州城北通惠河積水，至深溝村西水渠，去樂歲、廣儲等倉甚近，擬自積水處由舊渠北開四百步，至樂歲倉西北，以小料船運載甚便。」都省准焉。通惠河自通州城北，至樂歲西北，水陸共長五百步，計役八萬六百五十工。

大德二年五月，中書省劄付都水監：運糧河隄自楊村至河西務三十五處，用葦一萬九千一百四十束，軍夫二千六百四十九名，度三十日畢。於是本監分官率濠寨至楊村歷視壞隄，督巡河夫修理，以霖雨水溢，故工役倍元料，自寺洵口北至蔡村、清口、孫家務、辛莊、河西務隄，就用元料葦草，修補卑薄，創築月隄，頗有成功。其楊村兩岸相對出水河口四處，葦草不敷，就令軍夫採刈，至九月住役。楊村河上接通惠諸河，下通滹沱入江淮，使官民舟楫直達都邑，利國便民。奈楊村隄岸，隨修隨圮，蓋爲用力不固，徒煩工役，其未修者，候來春水涸土乾，調軍夫修治。

延祐六年十月，省臣言：「漕運糧儲及南來諸物商賈舟楫，皆由直沽達通惠河，今岸崩泥淺，不早疏浚，有礙舟行，必致物價翔湧。都水監職專水利，宜分官一員，以時巡視，遇有頹圮淺澀，隨宜修築，如工力不敷，有司差夫助役，怠事者究治。」從之。

至治元年正月十一日，漕司言：「夏運海糧一百八十九萬餘石，轉漕往返，全藉河道通便，今小直沽汊河口潮汐往來，淤泥壅積七十餘處，漕運不能通行，宜移文都水監疏滌。」工部議：「時農作方興，兼民多艱食，若不差軍助役，民力有所不逮。」樞密院言：「軍人不敷。」省議：「若差民丁，方今東作之時，恐妨歲事。其令大都募民夫三千，日給傭鈔一兩、糙粳米一升，委正官提調，驗日支給，令都水監暨漕司官同督其事。」四月十一日入役，五月十日工畢。

泰定元年二月，(福)〔樞〕府臣奏：〔一〇〕「臨淸萬戶府言，至治元年霖雨，決壞運糧河岸，宜差軍修築。臣等議，誠利益事，令本府差軍三百執役。」從之。三年三月，都水監言：「河西務菜市灣水勢衝嚙，與倉相近，將來爲患，宜於劉二總管營相對河東岸，截河築隄，改水道與舊河合，可杜後患。」四年正月，省臣奏准，樞府差軍五千，大都路募夫五千人，日支糙米五升、中統鈔一兩，本監工部委官與前衛董指揮同監役，是年三月十八日興工，六月十一日工畢。

致和元年六月六日，臨清御河萬戶府言：「泰定四年八月二日，河溢，壞營北門隄約五十步，漂舊樁木百餘，崩圮猶未已。」工部議：「河岸崩摧，理宜修治，既都水監會計工物，各處支給，其役夫三千人，若擬差民，方春恐妨農務，宜移文樞密院撥軍。」省准修舊隄岸，展闊新河口東岸，計工五萬九千九百三十七，用軍三千、木匠十人。

天曆二年三月，漕司言：「元開劉二總管營相對河，比舊河運糧迂遠，乞委官相視，復開舊河便。」四月九日，奏准，差軍七千，委兵部員外郎鄧衡、都水監丞阿里、漕使太不花等督工修浚。後以冬寒，候凍解興役。三年，工部移文大都，於近甸募民夫三千，日支糙粳米三升、中統鈔一兩，兵部改委辛侍郎暨元委官修闢。

至順元年六月，都水監言：「二十三日夜，白河水驟漲丈餘，觀音寺新修護倉隄，已督有司差夫救護，今水落尺餘，宜候伏槽興作。」

御河

御河，自大名路魏縣界，經元城縣泉源鄉于村渡，南北約十里，東北流至包家渡，下接（管）〔館〕陶縣界三口。〔一〕御河上從交河縣，下入清池縣界。又永濟河在清池縣西三十里，自南皮縣來，入清州，今呼爲御河也。

至元三年七月六日，都水監言：「運河二千餘里，漕公私物貨，爲利甚大。自兵興以來，失於修治，清州之南，景州以北，頹闕岸口三十餘處，淤塞河流十五里。至癸巳年，朝廷役夫四千，修築浚滌，乃復行舟。今又三十餘年，無官主領。滄州地分，水面高於平地，全藉隄隁防護。其園圃之家掘隄作井，深至丈餘，或二丈，引水以漑蔬花。復有瀕河人民就隄取土，漸至闕破，走洩水勢，不惟澀行舟，妨運糧，或致漂民居，沒禾稼。其長蘆以北，索家馬頭之南，水內暗藏樁橛，破舟船，壞糧物。」部議以濱河州縣佐貳之官兼河防事，於各地分巡視，如有闕破，卽率衆修治，拔去樁橛，仍禁園圃之家毋穿隄作井，栽樹取土。都省准議。

七年，省臣言：「御河水泛武清縣，計疏浚役夫一十，〔二〕工八十日可畢。」從之。

至大元年六月二十九日，左翼屯田萬戶府呈：「五月十八日申時，水決會川縣孫家口岸約二十餘步，南流灌本管屯田，已移文河間路、武清縣、清州有司，多發丁夫，管領修治。」由是樞密院檄河間路、左翊屯田萬戶府，差軍併工築塞。十月，大名路濬州言：「七月十一日連雨至十七日，清、石二河水溢李家道，東南橫流。詢社長高良輩，稱水源自衞輝路汲縣東北，連本州淇門西舊黑蕩泊，溢流出岸，漫黃河古隄，東北流入本州齊賈泊，復入御河，漂及門民舍。竊計今歲水勢逆行，及下流漳水漲溢，遏絕不能通，以致若此，實非人力可勝。又西關水手佐聚稱，七月十二日卯時，御河水驟漲三尺，十八日復添四尺，其水逆流，明是下流漲水壅逆，擬差官巡治。」

延祐三年七月，滄州言：「淸池縣民告，往年景州吳〔橋〕縣諸處御河水溢，〔一三〕衝決隄岸，萬戶千奴爲恐傷(淇)〔其〕屯田，〔一四〕差軍築塞舊洩水郎兒口，故水無所洩，浸民廬及已熟田數萬頃，乞遣官疏闢，引水入海。及七月四日，決吳橋縣柳斜口東岸三十餘步，千戶移僧又遣軍閉塞郎兒口，水壅不得洩，必致漂蕩張管、許河、孟村三十餘村黍穀廬舍，故本州摘官相視，移文約會開闢，不從。」四年五月，都水監遣官與河間路官相視元塞郎兒口，東西長二十五步，南北闊二十尺，及隄南高一丈四尺，北高二丈餘，復按視郎兒口下流故河，至滄州約三十餘里，上下古跡寬闊，及減水故道，名曰盤河。今爲開闢郎兒口，增濬故河，決積水，由滄州城北達滹沱河，以入于海。

泰定元年九月，都水監遣官督丁夫五千八百九十八人，是月二十八日興工，十月二日工畢。

灤河

灤河，源出金蓮川中，由松亭北，經遷安東、平州西，瀕灤州入海也。王曾北行錄云：

「自偏槍嶺四十里，過烏灤河，東有灤州，因河爲名。」

至元二十八年八月，省臣奏：「姚演言，奉敕疏濬灤河，漕運上都，乞應副沿河蓋露囷工匠什物，仍預備來歲所用漕船五百艘，水手一萬，牽船夫二萬四千。臣等集議，近歲東南荒歉，民力凋弊，造舟調夫，其事非輕，一時並行，必致重困。請先造舟十艘，量撥水手試行之，如果便，續增益。」制可其奏，先以五十艘行之，仍選能人同事。

大德五年八月十三日，平灤路言：「六月九日霖雨，至十五日夜，灤河與淝、洳三河並溢，衝圮城東西二處舊護城隄、東西南三面城牆，橫流入城，漂郭外三關瀕河及在城官民屋廬糧物，沒田苗，溺人畜，死者甚衆，而雨猶不止。至二十四日夜，灤、漆、淝、洳諸河水復漲入城，餘屋漂蕩殆盡。」乃委吏部馬員外同都水監官修之。東西二隄，計用工三十一萬一千五十，鈔八千八十七錠十五兩，糙粳米三千一百一十石五斗，椿木等價鈔二百七十四錠二十六兩四錢。

延祐四年六月十六日，上都留守司言：〔一五〕「正月一日，城南御河西北岸爲水衝嚙，漸至頹圮，若不修治，恐來春水泛漲，漂沒民居。又開平縣言，四月二十六日霖雨，至二十八日夜，東關灤河水漲，衝損北岸，宜擬修築。本司議，即目仲夏霖雨，其水復溢，必大爲害。乃委官督夫匠興役。開平發民夫，幼小不任役，請調軍供作，庶可速成。」五月二十一日，留守司言：「灤河水漲決隄，計修築用軍六百，宜令樞密院差調，官給其食。」制曰：「今維其時，移文樞密院發軍速爲之。」虎賁司發軍三百治焉。

泰定二年三月十三日，永平路屯田總管府言：「國家經費咸出於民，民之所生，無過農作。本屯闢田收糧，以供億內府之用，不爲不重。訪馬城東北五里許張家莊龍灣頭，在昔有司差夫築隄，以防灤水，西南連淸水河，至公安橋，皆本屯地分。去歲霖雨，水溢，衝盪皆盡，浸死屯民田苗，終歲無收。方今農隙，若不預修，必致爲害。」工部移文都水監，差濠寨洎本屯官及灤州官親詣相視，督令有司差夫補築。三年五月十日，上都留守司及本路總管府言：「巡視大西關南馬市口灤河遞北隄，侵嚙漸崩，不預治，恐夏霖雨水泛，貽害居民。」於是逘都城所丈量，計用物修治，工部移文上都分部施行。七月二日，右丞相塔失帖木兒等奏：「斡耳朶思住冬營盤，爲灤河走凌河水衝壞，將築護水隄，宜令樞密院發軍千二百人以供役。」從之。樞密院請遣軍千二百人。

河間河

河間河在河間路界。

泰定三年三月，都水監言：「河間路水患，古儉河，自北門外始，依舊疏通，至大成縣界，以洩上源水勢，引入鹽河；古陳玉帶河，自軍司口浚治，至雄州歸信縣界，以導淀濼積潦，注之易河；黄龍港，自鎖井口開鑿，至文安縣玳瑁口，以通濼水，經火燒淀，轉流入海。計河宜疏者三十處，總役夫三萬，三十日可畢。」是月省臣奏准，遣斷事官定住，同元委都水孫監丞泊本處有司官，於旁近州縣發丁夫三萬，日給鈔一兩、米一升，先詣古陳玉帶河。尋以歲旱民饑，役興人勞罷，候年登爲之。

冶河

冶河在眞定路平山縣西門外，經井陘縣流來本縣東北十里，入滹沱河。

元貞元年正月十八日，丞相完澤等言：「往年先帝嘗命開眞定冶河，已發丁夫入役，適值先帝昇遐，以聚衆罷之。今請遵舊制，俾卒其事。」從之。

皇慶元年七月二日，眞定路言：「龍花、判官莊諸處壞隄，計工物，申請省委都水監及本路官，自平山縣西北，歷視滹沱、冶河合流，急注眞定西南關，由是再議，照冶河故道，自平山縣西北河內，改修滾水石隄，下修龍塘隄，東南至水碾村，改引河道一里，蒲吾橋西，改闢河道一里。上至平山縣西北，下至寧晉縣，疏其淤澱，築隄分其上源入舊河，以殺其勢。復有程同、程章二石橋阻咽水勢，擬開減水月河二道，可久且便。下相欒城縣，南視趙州寧晉縣，諸河北之下源，地形低下，恐水泛，經欒城、趙州，壞石橋，阻河流爲害。由是議於欒城縣北，聖母堂東冶河東岸，開減水河，可去眞定之患。」省准，於二年二月，都水監委官與本路及廉訪司官，同詣平山縣相視，會計修治，總計冶河，始自平山縣北關西龍神廟北獨石，通長五千八百六步，共役夫五千，爲工十八萬八百七，無風雨妨工，三十六日可畢。

滹沱河

滹沱河，源出於西山，在眞定路眞定縣南一里，經藁城縣北一里，經平山縣北十里。寰宇記載經靈壽縣西南二十里。此河連貫眞定諸郡，經流去處，皆曰滹沱水也。

延祐七年十一月，眞定路言：「眞定縣城南滹沱河，北決隄，寖近城，每歲修築。聞其源本微，與冶河不相通，後二水合，其勢遂猛，屢壞金大隄爲患。本路達魯花赤哈散於至元三十年言，准引闢冶河自作一流，滹沱河水十退三四。至大元年七月，水漂南關百餘家，淤塞冶河口，其水復滹河。自後歲有潰決之患，略舉大德十年至皇慶元年，節次修隄，用捲埽葦草二百餘萬，官給夫糧傭直百餘萬錠。及延祐元年三月至五月，修隄二百七十餘步，其明堂、判官、勉村三處，就用橋木爲樁，徵夫五百餘人，執役月餘不能畢。近年米價翔貴，民匱於食，有丁者正身應役，單丁者必須募人，人日傭直不下三五貫，前工未畢，後役迭至。

至七月八日，又衝塌李玉飛等莊及木方、胡營等村三處隄，長一千二百四十步，申請委官相視，差夫築月隄。延祐二年，本路前總管馬思忽嘗闢治河，已復湮塞。今歲霖雨，水溢北岸數處，浸沒田禾。其河元經康家莊村南流，不記歲月，徙於村北。數年修築，皆於隄北取土，故南高北低，水愈就下侵嚙。西至木方村，東至護城隄，數約二千餘步，比來春，必須修治。用椿梢築土隄，亦非永久之計。若濬木方村南舊湮枯河，引水南流，牐閉北岸河口，於南岸取土築隄，下至合頭村北與本河合，如此去城稍遠，庶可無患。」都水監差官相視，截河築隄，闊千餘步，新開古岸，止闊六十步，恐不能制禦千步之勢。若於北岸闕破低薄處，比元料，增夫力，葦草捲埽補築，便計葦草丁夫，若令責辦民間，緣今歲旱澇相仍，民食匱乏，擬均料各州縣上中戶，價錢及食米於官錢內支給。限二月二十日興工，役夫五千，爲工十六萬七百一十九，度三十二日可畢。總計補築滹沱河北岸防水隄十處，長一千九百一十步，高闊不一，計三百四十萬七千七百五十尺，用推埽梯二十五，每梯用大檁三、小檁三，計大小檁一百五十，草三十五萬八百束，葦二十八萬六百四十束，梢柴七千二百束。

至治元年三月，眞定路言：「眞定縣滹沱河，每遇水泛，衝隄岸，浸沒民田，已差募丁夫修築，與廉訪司官相視講究，如將木方村南舊堙河道疏闢，導水東南行，牐閉北岸，却於河南取土，修築至合頭村，合入本河，似望可以民安。」都水監與眞定路官相視議：「夫治水者，行其所無事，蓋以順其性也。牐閉滹沱河口，截河築隄一千餘步，開掘故河老岸，闊六十步，長三十餘里，改水東南行流，霖雨之時，水拍兩岸，截河隄隁，阻逆水性，新開故河，止闊六十步，焉能吞授千步之勢？上嚥下滯，必致潰決，徒糜官錢，空勞民力。若順其自然，將河北岸舊隄比之元料，增添工物，如法捲埽，堅固修築，誠爲官民便益。」省准補築滹沱河北岸縷水隄一十處，通長一千九百一十步，役夫五百名，計一十六萬七百三十九工。

泰定四年八月七日，省臣奏：「眞定路言，滹沱河水連年泛溢爲害，都水監、廉訪司、眞定路及瀕河州縣官洎耆老會議，其源自五臺諸山來，至平山縣王母村山口下，與平定州娘子廟石泉冶河合。夏秋霖雨水漲，瀰漫城郭，每年勞民築隄，莫能除害，宜自王子村、辛安村鑿河，長四里餘，接魯家灣舊澗，復開二百餘步，合入冶河，以分殺其勢。又木方村滹沱河南岸故道，疏滌三十里，北岸下椿捲埽，築隄捍水，令東流。今歲儲材，九月興役，期十一月功成。所用石鐵石灰諸物，夫匠工糧，官爲供給，力省功多，可永無害。工部議，若從所請，二河並治，役大民勞，擬先開冶河，其眞定路徵民夫，如不敷，可於鄰郡順德路差募人夫，日給中統鈔一兩五錢，如侵礙民田，官酬其直。中書省都水監差官，率知水利濠寨，督本路及當該州縣用工，廉訪司添力成就，滹河近後再議。」從之。九月，委都水監官洎本道廉訪司眞定路同監督有司併工修治。後眞定路言：「閏九月五日爲始興工間，據趙州臨城諸縣申，「天寒地凍，難於用工，候春暖開闢便，已於十月七日放散人民。」部議，人夫既散，宜准所擬。凡已給夫鈔二萬六千八百三十二錠，地價錢六百三十錠。

會通河

會通河，起東昌路須城縣安山之西南，由壽張西北至東昌，又西北至于臨清，以逾于御河。

至元二十六年，壽張縣尹韓仲暉、太史院令史邊源相繼建言，開河置牐，引汶水達舟于御河，以便公私漕販。省遣漕副馬之貞與源等按視地勢，商度工用，於是圖上可開之狀。詔出楮幣一百五十萬緡、米四(百)〔萬〕石、〔六〕鹽五萬斤，以爲傭直，備器用，徵旁郡丁夫三萬，驛遣斷事官忙速兒、禮部尚書張孔孫、兵部尚書李處巽等董其役。首事於是年正月己亥，起於須城安山之西南，止於臨清之御河，其長二百五十餘里，中建牐三十有一，度高低，分遠邇，以節蓄洩。六月辛亥成，凡役工二百五十一萬七百四十有八，賜名曰會通河。

二十七年，省以馬之貞言霖雨岸崩，河道淤淺，宜加修濬，奏撥放罷輸運站戶三千，專供其役，仍俾採伐木石等以充用。是後，歲委都水監官一員，佩分監印，率令史、奏差、濠寨官往職巡視，且督工，易牐以石，而視所損緩急爲後先。至泰定二年，始克畢事。

會通鎭牐三、土壩二，在臨清縣北。頭牐長一百尺，闊八十尺，兩直身各長四十尺，兩鴈翅各斜長三十尺，高二丈，牐空闊二丈，自至元三十年正月一日興工，凡役夫匠六百六十名，至十月二十九日工畢。中牐南至隘船牐三里，元貞二年七月二十三日興工，至大德二年三月十三日工畢，夫匠四百四十三，長廣與上牐同。隘船〔牐〕南至李海務牐一百五十二里，〔一七〕延祐元年八月十五日興工，九月二十五日工畢，夫匠五百，牐空闊九尺，長廣同上。土壩二。

李海務牐南至周家店牐一十二里，元貞二年二月二日興工，五月二十日工畢，夫匠五百二十七名，長廣與會通鎭牐同。

周家店牐南至七級牐一十二里，大德四年正月二十一日興工，八月二十日工畢，夫匠四百四十二，長廣與上同。

七級牐二：北牐南至南牐三里，大德元年五月一日興工，十月六日工畢，夫匠四百四十三名，長廣如周家店牐；南牐南至阿城牐一十二里，元貞二年正月二十日興工，十月五日工畢，夫匠四百五十名，長廣同北牐。

阿城牐二：北牐南至南牐三里，大德三年三月五日興工，七月二十八日工畢，夫匠四百四十一名，長廣上同；南牐南至荆門北牐一十里，大德二年正月二十五日興工，十月一日工畢，夫匠四百四十六名，長廣上同。

荆門牐二：北牐南至荆門南牐二里半，大德三年六月初一日興工，至十月二十五日工畢，役夫三百一十名，長廣同；南牐南至壽張牐六十五里，大德六年正月二十三日興工，六月二十九日工畢，長廣同北牐。

壽張牐南至安山牐八里，至元三十一年正月一日興工，五月二十日工畢。

安山牐南至開河牐八十五里，至元二十六年建。

開河牐南至濟州牐一百二十四里。

濟州牐三：上牐南至中牐三里，大德五年三月十二日興工，七月二十八日工畢；中牐南至下牐二里，至治元年三月一日興工，六月六日工畢；下牐南至趙村牐六里，大德七年二月十三日興工，五月二十一日工畢。

趙村牐南至石佛牐七里，泰定四年二月十八日興工，五月二十日工畢。

石佛牐南至辛店牐一十三里，延祐六年二月十日興工，四月二十九日工畢。

辛店牐南至師家店牐二十四里，大德元年正月二十七日興工，四月一日工畢。

師家店牐南至棗林牐一十五里，大德二年二月三日興工，五月二十三日工畢。

棗林牐南至孟陽泊牐九十五里，延祐五年二月四日興工，五月二十二日工畢。

孟陽泊牐南至金溝牐九十里，大德八年正月四日興工，五月十七日工畢。

金溝牐南至隘船牐一十二里，大德十年閏正月二十五日興工，四月二十三工畢。

沽頭牐二：北隘船牐南至下牐二里，延祐二年二月六日興工，五月十五日工畢；南牐南至徐州一百二十里，大德十一年二月興工，五月十四日工畢。

三汊口牐入鹽河，南至土山牐一十八里，泰定二年正月十九日興工，四月十三日工畢。

土山牐南至三汊口牐二十五里，入鹽河。

兖州牐。

堽城牐。

延祐元年二月二十日，省臣言：「江南行省起運諸物，皆由會通河以達于都，爲其河淺澀，大船充塞於其中，阻礙餘船不得來往。每歲省臺差人巡視，其所差官言，始開河時，止許行百五十料船，近年權勢之人，并富商大賈，貪嗜貨利，造三四百料或五百料船，於此河行駕，以致阻滯官民舟楫，如於沽頭置小石牐一，止許行百五十料船便。臣等議，宜依所言，中書及都水監差官於沽頭置小牐一，及於臨淸相視宜置牐處，亦置小牐一，禁約二百料之上船，不許入河行運。」從之。

至治三年四月十日，都水分監言：「會通河沛縣東金溝、沽頭諸處，地形高峻，旱則水淺舟澀，省部已准置二滾水隁。近延祐二年，沽頭牐上增置隘牐一，以限巨舟，每經霖雨，則三牐月河、截河土隁，盡爲衝決。自秋摘夫刈薪，至冬水落，或來歲春首修治，工夫浩大，動用丁夫千百，束薪十萬之餘，數月方完，勞費萬倍。又況延祐六年雨多水溢，月河、土隁及石牐雁翅日被衝嚙，土石相離，深及數丈，其工倍多，至今未完。今若運金溝、沽頭并隘牐三處見有石，於沽頭月河內修隁牐一所，更將隘牐移置金溝牐月河、或沽頭牐月河內，水大則大牐俱開，使水得通流，水小則閉金溝大牐，上開隘牐，沽頭則閉隘牐，而啓正牐行舟，如此歲省修治之費，亦可免丁夫冬寒入水之苦，誠爲一勞永逸。」

移文工部，令委官與有司同議。於是差濠寨約會濟寧路官相視，就問金溝牐提領周德興，言每歲夏秋霖雨，衝失牐隄，必候水落，役夫採薪修治，不下三兩月方畢，冬寒水作，苦不勝言。會驗監察御史言，延祐初，元省臣亦嘗請置隘牐以限巨舟，臣等議，其言當，請從之。於是議：棱板等船乃御河、江、淮可行之物，宜遣出任其所之，於金溝、沽頭兩牐中置隘牐二，各闊一丈，以限大船。若欲於通惠、會通河行運者，止許一百五十料，違者罪之，仍沒其船。其大都、江南權勢紅頭花船，一體不許來往。准擬拆移沽頭隘牐，置於金溝大牐之南，仍作運環牐，其間空地北作滾水石堰，水漲卽開大小三牐，水落卽鎖閉大牐，止於隘牐通舟。果有小料船及官用巨物，許申稟上司，權開大牐，仍添金溝牐板積水，以便行舟。其沽頭截河土堰，依例改修石堰，盡除舊有土堰三道。金溝牐月河內創建滾水石堰，長一百七十尺，高一丈，闊一丈。沽頭牐自河內修截河堰，長一百八十尺，高一丈一尺，底闊二丈，上闊一丈。

泰定四年四月，御史臺臣言：「巡視河道，自通州至眞、揚，會集都水分監及瀕河州縣官民，詢考利病，不出兩端，一曰壅決，二曰經行。卑職參詳，自古立國，引漕皆有成式。自世祖屈羣策，濟萬民，疏河渠，引清、濟、汶、泗，立牐節水，以通燕薊、江淮，舟楫萬里，振古所無。後人篤守成規，苟能舉其廢墜而已，實萬世無窮之利也。蓋水性流變不常，久廢不修，舊規漸壞，雖有智者，不能善後。以故詳歷考視，酌古准今，參會衆議，輒有管見，倘蒙采錄，責任水監，謹守勿失，能事畢矣。不窮利病之源，頻歲差人，具文巡視，徒爲煩擾，無益於事。都水監元立南北隘牐，各闊九尺，二百料下船梁頭八尺五寸，可以入牐。愚民嗜利無厭，爲隘牐所限，改造減舷添倉長船至八九十尺，甚至百尺，皆五六百料，入至牐內，不能回轉，動輒淺閣，阻礙餘舟，蓋緣隘牐之法，不能限其長短。今卑職至眞州，問得造船作頭，稱過牐船梁八尺五寸船，該長六丈五尺，計二百料。由是參詳，宜於隘牐下岸立石則，遇船入牐，必須驗量，長不過則，然後放入，違者罪之。牐內舊有長船，立限遣出。」省下都水監，委濠寨官約會濟寧路委官同歷視議擬，隘牐下約八十步河北立二石則，中間相離六十五尺，如舟至彼，驗量如式，方許入牐，有長者罪遣退之。又與東昌路官親詣議擬，於元立隘牐西約一里，依已定丈尺，置石則驗量行舟，有不依元料者罪之。

天曆三年三月，詔諭中外：「都水監言：世祖費國家財用，開闢會通河，以通漕運。往來使臣、下番百姓，及隨從使臣、各枝斡脫權勢之人，到牐不候水則，恃勢捶撻看牐人等，頻頻啓放。又漕運糧船，凡遇水淺，於河內築土壩，積水以漸行舟，以故壞牐。乞禁治事。命後諸王駙馬各枝往來使臣，及斡脫權勢之人、下番使臣等，并運官糧船，如到牐，依舊定例啓閉，若似前不候水則，恃勢捶拷守牐人等，勒令啓牐，及河內用土築壩壞牐之人，治其罪。如守牐之人，恃有聖旨，合啓牐時，故意遲延，阻滯使臣客旅，欺要錢物，乃不畏常憲也。」仍令監察御史、廉訪司常加體察。

兖州牐

兖州牐已見前。

至元二十七年四月，都漕運副使馬之貞言：

淮山東東西道宣慰使司牒文，相視兖州牐堰事。先於至元十二年，蒙丞相伯顏訪問自江淮達大都河道，之貞乃言，宋、金以來，汶、泗相通河道，郭都水按視，可以通漕。

於二十年中書省奏准，委兵部李尚書等開鑿，擬修石牐十四。二十一年省委之貞與尚監察等同相視，擬修石牐八、石隁二，除已修畢外，有石牐一、石隁一、堽城石隁一，至今未修。據濟州以南，徐、邳沿河縴道橋梁，二十三年添立邳州水站，移文沿河州縣，修治已完。二十三年調之貞充漕運副使，委管牐接放綱船。沿河縴道，元無崩損去處，在前年例，當麻麥盛時，差官修理縴道，督責地主割刈麻麥，幷滕州開決稻隁，泗源磨隁，差人於呂梁百步等棋，及濟州牐監督江淮綱運船隻，過棋出牐，不令阻滯客旅，苟取錢物。據新開會通幷濟州汶、泗相通河，非自然長流河道，於兗州立牐隁，約泗水西流，堽城立牐隁，分汶水入河，南會于濟州，以六牐撙節水勢，啓閉通放舟楫，南通淮、泗，以入新開會通河，至於通州。

近去歲四月，江淮都漕運使司言，本司糧運，經濟河至東阿交割，前者濟州運司，不時移文瀕河官司，修治縴道，若有緩急處所，正官取招呈省，路經歷、縣達魯花赤以下就便斷罪。今濟州漕司革罷，其河道撥屬都漕運司管領，本司糧運未到東阿，凡有阻滯，並是本司遲慢。迤南河道，從此無人管領，不時水勢泛溢，隄岸摧塌，澀滯河道。又濟州牐，前濟州運司正官親臨監視，其押綱船戶不敢分爭。卽目各處官司差人管領，與綱官船戶各無統攝，爭要水勢，及攙越過牐，互相毆打，以致損壞船隻，浸沒官糧。

擬將東阿河道撥付江淮都漕運司提調管領，庶幾不誤糧運。都省准焉。

又准江淮都漕運司副使言，除委官看管牐堰外，據汶、泗、堽城二牐一堰、泗河兗州牐堰、濟州城南牐，乃會通河上源之喉衿，去歲流水衝壞堽城汶河土堰、兗州泗河土堰，必須移文兗州、泰安州差夫修閉。又被漲水衝破梁山一帶隄堰，走洩水勢，通入舊河，以致新河水小，澀糧船，乞移文斷事等官，轉下東平路修閉。上流撥屬江淮漕運司，下流屬之貞管領。若已後新河水小，直下濟州監牐官，並泰安、兗州、東平修理。據兗州石牐一所、石堰一道，堽城石牐一道，合用材物已行措置完備，必須修理，雖初經之貞相視會計，卽今不隸管領，乞移文江淮漕司修治。其泰安州堽城安、梁山一帶隄岸，濟州牐等處，雖是撥屬江淮漕司，今後倘若水漲，衝壞隄堰，亦乞照會東平、濟寧、泰安，如承文字，亦仰奉行。又東阿、須城界安山牐，爲糧船不由舊河來往，江淮所委監牐官已去，目今無人看管，必須之貞修理，以此權委人守焉。

校勘記

〔一〕疏鑿通州至〔大〕都河　據本書卷一七世祖紀至元二十九年八月丙午條補。本證已校。

〔二〕至西〔水〕門入都城　據下文白浮甕山條及本書卷一六四郭守敬傳補。新元史已校。

〔三〕其壩牐之名曰廣源牐　此處當有脫文。元一統志有「凡置閘二十有四，護國仁王寺西廣源閘二」。按下文例「廣源牐」下當書「二」及「在護國仁王寺西」等字。

〔四〕海子牐在都城內　元一統志有「海子東澄清閘三」。海子牐卽澄清牐，此處「牐」下當脫「三」字。

〔五〕郊亭牐二　元一統志有「郊亭北平津閘三」。郊亭牐卽平津牐。疑此處「二」爲「三」之誤。

〔六〕通州牐二上牐在通州西門外下牐在通州南門外　此下有脫文。按下文「通州牐改名通流，河門牐改名廣利，楊尹牐改名溥濟」，可知通州牐與楊尹牐之間原有河門牐。元一統志有「高麗莊廣利閘二」。此處疑脫「河門牐二，在高麗莊」等字。

〔七〕(義和)〔和義〕門　據上文及本書卷五八地理志改。

〔八〕海(水)〔子〕岸　從北監本改。

〔九〕廣(賦)〔武〕屯北渾河隄二百餘步將崩　按下文作「廣武屯」。據改。新編已校。

〔一〇〕泰定元年二月(福)〔樞〕府臣奏　從道光本改。按元無「福府」。

〔一一〕(管)〔館〕陶縣　從道光本改。按本書卷五八地理志，濮州，領縣六，有館陶。

〔一二〕計疏浚役夫一十　按疏浚河道，當非十人之工役。疑此處史文有誤。

〔一三〕景州吳〔橋〕縣　按本書卷五八地理志，景州，領五縣，有吳橋。據補。

〔一四〕萬戶千奴爲恐傷(淇)〔其〕屯田　按淇屬衛輝路，在河南；吳橋屬河間路，在河北，地區不合。

「淇」爲「其」字之誤，今改。

〔一五〕延祐四年六月十六日上都留守司言　按「六月十六日，上都留守司言」，不應列在「五月二十一日，留守司言」之前。且下文言「卽目仲夏霖雨」，倘作「六月」，卽非「仲夏」。「六月」疑當作「五月」。

〔一六〕米四(百)〔萬〕石　按本書卷一五世祖紀至元二十五年十月庚午條有「安山至臨清，爲渠二百六十五里，若開浚之，爲工三百萬，當用鈔三萬錠、米四萬石、鹽五萬斤」。據改。本證已校。

〔一七〕隘船〔牐〕南至李海務牐一百五十二里　據上下文所見「隘船牐」補。

元史卷六十五

志第十七上

河渠二

黃河

黃河之水，其源遠而高，其流大而疾，其爲患於中國者莫甚焉。前史載河決之患詳矣。世祖至元九年七月，衞輝路新鄉縣廣盈倉南河北岸決五十餘步。八月，又崩一百八十三步，其勢未已，去倉止三十步。於是委都水監丞馬良弼與本路官同詣相視，差丁夫併力修完之。二十五年，汴梁路陽武縣諸處，河決二十二所，漂蕩麥禾房舍，委宣慰司督本路差夫修治。

成宗大德三年五月，河南省言：「河決蒲口兒等處，浸歸德府數郡，百姓被災。差官修築計料，合修七隄二十五處，共長三萬九千九十二步，總用葦四十萬四千束，徑尺椿二萬四千七百二十株，役夫七千九百二人。」

武宗至大三年十一月，河北河南道廉訪司言：

黃河決溢，千里蒙害。浸城郭，漂室廬，壞禾稼，百姓已罹其毒。然後訪求修治之方，而且衆議紛紜，互陳利害，當事者疑惑不決，必須上請朝省，比至議定，其害滋大，所謂不預已然之弊。大抵黃河伏槽之時，水勢似緩，觀之不足爲害，一遇霖潦，湍浪迅猛。自孟津以東，土性疏薄，兼帶沙鹵，又失導洩之方，崩潰決溢，可翹足而待。

近歲亳、潁之民，幸河北徙，有司不能遠慮，失於規劃，使陂濼悉爲陸地。東至杞縣三汊口，播河爲三，分殺其勢，蓋亦有年。往歲歸德、太康建言，相次湮塞南北二汊，遂使三河之水合而爲一。下流既不通暢，自然上溢爲災。由是觀之，是自奪分泄之利，故其上下決溢，至今莫除。卽今水勢趨下，有復鉅野、梁山之意。蓋河性遷徙無常，苟不爲遠計預防，不出數年，曹、濮、濟、鄆蒙害必矣。

今之所謂治水者，徒爾議論紛紜，咸無良策。水監之官，既非精選，知河之利害者，百無一二。雖每年累驛而至，名爲巡河，徒應故事。問地形之高下，則懵不知；訪水勢之利病，則非所習。既無實才，又不經練。乃或妄興事端，勞民動衆，阻逆水性，翻爲後患。

爲今之計，莫若於汴梁置都水分監，妙選廉幹、深知水利之人，專職其任，量存員數，頻爲巡視，謹其防護。可疏者疏之，可堙者堙之，可防者防之。職掌既專，則事功可立。較之河已決溢，民已被害，然後鹵莽修治以勞民者，烏可同日而語哉。

於是省令都水監議，檢照大德十年正月省臣奏準，昨都水監陞正三品，添官二員，鑄分監印，巡視御河，修缺潰，疏淺澀，禁民船越次亂行者，令擬就令分巡提點修治。本監議：「黃河泛漲，止是一事，難與會通河有壩牐漕運分監守治爲比。先爲御河添官降印，兼提點黃河，若使專一，分監在彼，則有妨御河公事。況黃河已有拘該有司正官提調，自今莫若分監官吏以十月往，與各處官司巡視缺破，會計工物督治，比年終完，來春分監新官至，則一一交割，然後代還，庶不相誤。」

工部照大德九年黃河決徙，逼近汴梁，幾至浸沒。本處官司權宜開闢董盆口，分入巴河，以殺其勢，遂使正河水緩，併趨支流。緣巴河舊隘，不足吞伏，明年急遣蕭都水等閉塞，而其勢愈大，卒無成功，致連年爲害，南至歸德諸處，北至濟寧地分，至今不息。本部議：「黃河爲害，難同餘水。欲爲經遠之計，非用通知古今水利之人專任其事，終無補益。河南憲司所言詳悉，今都水監別無他見，止依舊例議擬未當。如量設官，精選廉幹奉公、深知地形水勢者，專任河防之職，往來巡視，以時疏塞，庶可除害。」省準令都水分監官專治河患，任滿交代。

仁宗延祐元年八月，河南等處行中書省言：「黄河涸露舊水泊汙池，多爲勢家所據，忽遇泛溢，水無所歸，遂致爲害。由此觀之，非河犯人，人自犯之。擬差知水利都水監官，與行省廉訪司同相視，可以疏闢隄障，比至泛溢，先加修治，用力少而成功多。又汴梁路睢州諸處，決破河口數十，内開封縣小黄村計會月隄一道，都水分監修築障水隄堰，所擬不一，宜委請行省官與本道憲司、汴梁路都水分監官及州縣正官，親歷按驗，從長講議。」由是委太常丞郭奉政、前都水監丞邊承務、都水監卿朶兒只、河南行省石右丞、本道廉訪副使站木赤、汴梁判官張承直，上自河陰，下至陳州，與拘該州縣官一同沿河相視。開封縣小黄村河口，測量比舊淺減六尺。陳留、通許、太康舊有蒲葦之地，後因閉塞西河、塔河諸水口，以便種蒔，故他處連年潰決。

各官公議：「治水之道，惟當順其性之自然。嘗聞大河自陽武、胙城，由白馬河間，東北入海。歷年既久，遷徙不常。每歲泛溢兩岸，時有衝決，强爲閉塞，正及農忙，科樁梢，發丁夫，動至數萬，所費不可勝紀，其弊多端，郡縣嗷嗷，民不聊生。蓋黄河善遷徙，惟宜順下疏泄。今相視上自河陰，下抵歸德，經夏水漲，甚於常年，以小黄口分洩之故，並無衝決，此其明驗也。詳視陳州，最爲低窪，瀕河之地，今歲麥禾不收，民饑特甚。欲爲拯救，奈下流無可疏之處。若將小黃村河口閉塞，必移患隣郡。決上流南岸，則汴梁被害；決下流北岸，則山東可憂。事難兩全，當遺小就大。如免陳村差稅，賑其饑民，陳留、通許、太康縣被災之家，依例取勘賑恤，其小黃村河口仍舊通流外，據修築月隄，幷障水隄，閉河口，別難擬議。」於是凡汴梁所轄州縣河隄，或已修治，及當疏通與補築者，條列具備。

至五年正月，河北河南道廉訪副使奧屯言：「近年河決杞縣小黃村口，滔滔南流，莫能禦遏，陳、潁瀕河膏腴之地浸沒，百姓流散。今水迫汴城，遠無數里，儻值霖雨水溢，倉卒何以防禦。方今農隙，宜爲講究，使水歸故道，達于江、淮，不惟陳、潁之民得遂其生，竊恐將來浸灌汴城，其害匪輕。」於是大司農司下都水監移文汴梁分監修治，自六年二月十一日興工，至三月九日工畢，總計北至槐疙疸兩舊隄，南至窰務汴隄，通長二十里二百四十三步。創修護城隄一道，長七千四百四十三步。下地修隄，下廣十六步，上廣四步，高一丈，六十尺爲一工。隄東二十步外取土，內河溝七處，深淺高下闊狹不一，計工二十五萬三千六百八十，用夫八千四百五十三，除風雨妨工，三十日畢。內流水河溝，南北闊二十步，水深五尺。河內修隄，底闊二十四步，上廣八步，高一丈五尺，積十二萬尺，取土稍遠，四十尺爲一工，計三萬工，用夫百人。每步用大椿二，計四十，各長一丈二尺，徑四寸。每步雜草千束，計二萬。每步簽椿四，計八十，各長八尺，徑三寸。水手二十，木匠二，大船二艘，梯鑊一副，繩索畢備。

七年七月，汴梁路言：「滎澤縣六月十一日河決塔海莊東隄十步餘，橫隄兩重，又缺數處。二十三日夜，開封縣蘇村及七里寺復決二處。」本省平章站馬赤親率本路及都水監官，併工修築，於至治元年正月興工，修隄岸四十六處，該役一百二十五萬六千四百九十四工，凡用夫三萬一千四百一十三人。

文宗至順元年六月，曹州濟陰縣河防官本縣尹郝承務言：「六月五日，魏家道口黄河舊隄將決，不可修築，以此差募民夫，創修護水月隄，東西長三百九步，下闊六步，高一丈。又緣水勢瀚漫，復於近北築月隄，東西長一千餘步，下廣九步，其功未竟。至二十一日，水忽泛溢，新舊三隄一時咸決，明日外隄復壞，急率民閉塞，而湍流迅猛，有蛇時出沒於中，所下椿土，一掃無遺。又舊隄歲久，多有缺壞，差夫併工築成二十餘步。其魏家道口缺隄，東西五百餘步，深二丈餘，外隄缺口，東西長四百餘步。又磨子口護水隄，低薄不足禦水，東西長一千五百步。魏家道口卒未易修，先差夫補築。磨子口七月十六日興工，二十八日工畢。二十二日，按視至朱從馬頭西，舊隄缺壞，東西長一百七十餘步，計料隄外貼築五步，增高一丈二尺，與舊隄等，上廣二步。於磨子口修隄夫內，摘差三百一十人，於是月二十三日入役，至閏七月四日工畢。」

郝承務又言：「魏家道口塼堌等村，缺破隄隁，累下椿土，衝洗不存，若復閉築，緣缺隄周回皆泥淖，人不可居，兼無取土之處。又沛郡安樂等保，去歲旱災，今復水澇，漂禾稼，壞室廬，民皆缺食，難於差倩。其不經水害村保民人，先已遍差補築黃家橋、磨子口諸處隄隁，似難重役。如候秋涼水退，倩夫修理，庶蘇民力。今衝破新舊隄七處，共長一萬二千二百二十八步，下廣十二步，上廣四步，高一丈二尺，計用夫六千三百四人，椿九百九十，葦箔一千三百二十，草一萬六千五束。六十尺爲一工，無風雨妨工，度五十日可畢。」本縣準言，至八月三十日差夫二千四百二十，關請郝承務督役。

郝承務又言：「九月三日興工修築，至十八日大風，十九日雨，二十四日復雨，緣此辛馬頭、孫家道口障水隄隁又壞，計工役倍於元數，移文本縣，添差二千人同築。二十六日，元與（武成）〔成武〕、定陶二縣分築魏家道口八百二十步修完。〔一〕十月二日，至辛馬頭、孫家道口，從實丈量元缺隄，南北闊一百四十步，內水地五十步，深者至二丈，淺者不下八九尺，依元料用椿箔補築，至七日完。又於本處創築月隄一道，西北東南斜長一千六百二十七步，內（武成）〔成武〕、定陶分築一百五十步，實築一千四百七十七步，外有元料堌頭魏家道口外隄未築。卽欲興工，緣冬寒土凍，擬候來春，併工修理，官民兩便。」

濟州河

濟州河者，新開以通漕運也。世祖至元十七年七月，耿參政、阿里尚書奏：「爲姚演言開河事，令阿合馬與耆舊臣集議，以鈔萬錠爲傭直，仍給糧食。」世祖從之。十八年九月，中書丞相火魯火孫等奏：「姚總管等言，請免益都、淄萊、寧海三州一歲賦，入折傭直，以爲開河之用。平章阿合馬與諸老臣議，以爲一歲民賦雖多，較之官給傭直，行之甚便。」遂從之。十月。火魯火孫等奏：「阿八失所開河，經濟州，而其地又有一河，傍有民田，開之甚便。臣等議，若開此河，阿八失所管一方屯田，宜移之他處，不阻水勢。」世祖令移之。十二月，差奧魯赤、劉都水及精算數者一人，給宣差印，往濟州，定開河夫役。令大名、衞州新附軍亦往助工。

三十一年，御史臺言：「膠、萊海道淺澀，不能行舟。」臺官玉速帖木兒奏：「阿八失所開河，省遣牙亦速失來，謂漕船泛河則失少，泛海則損多。」既而漕臣囊加䚟、萬戶孫偉又言：「漕海舟疾且便。」右丞麥朮丁又奏：「斡奴兀奴䚟凡三移文，言阿八失所開河，益少損多，不便轉漕。水手軍人二萬，舟千艘，見閑不用，如得之，可歲漕百萬石。昨奉旨，候忙古䚟來共議，海道便，則阿八失河可廢。今忙古䚟已自海道運糧回，有一二南人，自願運糧萬石，已許之。」囊加䚟、孫萬戶復請用軍驗試海運。省院官暨衆議：「阿八失河所用水手五千、軍五千、船千艘，畀揚州省教習漕運。今擬以此水手軍人，就用平灤船，從利津海漕運。」世祖從之。阿八失所開河遂廢。

滏河

滏河者，引滏水以通洺州城濠者也。

至元五年十月，洺磁路言：「洺州城中，井泉鹹苦，居民食用，多作疾，且死者衆。請疏滌舊渠，置壩牐，引滏水分灌洺州城濠，以濟民用。計會河渠東西長九百步，闊六尺，深三尺，二尺爲工，役工四百七十五，民自備用器，歲二次放牐，且不妨漕事。」中書省準其言。

廣濟渠

廣濟渠在懷孟路，引沁水以達于河。

世祖中統二年，提舉王允中、大使楊端仁奉詔開河渠，凡募夫千六百五十一人，內有相合爲夫者，通計使水之家六千七百餘戶，一百三十餘日工畢。所修石隁，長一百餘步，闊三十餘步，高一丈三尺。石斗門橋，高二丈，長十步，闊六步。渠四道，長闊不一，計六百七十七里，經濟源、河內、河陽、溫、武陟五縣，村坊計四百六十三處。渠成甚益於民，名曰廣濟。三年八月，中書省臣忽魯不花等奏：「廣濟渠司言，沁水渠成，今已驗工分水，恐久遠權豪侵奪。」乃下詔依本司所定水分，已後諸人毋得侵奪。

至文宗天曆三年三月，懷慶路同知阿合馬言：「天久亢旱，夏麥枯槁，秋穀種不入土，民匱於食。近因訪問耆老，咸稱(舟)〔丹〕水澆溉近山田土，〔三〕居民深得其利，有沁水亦可溉田，中統間王學士亦爲天旱，奉詔開此渠，募自願人戶，於太行山下沁口古蹟，置分水渠口，開濬大河四道，歷溫、陟入黃河，約五百餘里，渠成名曰廣濟。設官提調，遇旱則官爲斟酌，驗工多寡，分水澆溉，濟源、河內、河陽、溫、武陟五縣民田三千餘頃咸受其賜。二十餘年後，因豪家截河起堰，立碾磨，壅遏水勢。又經霖雨，渠口淤塞，隄堰頹圮。河渠司尋亦革罷，有司不爲整治，因致廢壞。今五十餘年，分水渠口及舊渠跡，俱有可考，若蒙依前浚治，引水溉田，於民大便。可令河陽、河內、濟源、溫、武陟五縣使水人戶，自備工力，疏通分水渠口，立牐起堰，仍委諳知水利之人，多方區畫。遇旱，視水緩急，撤牐通流，驗工分水以灌溉；若霖雨泛漲，閉牐退還正流。禁治不得截水置碾磨，栽種稻田。如此，則澇旱有備，民樂趨利。請移文孟州、河內、武陟縣委官講議。」

尋據孟州等處申，親詣沁口，諮詢耆老，言舊日沁水正河內築土堰，遮水入廣濟渠，岸北雖有減水河道，不能吞伏，後値霖雨，蕩沒田禾，以此堵閉。今若枋口上連土岸，及於浸水正河置立石堰，與枋口相平，如遇水溢，閉塞牐口，使水漫流石堰，復還本河，又從減水河分殺其勢，如此庶不爲害。約會河陽、武陟縣尹與耆老等議，若將舊廣濟渠依前開濬，減水河亦增開深闊，禁安磨碾，設立牐堰，自下使水，遇旱放牐澆田，値澇閉牐退水，公私便益。懷慶路備申工部牒，都水監回文本路，委官相視施行。

三白渠

京兆舊有三白渠，自元伐金以來，渠堰缺壞，土地荒蕪。陝西之人雖欲種蒔，不獲水利，賦稅不足，軍興乏用。

太宗之十二年，梁泰奏：「請差撥人戶牛具一切種蒔等物，修成渠堰，比之旱地，其收數倍，所得糧米，可以供軍。」太宗準奏，就令梁泰佩元降金牌，充宣差規措三白渠使，郭時中副之，直隸朝廷，置司於雲陽縣。所用種田戶及牛畜，別降旨，付塔海紺不於軍前應副。是月，敕喻塔海紺不：「近梁泰奏修三白渠事，可於汝軍前所獲有妻少壯新民，量撥二千戶，及木工二十人，官牛內選肥腯齒小者一千頭，內乳牛三百，以畀梁泰等。如不敷，於各千戶、百戶內貼補，限今歲十一月內交付數足，趁十二月入工。其耕種之人，所收之米，正爲接濟軍糧。如發遣人戶之時，或闕少衣裝，於各千戶、百戶內約量支給，差軍護送出境，沿途經過之處，亦爲防送，毋致在逃走逸。驗路程給以行糧，大口一升，小者半之。」

洪口渠

洪口渠在奉元路。

英宗至治元年十月，陝西屯田府言：

自秦、漢至唐、宋，年例八月差使水戶，自涇陽縣西仲山下截河築洪堰，改涇水入白渠，下至涇陽縣北白公斗，分爲三限，幷平石限，蓋五縣分水之要所。北限入三原、櫟陽、雲陽，中限入高陵，南限入涇陽，澆漑官民田七萬餘畝。近至大三年，陝西行臺御史王承德言，涇陽洪口展修石渠，爲萬世之利。由是會集奉元路三原、涇陽、臨潼、高陵諸縣，洎涇陽、渭南、櫟陽諸屯官及耆老議，如準所言，展修石渠八十五步，計四百二十五尺，深二丈，廣一丈五尺。計用石十二萬七千五百尺，人日採石積方一尺，工價二兩五錢，石工二百，丁夫三百，金火匠二，用火焚水淬，日可鑿石五百尺，二百五十五日工畢。官給其糧食用具，丁夫就役使水戶均出。

陝西省議，計所用錢糧，不及二年之費，可謂一勞永逸，準所言便。都省準委屯田府達魯花赤只里赤督工，自延祐元年二月十日發夫匠入役，至六月十九日委官言，石性堅厚，鑿僅一丈，水泉湧出，近前續展一十七步，石積二萬五千五百尺，添夫匠百人，日鑿六百尺，二百四十二日可畢。

文宗天曆二年三月，屯田總管兼管河渠司事郭嘉議言：「去歲六月三日驟雨，涇水泛漲，元修洪隁及小龍口盡圮。水歸涇，白渠內水淺。爲此計用十四萬九千五百十一工，役丁夫一千六百，度九十三日畢。於使水戶內差撥，每夫就持麻一斤，鐵一斤，繫囤取泥索各一，長四十尺，草苫一，長七尺，厚二寸。」

陝西省準屯田府照，洪口自秦至宋一百二十激，經由三限，自涇陽下至臨潼五縣，分流澆溉民田七萬餘頃，驗田出夫千六百人，自八月一日修隁，至十月放水溉田，以爲年例。近因奉元亢旱，五載失稔，人皆相食，流移疫死者十七八。今差夫又令就出用物，實不能辦集。竊詳涇陽水利，雖分三限引水溉田，緣三原等縣地理遙遠，不能依時周遍，涇陽北近，俱在上限，并南限中限，用水最便。今次修隁，除見在戶依例差役，其逃亡之家合出夫數，宜令涇陽縣近限水利戶添差一人，官日給米一升，併工修治。省準出鈔八百錠，委耀州同知李承事，洎本府總管郭嘉議及各處正官，計工役，照時直糴米給散。李承事督夫修築，至十一月十六日畢。

揚州運河

運河在揚州之北。宋時嘗設軍疏滌，世祖取宋之後，河漸壅塞。至元末年，江淮行省嘗以爲言，雖有旨濬治，有司奉行，未見實效。

仁宗延祐四年十一月，兩淮運司言：「鹽課甚重，運河淺澀無源，止仰天雨，請加修治。」明年二月，中書移文河南省，選官洎運司有司官相視，會計工程費用。於是河南行省委都事張奉政及淮東道宣慰司官、運司官，會州縣倉場官，徧歷巡視集議：河長二千三百五十里，有司差瀕河有田之家，顧倩丁夫，開修一千八百六十九里；倉場鹽司不妨辦課，協濟有司，開修四百八十二里。

運司言：「近歲課額增多，而船竈戶日益貧苦，宜令有司通行修治，省減官錢。」省臣奏準：諸色戶內顧募丁夫萬人，日支鹽糧錢二兩，計用鈔二萬錠，於運司鹽課及減駁船錢內支用。差官與都水監、河南行省、淮東宣慰司官專董其事，廉訪司體察，樞密院遣官鎮遏，乘農隙併工疏治。

練湖

練湖在鎮江。元有江南之後，豪勢之家於湖中築隄圍田耕種，侵占既廣，不足受水，遂致泛溢。世祖末年，參政暗都剌奏請依宋例，委人提調疏治，其侵占者驗畝加賦。

至治三年十二月，省臣奏：「江浙行省言，鎮江運河全藉練湖之水爲上源，官司漕運，供億京師，及商賈販載，農民來往，其舟楫莫不由此。宋時專設人夫，以時修濬。練湖瀦蓄潦水，若運河淺阻，開放湖水一寸，則可添河水一尺。近年淤淺，舟楫不通，凡有官物，差民運遞，甚爲不便。委官相視，疏治運河，自鎮江路至呂城壩，長百三十一里，計役夫萬五百十三人，六十日可畢。又用三千餘人浚滌練湖，九十日可完。人日支糧三升、中統鈔一兩。行省、行臺分官監督。所用船物，今歲預備，來春興工。合行事宜，依江浙行省所擬。」既得旨，都省移文江浙行省，委參政董中奉率合屬正官，親臨督役。

於是董中奉言：「所委前都水少監崇明州知州任奉政、鎮江路總管毛中議等議：練湖、運河此非一事，宜依假山諸湖農民取泥之法，用船千艘，船三人，用竹籥撈取淤泥，日可三載，月計九萬載，三月之間，通取二十七萬載，就用所取泥增築湖岸。自鎮江在城程公壩，至常州武進縣呂城壩，河長百三十一里一百四十六步，擬開河面闊五丈，底闊三丈，深四尺，與見有水二尺，可積深六尺。所役夫於平江、鎮江、常州、江陰州及建康路所轄溧陽州田多上戶內差倩。若濬湖開河，二役並興，卒難辦集。宜趁農隙，先開運河，工畢就濬練湖。」省準所言，與都事王徵事等於泰定元年正月至鎭江丹陽縣，洎各監工官沿湖相視，上湖沙岡黃土，下湖茭根叢雜，泥亦堅硬，不可箭取。又議兩役並興，相離三百餘里，往來監督，供給爲難，願以所督夫一萬三千五百十二人，先開運河，期四十七日畢，次濬練湖，二十日可完。繼有江南行臺侍御史及浙西廉訪司副使俱至，乃議首事運河，備文咨稟，遂於是月十七日入役。

二月十八日，省臣奏：「開濬運河、練湖，重役也，宜依行省所議，仍令便宜從事。」後各監工官言：「已分運河作三壩，依元料深闊丈尺開浚，至三月四日工畢。數內平江崑山、嘉定二州，實役二十六日，常熟、吳江二州，長洲、吳縣，實役二十八日，餘皆役三十日，已於三月七日積水行舟。」又監修練湖官言：「任奉議指劃元料，增築隄堰及舊有土基，共增闊一丈二尺，平面至高底灘脚，增築共量斜高二丈五尺。依中堰西石䃮東舊隄臥羊灘修築，如舊隄高闊已及所料之上者，遇有崩缺，修築令完。中堰西石䃮至五百婆隄西上增高土一尺，有缺亦補之。五百婆隄至馬林橋隄水勢稍緩，不須修治，其隄底間有滲漏者，窒塞之。三月六日破土，九日入役，至十一日工畢，實役三日。歸勘任少監元料，開運河夫萬五百十三人，六十日畢，濬練湖夫三千人，九十日畢，人日支鈔一兩、米三升，共該鈔萬八千一十四錠二十兩，米二萬七千二十一石六斗，實徵夫萬三千五百十二人，共役三十三日，支鈔八千六百七十九錠三十六兩，糧萬三千十九石五斗八升。比附元料，省鈔九千三百三十四錠三十四兩，糧萬四千二石二升。其練湖未畢，相視地形水勢再議。」

參政董中奉又言：「練湖舊有湖兵四十三人，添補五十七名，共百人，於本路州縣苗糧三石之下、二石之上差充，專任修築湖岸。設提領二員、壕寨二人、司吏三人，於有出身人內選用。」工部議：「練湖所設提領人等印信，卽同湖兵，宜咨本省遍行議擬。」又鎭江路言：「運河、練湖今已開濬，若不設法關防，徒勞民力。除關本路達魯花赤兀魯失海牙總治其事，同知哈散、知事程郇專管啓閉斗門。」行省從之。

吳松江

浙西諸山之水受之太湖，下爲吳松江，東匯澱山湖以入海，而潮汐來往，逆湧濁沙，上湮河口，是以宋時設置撩洗軍人，專掌修治。元旣平宋，軍士罷散，有司不以爲務，勢豪租占爲蕩爲田，州縣不得其人，輒行許準，以致湮塞不通，公私俱失其利久矣。

至治三年，江浙省臣方以爲言，就委嘉興路治中高朝列、湖州路知事丁將仕同本處正官，體究舊曾疏濬通海故道，及新生沙漲礙水處所，商度開滌圖呈。據丁知事等官按視講究，合開濬河道五十五處。內常熟州九處，十三段，該工百三十二萬一千五百六十二，崑山州十一處，九十五里，用工二萬七千四，日役夫四百五十六，宜於本州有田一頃之上戶內，驗田多寡，筭量里步均派，自備糧赴功疏濬。正月上旬興工，限六十日工畢，二年一次舉行。嘉定州三十五處，五百三十八里，該工百二十六萬七千五十九，日支糧一升，計米萬二千六百七十石五斗九升，日役夫二萬一千一百一十七，六十日畢。工程浩大，米糧數多，乞依年例，勸率附河有田用水之家，自備口糧，佃戶傭力開濬。奈本州連年被災，今歲尤甚，力有不逮，宜從上司區處。

高治中會集松江府各州縣官按視，議合濬河渠，華亭縣九處，計五百二十八里，該工九百六十八萬四千八百八十二，役夫十六萬一千四百一十四，人日支糧二升，計米十九萬三千六百九十七石六斗四升。上海縣十四處，計四百七十一里，該工千二百三十六萬八千五十二，日役夫二萬六千一百三十四，人日支糧二升，計二十四萬七千三百六十一石四升，六十日工畢。官給之糧，傭民疏治。如下年豐稔，勸率有田之家，五十畝出夫一人，十畝之上驗數合出，止於本保開濬。其權勢之家，置立魚斷幷沙塗栽葦者，依上出夫。

其上海、嘉定連年旱澇，皆緣河口湮塞，旱則無以灌溉，澇則不能流洩，累致凶歉，官民俱病。至元三十年以後，兩經疏闢，稍得豐稔。比年又復壅閉，勢家愈加租占，雖得徵賦，實失大利。上海縣歲收官糧一十七萬石，民糧三萬餘石，略舉似延祐七年災傷五萬八千七百餘石，至治元年災傷四萬九千餘石，二年十萬七千餘石，水旱連年，殆無虛歲，不惟虧欠官糧，復有賑貸之費。近委官相視地形，講議疏濬，其通海大江，未易遽治；舊有河港聯絡官民田土之間、藉以灌溉者，今皆填塞，必須疏通，以利耕種。欲令有田人戶自爲開濬，而工役浩繁，民力不能獨成。由是議，上海、嘉定河港，宜令本處所管軍民站竈僧道諸色有田者，以多寡出夫，自備糧（作）〔修〕治，〔三〕州縣正官督役。其豪勢租占蕩田、妨水利者，並與除闢。本處民田稅糧全免一年，官租減半。今秋收成，下年農隙舉行。行省、行臺、廉訪司官巡鎭。外據華亭、崑山、常熟州河港，比上海、嘉定緩急不同，難爲一體，從各處勸農正官督有田之家，備糧併工修治。若遽興工，陰陽家言癸亥年動土有忌，預爲咨稟可否。

至泰定元年十月十九日，右丞相旭邁傑等奏：「江浙省言，吳松江等處河道壅塞，宜爲疏滌，仍立牐以節水勢。計用四萬餘人，今歲十二月爲始，至正月終，六十日可畢，用二萬餘人，二年可畢。其丁夫於旁郡諸色戶內均差，依練湖例，給傭直糧食。行省、行臺、廉訪司幷有司官同提調。臣等議，此事官民兩便，宜從其請。若丁夫有餘，止令一年畢。命脫歡答剌罕諸臣同提調，專委左丞朶兒只班及前都水任少監董役。」得旨，移文行省，準擬疏治。江浙省下各路發夫入役，至二年閏正月四日工畢。

澱山湖

太湖爲浙西巨浸，上受杭、湖諸山之水，瀦蓄之餘，分匯爲澱山湖，東流入海。世祖末年，參政暗都剌言：「此湖在宋時委官差軍守之，湖旁餘地，不許侵占，常疏其壅塞，以洩水勢。今既無人管領，遂爲勢豪絕水築隄，繞湖爲田。湖狹不足瀦蓄，每遇霖潦，泛溢爲害。昨本省官忙古䚟等興言疏治，因受曹總管金而止。張參議、潘應武等相繼建言，識者咸以爲便。臣等議，此事可行無疑。然雖軍民相參，選委廉幹官提督，行省山住子、行院董八都兒子、行臺哈剌䚟令親詣相視，會計合用軍夫擬稟。」世祖曰：「利益美事，舉行已晚，其行之。」既而平章鐵哥言：「委官相視，計用夫十二萬，百日可畢。昨奏軍民共役，今民丁數多，不須調軍。」世祖曰：「有損有益，咸令均齊，毋自疑惑，其均科之。」

至元三十一年，世祖崩，成宗卽位。平章鐵哥奏：「太湖、澱山湖昨嘗奏過先帝，差倩民夫二十萬疏掘已畢。今諸河日受兩潮，漸致沙漲，若不依舊宋例，令軍屯守，必致坐隳成功。臣等議，常時工役撥軍，樞府猶且悋惜，屯守河道用軍八千，必辭不遣。澱山湖圍田賦糧二萬石，就以募民夫四千，調軍士四千與同屯守。立都水防田使司，職掌收捕海賊，修治河渠圍田。」命伯顏察兒暨樞密院議畢聞奏。於是樞府言：「嘗奏澱山湖在宋時設軍屯守，范殿帥、朱、張輩必知其故，擬與省官集議定稟奏，有旨從之。乃集樞府官及范殿帥等〔兵〕〔共〕議。〔四〕朱、張言：『宋時屯守河道，用手號軍，大處千人，小處不下三四百，隸巡檢司管領。』范殿帥言：『差夫四千，非動搖四十萬戶不可，若令五千軍屯守，就委萬戶一員提調，事或可行。』臣等亦以爲然，與都水巡防萬戶府職名，俾隸行院。」樞府官又言：「若與知源委之人詢其詳，候至都定議。」從之。

鹽官州海塘

鹽官州去海岸三十里，舊有捍海塘二，後又添築鹹塘，在宋時亦嘗崩陷。成宗大德三年，塘岸崩，都省委禮部郎中游中順，洎本省官相視。虛沙復漲，難於施力。至仁宗延祐己未、庚申間，海汛失度，累壞民居，陷地三十餘里。其時省憲官共議，宜於州後北門添築土塘，然後築石塘，東西長四十三里，後以潮汐沙漲而止。

至泰定帝即位之四年二月間，風潮大作，衝捍海小塘，壞州郭四里。杭州路言：「與都水庸田司議，欲於北地築塘四十餘里，而工費浩大，莫若先修鹹塘，增其高闊，填塞溝港，且濬深近北備塘濠塹，用樁密釘，庶可護禦。」江浙省準下本路修治。都水庸田司又言：「宜速差丁夫，當水入衝堵閉，其不敷工役，於仁和、錢塘及嘉興附近州縣諸色人戶內斟酌差倩，即目淪沒不已，旦夕誠爲可慮。」工部議：「海岸崩摧重事也，宜移文江浙行省，督催庸田使司、鹽運司及有司發丁夫修治，毋致侵犯城郭，貽害居民。」五月五日，平章禿滿迭兒、茶乃、史參政等奏：「江浙省四月內，潮水衝破鹽官州海岸，令庸田司官徵夫修堵，又令僧人誦經，復差人令天師致祭。臣等集議，世祖時海岸嘗崩，遣使命天師祈祀，潮即退，今可令直省舍人伯顏奉御香，令天師依前例祈祀。」制曰「可」。既而杭州路又言：「八月以來，秋潮洶湧，水勢愈大，見築沙地塘岸，東西八十餘步，造木櫃石囤以塞其要處。本省左丞相脫歡等議，安置石囤四千九百六十，抵禦鏤嚙，以救其急，擬比浙江立石塘，可爲久遠。計工物，用鈔七十九萬四千餘錠，糧四萬六千三百餘石，接續興修。」

致和元年三月，省臣奏：「江浙省并庸田司官修築海塘，作竹籧篨，內實以石，鱗次壘疊以禦潮勢，今又淪陷入海，見圖修治，儻得堅久之策，移文具報。臣等集議，此重事也，旦夕駕幸上都，分官扈從，不得圓議。今差戶部尚書李家奴、工部尚書李嘉賓、樞密院屬衞指揮青山、副使洪灝、宣政僉院南哥班與行省左丞相脫歡及行臺、行宣政院、庸田使司諸臣，會議修治之方。合用軍夫，除戍守州縣關津外，酌量差撥，從便添支口糧。合役丁力，附近有田之民，及僧、道、也里可溫、答失蠻等戶內點倩。凡工役之時，諸人毋或沮壞，違者罪之。合行事務，提調官移文稟奏施行。」有旨從之。四月二十八日，朝廷所委官，洎行省臺院及庸田司等官議：「大德、延祐欲建石塘未就。泰定四年春，潮水異常，增築土塘，不能抵禦，議置板塘，以水湧難施工，遂作籧篨木櫃，間有漂沉，欲踵前議，疊石塘以圖久遠。爲地脈虛浮，比定海、浙江、海鹽地形水勢不同，由是造石囤於其壞處疊之，以救目前之急。已置石囤二十九里餘，不曾崩陷，略見成效。」庸田司與各路官同議，東西接壘石囤十里，其六十里塘下舊河，就取土築塘，鑿東山之石以備崩損。

文宗天曆元年十一月，都水庸田司言：「八月十日至十九日，正當大汛，潮勢不高，風平水穩。十四日，祈請天妃入廟，自本州嶽廟東海北護岸鱗鱗相接。十五日至十九日，海岸沙漲，東西長七里餘，南北廣或三十步、或數十百步，漸見南北相接。西至石囤，已及五都，修築捍海塘與鹽塘相連，直抵巖門，障禦石囤。東至十一都六十里塘，東至東大尖山嘉興、平湖三路所修處海口。自八月一日至二日，探海二丈五尺。至十九日、二十日探之，先二丈者今一丈五尺，先一丈五尺者今一丈。西自六都仁和縣界赭山、雷山爲首，添漲沙塗，已過五都四都，鹽官州廊東西二都，沙土流行，水勢俱淺。二十日，復巡視自東至西岸脚漲沙，比之八月十七日漸增高闊。二十七日至九月四日大汛，本州嶽廟東西，水勢俱淺，漲沙東過錢家橋海岸，元下石囤木植，並無頹圮，水息民安。」於是改鹽官州曰海寧州。

龍山河道

龍山河在杭州城外，歲久淤塞。武宗至大元年，江浙省令史裴堅言：「杭州錢塘江，近年以來，爲沙塗壅漲，潮水遠去，離北岸十五里，舟楫不能到岸。商旅往來，募夫搬運十七八里，使諸物翔湧，生民失所，遞運官物，甚爲煩擾。訪問宋時並江岸有南北古河一道，名龍山河，今浙江亭南至龍山牐約一十五里，糞壤塡塞，兩岸居民間有侵占。迹其形勢，宜改修運河，開掘沙土，對牐搬載，直抵浙江，轉入兩處市河，免擔負之勞，生民獲惠。」省下杭州路相視，錢塘縣城南上隅龍山河至橫河橋，委係舊河，居民侵占，起建房屋，若疏闢以接運河，公私大便。計工十五萬七千五百六十六，日役夫五千二百五十二，度可三十日畢。所役夫於本路錄事司、仁和、錢塘縣富實之家差倩，就持筐檐鍬钁應役。人日支官糧二升，該米三千一百五十一石三斗二升。河長九里三百六十二步，造石橋八，立上下二牐，計用鈔一百六十三錠二十三兩四錢七分七釐。省準咨請丞相脫脫總治其事，於仁宗延祐三年三月七日興工，至四月十八日工畢。

校勘記

〔一〕元與(武成)〔成武〕定陶二縣分築魏家道口八百二十步修完　本書卷五八地理志，曹州，領縣五，有成武、定陶。元無「武成縣」建置，而另有武城縣則屬高唐州，非黃河所經流。此處「武成」爲「成武」之倒誤，今改正。下同。

〔二〕咸稱(舟)〔丹〕水澆溉近山田土　從道光本改。按讀史方輿紀要，澤州丹水下流入於沁河。

〔三〕自備糧(作)〔修〕治　從殿本改。

〔四〕乃集樞府官及范殿帥等(兵)〔共〕議　從道光本改。

元史卷六十六

志第十七下

河渠三

黃河

至正四年夏五月，大雨二十餘日，黃河暴溢，水平地深二丈許，北決白茅隄。六月，又北決金隄。並河郡邑濟寧、單州、虞城、碭山、金鄉、魚臺、豐、沛、定陶、楚丘、武城，〔一〕以至曹州、東明、鉅野、鄆城、嘉祥、汶上、任城等處皆罹水患，民老弱昏墊，壯者流離四方。水勢北侵安山，沿入會通、運河，延袤濟南、河間，將壞兩漕司鹽場，妨國計甚重。省臣以聞，朝廷患之，遣使體量，仍督大臣訪求治河方略。

九年冬，脫脫既復爲丞相，慨然有志於事功，論及河決，卽言于帝，請躬任其事，帝嘉納之。乃命集羣臣議廷中，而言人人殊，唯都漕運使賈魯，昌言必當治。先是，魯嘗爲山東道奉使宣撫首領官，循行被水郡邑，具得修捍成策，後又爲都水使者，奉旨詣河上相視，驗狀爲圖，以二策進獻。一議修築北隄以制橫潰，其用功省；一議疏塞並舉，挽河使東行以復故道，其功費甚大。至是復以二策對，脫脫韙其後策。議定，乃薦魯于帝，大稱旨。

十一年四月初四日，下詔中外，命魯以工部尚書爲總治河防使，進秩二品，授以銀印。發汴梁、大名十有三路民十五萬人，廬州等戍十有八翼軍二萬人供役，一切從事大小軍民，咸稟節度，便宜興繕。是月二十二日鳩工，七月疏鑿成，八月決水故河，九月舟楫通行，十一月水土工畢，諸埽諸隄成。河乃復故道，南匯于淮，又東入于海。帝遣貴臣報祭河伯，召魯還京師，論功超拜榮祿大夫、集賢大學士，其宣力諸臣遷賞有差。賜丞相脫脫世襲答剌罕之號，特命翰林學士承旨歐陽玄製河平碑文，以旌勞績。

玄既爲河平之碑，又自以爲司馬遷、班固記河渠溝洫，僅載治水之道，不言其方，使後世任斯事者無所考則，乃從魯訪問方略，及詢過客，質吏牘，作至正河防記，欲使來世罹河患者按而求之。其言曰：

治河一也，有疏、有濬、有塞，三者異焉。釃河之流，因而導之，謂之疏。去河之淤，因而深之，謂之濬。抑河之暴，因而扼之，謂之塞。疏濬之別有四：曰生地，曰故道，曰河身，曰減水河。生地有直有紆，因直而鑿之，可就故道。故道有高有卑，高者平之以趨卑，高卑相就，則高不壅，卑不瀦，慮夫壅生潰，瀦生堙也。河身者，水雖通行，身有廣狹。狹難受水，水（溢）〔益〕悍，〔三〕故狹者以計闢之；廣難爲岸，岸善崩，故廣者以計禦之。減水河者，水放曠則以制其狂，水隳突則以殺其怒。

治隄一也，有創築、修築、補築之名，有剌水隄，有截河隄，有護岸隄，有縷水隄，有石船隄。

治埽一也，有岸埽、水埽，有龍尾、欄頭、馬頭等埽。其爲埽臺及推卷、牽制、薶掛之法，有用土、用石、用鐵、用草、用木、用杙、用絙之方。

塞河一也，有缺口，有豁口，有龍口。缺口者，已成川。豁口者，舊常爲水所豁，水退則口下於隄，水漲則溢出於口。龍口者，水之所會，自新河入故道之漈也。

此外不能悉書，因其用功之次第，而就述於其下焉。

其濬故道，深廣不等，通長二百八十里百五十四步而強。功始自白茅，長百八十二里。繼自黃陵岡至南白茅，闢生地十里。口初受，廣百八十步，深二丈有二尺，已下停廣百步，高下不等，相折深二丈及泉。曰停、曰折者，用古算法，因此推彼，知其勢之低昂，相準折而取勻停也。南白茅至劉莊村，接入故道十里，通折墾廣八十步，深九尺。劉莊至專固，百有二里二百八十步，通折停廣六十步，深五尺。專固至黃固，墾生地八里，面廣百步，底廣九十步，高下相折，深丈有五尺。黄固至哈只口，長五十一里八十步，相折停廣墾六十步，深五尺。乃濬凹里減水河，通長九十八里百五十四步。凹里村缺河口生地，長三里四十步，面廣六十步，底廣四十步，深一丈四尺。自凹里生地以下舊河身至張贊店，長八十二里五十四步。上三十六里，墾廣二十步，深五尺；中三十五里，墾廣二十八步，深五尺；下十里二百四十步，墾廣二十六步，深五尺。張贊店至楊青村，接入故道，墾生地十有三里六十步，面廣六十步，底廣四十步，深一丈四尺。

其塞專固缺口，修隄三重，幷補築凹里減水河南岸豁口，通長二十里三百十有七步。其創築河口前第一重西隄，南北長三百三十步，面廣二十五步，底廣三十三步，樹置樁橛，實以土牛、草葦、雜梢相兼，高丈有三尺，隄前置龍尾大埽。言龍尾者，伐大樹連梢繫之隄旁，隨水上下，以破嚙岸浪者也。築第二重正隄，幷補兩端舊隄，通長十有一里三百步。缺口正隄長四里。兩隄相接舊隄，置樁堵閉河身，長百四十五步，用土牛、草葦、梢土相兼修築，底廣三十步，修高二丈。其岸上土工修築者，長三里二百十有五步有奇，高廣不等，通高一丈五尺。補築舊隄者，長七里三百步，表裏倍薄七步，增卑六尺，計高一丈。築第三重東後隄，幷接修舊隄，高廣不等，通長八里。補築凹里減水河南岸豁口四處，置樁木，草土相兼，長四十七步。

於是塞黃陵全河，水中及岸上修隄長三十六里百三十六步。其修大隄剌水者二，長十有四里七十步。其西復作大隄剌水者一，長十有二里百三十步。內創築岸上土隄，西北起李八宅西隄，東南至舊河岸，長十里百五十步，顚廣四步，趾廣三之，高丈有五尺。仍築舊河岸至入水隄，長四百三十步，趾廣三十步，顚殺其六之一，接修入水。

兩岸埽隄並行。作西埽者夏人水工，徵自靈武；作東埽者漢人水工，徵自近畿。其法以竹絡實以小石，每埽不等，以蒲葦綿腰索徑寸許者從鋪，廣可一二十步，長可二三十步。又以曳埽索綯徑三寸或四寸、長二百餘尺者衡鋪之。相間復以竹葦麻檾大繂，長三百尺者爲管心索，就繫綿腰索之端於其上，以草數千束，多至萬餘，勻布厚鋪於綿腰索之上，槖而納之，丁夫數千，以足踏實，推卷稍高，卽以水工二人立其上，而號於衆，衆聲力舉，用小大推梯，推卷成埽，高下長短不等，大者高二丈，小者不下丈餘。又用大索或五爲腰索，〔三〕轉致河濱，選健丁操管心索，順埽臺立踏，或掛之臺中鐵猫大橛之上，以漸縋之下水。埽後掘地爲渠，陷管心索渠中，以散草厚覆，築之以土，其上復以土牛、雜草、小埽梢土，多寡厚薄，先後隨宜。修疊爲埽臺，務使牽制上下，縝密堅壯，互爲掎角，埽不動搖。日力不足，火以繼之。積累既畢，復施前法，卷埽以壓先下之埽，量水淺深，制埽厚薄，疊之多至四埽而止。兩埽之間置竹絡，高二丈或三丈，圍四丈五尺，實以小石、土牛。既滿，繫以竹纜，其兩旁並埽，密下大樁，就以竹絡上大竹腰索繫於樁上。東西兩埽及其中竹絡之上，以草土等物築爲埽臺，約長五十步或百步，再下埽，卽以竹索或麻索長八百尺或五百尺者一二，雜廁其餘管心索之間，俟埽入水之後，其餘管心索如前薶掛，隨以管心長索，遠置五七十步之外，或鐵猫，或大樁，曳而繫之，通管束累日所下之埽，再以草土等物通修成隄。又以龍尾大埽密掛於護隄大樁，分折水勢。其隄長二百七十步，北廣四十二步，中廣五十五步，南廣四十二步，自顚至趾，通高三丈八尺。

其截河大隄，高廣不等，長十有九里百七十七步。其在黃陵北岸者，長十里四十一步。築岸上土隄，西北起東西故隄，東南至河口，長七里九十七步，顚廣六步，趾倍之而强二步，高丈有五尺，接修入水。施土牛、小埽梢草雜土，多寡厚薄隨宜修疊，及下竹絡，安大樁，繫龍尾埽，如前兩隄法。唯修疊埽臺，增用白闌小石。并埽上及前（洊）〔游〕修埽隄一，〔四〕長百餘步，直抵龍口。稍北，欄頭三埽並行，埽大隄廣與刺水二隄不同，通前列四埽，間以竹絡，成一大隄，長二百八十步，北廣百一十步，其顚至水面高丈有五尺，水面至澤腹高二丈五尺，通高三丈五尺；中流廣八十步，其顚至水面高丈有五尺，水面至澤腹高五丈五尺，通高七丈。並創築縷水横隄一，東起北截河大隄，西抵西刺水大隄。又一隄東起中刺水大隄，西抵西刺水大隄，通長二里四十二步，亦顛廣四步，趾三之，高丈有二尺。修黃陵南岸，長九里百六十步，內創岸土隄，東北起新補白茅故隄，西南至舊河口，高廣不等，長八里二百五十步。

乃入水作石船大隄。蓋由是秋八月二十九日乙巳道故河流，先所修北岸西中刺水及截河三隄猶短，約水尚少，力未足恃。決河勢大，南北廣四百餘步，中流深三丈餘，益以秋漲，水多故河十之八。兩河爭流，近故河口，水刷岸北行，洄漩湍激，難以下埽。且埽行或遲，恐水盡湧入決河，因淤故河，前功遂隳。魯乃精思障水入故河之方，以九月七日癸丑，逆流排大船二十七艘，前後連以大桅或長椿，用大麻索、竹絙絞縛，綴爲方舟。又用大麻索、竹絙(用)〔周〕船身繳繞上下，〔三〕令牢不可破，乃以鐵貓於上流硾之水中。又以竹絙絕長七八百尺者，繫兩岸大橛上，每絙或硾二舟或三舟，使不得下，船腹略鋪散草，滿貯小石，以合子板釘合之，復以埽密布合子板上，或二重，或三重，以大麻索縛之急，復縛橫木三道於頭桅，皆以索維之，用竹編笆，夾以草石，立之桅前，約長丈餘，名曰水簾桅。復以木楷拄，使簾不偃仆，然後選水工便捷者，每船各二人，執斧鑿，立船首尾，岸上搥鼓爲號，鼓鳴，一時齊鑿，須臾舟穴，水入，舟沉，遏決河。水怒溢，故河水暴增，卽重樹水簾，令後復布小埽土牛白闌長梢，雜以草土等物，隨宜塡埽以繼之。石船下詣實地，出水基趾漸高，復卷大埽以壓之。前船勢略定，尋用前法，沉餘船以竟後功。昏曉百刻，役夫分番甚勞，無少間斷。船隄之後，草埽三道並舉，中置竹絡盛石，並埽置椿，繫纜四埽及絡，一如修北截水隄之法。第以中流水深數丈，用物之多，施功之大，數倍他隄。船隄距北岸纔四五十步，勢迫東河，流峻若自天降，深淺叵測。於是先卷下大埽約高二丈者，或四或五，始出水面。修至河口一二十步，用工尤艱。薄龍口，喧豗猛疾，勢撼埽基，陷裂欹傾，俄遠故所，觀者股弁，衆議騰沸，以爲難合，然勢不容已。魯神色不動，機解捷出，進官吏工徒十餘萬人，日加奬諭，辭旨懇至，衆皆感激赴功。十一月十一日丁巳，龍口遂合，決河絕流，故道復通。又於隄前通卷欄頭埽各一道，多者或三或四，前埽出水，管心大索繫前埽，硾後欄頭埽之後，後埽管心大索亦繫小埽，硾前闌頭埽之前，後先羈縻，以錮其勢。又於所交索上及兩埽之間，壓以小石白闌土牛，草土相半，厚薄多寡，相勢措置。

埽隄之後，自南岸復修一隄，抵已閉之龍口，長二百七十步。船隄四道成隄，用農家場圃之具曰轆軸者，穴石立木如比櫛，薶前埽之旁，每步置一轆軸，以橫木貫其後，又穴石，以徑二寸餘麻索貫之，繫橫木上，密掛龍尾大埽，使夏秋潦水、冬春凌簿，不得肆力於岸。此隄接北岸截河大隄，長二百七十步，南廣百二十步，顚至水面高丈有七尺，水面至澤腹高四丈二尺；中流廣八十步，顛至水面高丈有五尺，水面至澤腹高五丈五尺；通高七丈。仍治南岸護隄埽一道，通長百三十步，南岸護岸馬頭埽三道，通長九十五步。修築北岸隄防，高廣不等，通長二百五十四里七十一步。白茅河口至板城，補築舊隄，長二十五里二百八十五步。曹州板城至英賢村等處，高廣不等，長一百三十三里二百步。稍岡至碭山縣，增培舊隄，長八十五里二十步。歸德府哈只口至徐州路三百餘里，修完缺口一百七處，高廣不等，積修計三里二百五十六步。亦思剌店縷水月隄，高廣不等，長六里三十步。

其用物之凡，椿木大者二萬七千，榆柳雜梢六十六萬六千，帶梢連根株者三千六百，藁秸蒲葦雜草以束計者七百三十三萬五千有奇，竹竿六十二萬五千，葦蓆十有七萬二千，小石二千艘，繩索小大不等五萬七千，所沉大船百有二十，鐵纜三十有二，鐵猫三百三十有四，竹篾以斤計者十有五萬，硾石三千塊，鐵鑽萬四千二百有奇，大釘三萬三千二百三十有二。其餘若木龍、蠶椽木、麥稭、扶椿、鐵叉、鐵吊、枝麻、搭火鉤、汲水、貯水等具皆有成數。官吏俸給，軍民衣糧工錢，醫藥、祭祀、賑恤、驛置馬乘及運竹木、沉船、渡船、下椿等工，鐵、石、竹、木、繩索等匠傭貲，兼以和買民地為河，併應用雜物等價，通計中統鈔百八十四萬五千六百三十六錠有奇。

魯嘗有言：「水工之功，視土工之功爲難；中流之功，視河濱之功爲難；決河口視中流又難；北岸之功視南岸爲難。用物之效，草雖至柔，柔能狎水，水漬之生泥，泥與草并，力重如碇。然維持夾輔，纜索之功實多。」蓋由魯習知河事，故其功之所就如此。

玄之言曰：「是役也，朝廷不惜重費，不吝高爵，爲民辟害。脫脫能體上意，不憚焦勞，不恤浮議，爲國拯民。魯能竭其心思智計之巧，乘其精神膽氣之壯，不惜劬瘁，不畏譏評，以報君相知人之明。宜悉書之，使職史氏者有所考證也。」

先是歲庚寅，河南北童謠云：「石人一隻眼，挑動黃河天下反。」及魯治河，果於黃陵岡得石人一眼，而汝、潁之妖寇乘時而起。議者往往以謂天下之亂，皆由賈魯治河之役，勞民動衆之所致。殊不知元之所以亡者，實基於上下因循，狃於宴安之習，紀綱廢弛，風俗偸薄，其致亂之階，非一朝一夕之故，所由來久矣。不此之察，乃獨歸咎於是役，是徒以成敗論事，非通論也。設使賈魯不興是役，天下之亂，詎無從而起乎？今故具錄玄所記，庶來者得以詳焉。

蜀堰

江水出蜀西南徼外，東至于岷山，而禹導之。秦昭王時，蜀太守李冰鑿離堆，分其江以灌川蜀，民用以饒。歷千數百年，所過衝薄蕩嚙，又大爲民患。有司以故事，歲治隄防，凡一百三十有三所，役兵民多者萬餘人，少者千人，其下猶數百人。役凡七十日，不及七十日，雖事治，不得休息。不役者，日出三緡爲庸錢。由是富者屈於貲，貧者屈於力，上下交病，會其費，歲不下七萬緡。大抵出於民者，十九藏于吏，而利之所及，不足以償其費矣。

元統二年，僉四川肅政廉訪司事吉當普巡行周視，得要害之處三十有二，餘悉罷之。召灌州判官張弘，計曰：「若甃之以石，則歲役可罷，民力可蘇矣。」弘曰：「公慮及此，生民之福，國家之幸，萬世之利也。」弘遂出私錢，試爲小堰。堰成，水暴漲而堰不動。乃具文書，會行省及蒙古軍七翼之長、郡縣守宰，下及鄉里之老，各陳利害，咸以爲便。復禱于冰祠，卜之吉。於是徵工發徒，以仍改至元元年十有一月朔日，肇事于都江堰，卽禹鑿之處，分水之源也。鹽井關限其西北，水西關據其西南。江南北皆東行。北舊無江，冰鑿以辟沬水之害，中爲都江堰，少東爲大、小釣魚，又東跨二江爲石門，以節北江之水，又東爲利民臺，臺之東南爲侍郎、楊柳二堰，其水自離堆分流入于南江。

南江東至鹿角，又東至金馬口，又東（道）〔過〕大安橋，〔六〕入于成都，俗稱大皂江，江之正源也。北江少東爲虎頭山，爲鬭鷄臺。臺有水則，以尺畫之，凡十有一。水及其九，其民喜，過則憂，沒其則則困。又書「深淘灘，高作堰」六字其旁，〔七〕爲治水之法，皆冰所爲也。

又東爲離堆，又東過淩虛、步雲二橋，又東至三石洞，釃爲二渠。其一自上馬騎東流，過(郫)〔郫〕，入于成都，〔古謂之內江，今府江是也；其一自三石洞北流，過將軍橋，又北過四石洞，折而東流，過新繁，入於成都，〕古謂之外江。〔八〕此冰所穿二江也。

南江自利民臺有支流，東南出萬工堰，又東爲駱駝，又東爲碓口，繞青城而東，鹿角之北涯，有渠曰馬灞，東流至成都，入于南江。渠東行二十餘里，水決其南涯四十有九，每歲疲民力以塞之。乃自其北涯鑿二渠，與楊柳渠合，東行數十里，復與馬灞渠會，而渠成安流。自金馬口之西鑿二渠，合金馬渠，東南入于新津江，罷藍淀、黃水、千金、白水、新興至三利十二堰。

北江三石洞之東爲外應、顏上、五斗諸堰，外應、顏上之水皆東北流，入于外江。五斗之水，南入馬灞渠，皆內江之支流也。外江東至崇寧，亦爲萬工堰。堰之支流，自北而東，爲三十六洞，過清白堰東入于彭、漢之間。而清白堰水潰其南涯，延袤三里餘，有司因潰以爲堰。堰輒壞，乃疏其北涯舊渠，直流而東，罷其堰及三十六洞之役。

嘉定之青神，有堰曰鴻化，則授成其長吏，應期而功畢。若成都之九里隄，崇寧之萬工堰，彭之堋口、豐潤、千江、石洞、濟民、羅〔江、馬〕脚諸堰，〔九〕工未及施，則召長吏勉諭，使及農隙爲之。諸堰都江及利民臺之役最大，侍郎、楊(林)〔柳〕、外應、顏上、五斗次之，〔一〇〕鹿角、萬工、駱駝、碓口、三利又次之。而都江又居大江中流，故以鐵萬六千斤，鑄爲大龜，貫以鐵柱，而鎮其源，然後卽工。

諸隁皆甃以石，範鐵以關其中，取桐實之油，和石灰，雜麻絲，而搗之使熟，以苴罅漏。所岸善崩者，密築江石以護之，上植楊柳，旁種蔓荊，櫛比鱗次，賴以爲固，蓋以數百萬計。所至或疏舊渠以導其流，或鑿新渠以殺其勢。遇水之會，則爲石門，以時啓閉而泄蓄之，用以節民力而資民利，凡智力所及，無不爲也。初，郡縣及兵家共掌都江之政，延祐七年，其兵官奏請獨任郡縣，民不堪其役，至是復合焉。常歲獲水之利僅數月，隁輒壞，至是，雖緣渠所置碓磑紡績之處以千萬計，四時流轉而無窮。

其始至都江，水深廣莫可測，忽有大洲湧出其西南，方可數里，人得用事其間。入山伐石，崩石已滿，隨取而足。蜀故多雨，自初役至工畢，無雨雪，故力省而功倍，若有相之者。五越月，功告成，而吉當普以監察御史召，省臺上其功，詔揭（揆）〔傒〕斯製文立碑以旌之。〔一〕

是役也，凡石工、金工皆七百人，木工二百五十人，役徒三千九百人，而蒙古軍居其二千。糧爲石千有奇，石之材取于山者百萬有奇，石之灰以斤計者六萬有奇，油半之，鐵六萬五千斤，麻五千斤。最其工之直、物之價，以緡計者四萬九千有奇，皆出於民之庸，而在官之積者，尚餘二十萬一千八百緡，責灌守以貸于民，歲取其息，以備祭祀及淘灘修堰之費。仍蠲灌之兵民所常徭役，俾專其力於堰事。

涇渠

涇渠者，在秦時韓使水工鄭國說秦，鑿涇水，自仲山西抵瓠口爲渠，並北山，東注于洛三百餘里以漑田，蓋欲以罷秦之力，使無東伐。秦覺其謀，欲殺之，鄭曰：「臣爲韓延數年之命，而爲秦建萬世之利。」秦以爲然，使迄成之，號鄭渠。漢時有白公者，奏穿渠引涇水，起谷口，入櫟陽，注渭中，袤二百里，漑田四千五百餘頃，因名曰白渠。歷代因之，皆享其利。至宋時，水衝嚙，失其故蹟。熙寧間，詔賜常平息錢，助民興作，自仲山旁開鑿石渠，從高瀉水，名豐利渠。

元至元間，立屯田府督治之。大德八年，涇水暴漲，毀堰塞渠，陝西行省命屯田府總管夾谷伯顏帖木兒及涇陽尹王琚疏導之。起涇陽、高陵、三原、櫟陽用水人戶及渭南、櫟陽、涇陽三屯所人夫，共三千餘人興作，水通流如舊。其制編荆爲囤，貯之以石，復填以草以土爲堰，歲時葺理，未嘗廢止。

至大元年，王琚爲西臺御史，建言於豐利渠上更開石渠五十一丈，闊一丈，深五尺，積一十五萬三千工，每方一尺爲一工。自延祐元年興工，至五年渠成。是年秋，改堰至新口。泰定間，言者謂石渠歲久，水流漸穿逾下，去岸益高。至正三年，御史宋秉亮相視其堰，謂渠積年坎取淤土，疊壘於岸，極爲高崇，力難送土於上，因請就岸高處開通鹿巷，以便夫行。廷議允可。四年，屯田同知牙八胡、涇尹李克忠發丁夫開鹿巷八十四處，削平土壘四百五十餘步。二十年，陝西行省左丞相帖里帖木兒遣都事楊欽修治，凡溉農田四萬五千餘頃。

金口河

至正二年正月，中書參議孛羅帖木兒、都水傅佐建言，起自通州南高麗莊，直至西山石峽鐵板開水古金口一百二十餘里，創開新河一道，深五丈，廣十五丈，放西山金口水東流至高麗莊，合御河，接引海運至大都城內輸納。是時，脫脫爲中書右丞相，以其言奏而行之。廷臣多言其不可，而左丞許有壬言尤力，脫脫排羣議不納，務於必行。有壬因條陳其利害，略曰：

大德二年，渾河水發爲民害，大都路都水監將金口下閉閘板。五年間，渾河水勢浩大，郭太史恐衝沒田薛二村、南北二城，又將金口已上河身，用砂石雜土盡行堵閉。至順元年，因行都水監郭道壽言，金口引水過京城至通州，其利無窮。工部官并河道提舉司、大都路及合屬官員耆老等相視議擬，水由二城中間窒礙。又盧溝河自橋至合流處，自來未嘗有漁舟上下，此乃不可行船之明驗也。且通州去京城四十里，盧溝止二十里，此時若可行船，當時何不於盧溝立馬頭，百事近便，却於四十里外通州爲之？

又西山水勢高峻，亡金時，在都城之北流入郊野，縱有衝決，爲害亦輕。今則在都城西南，與昔不同。此水性本湍急，若加以夏秋霖潦漲溢，則不敢必其無虞，宗廟社稷之所在，豈容僥倖於萬一。若一時成功，亦不能保其永無衝決之患。且亡金時此河未必通行，今所有河道遺跡，安知非作而復輟之地乎？又地形高下不同，若不作閘，必致走水淺澀，若作閘以節之，則沙泥渾濁，必致淤塞，每年每月專人挑洗，蓋無窮盡之時也。且郭太史初作通惠河時，何不用此水，而遠取白浮之水，引入都城，以供閘壩之用？蓋白浮之水澄淸，而此水渾濁不可用也。此議方興，傳聞於外，萬口一辭，以爲不可。若以爲成大功者不謀於衆，人言不足聽，則是商鞅、王安石之法，當今不宜有此。議既上，丞相終不從。遂以正月興工，至四月功畢。起閘放金口水，流湍勢急，沙泥壅塞，船不可行。而開挑之際，毁民廬舍墳塋，夫丁死傷甚衆。又費用不貲，卒以無功。繼而御史糾劾建言者，孛羅帖木兒、傅佐俱伏誅。今附載其事于此，用爲妄言水利者之戒。

校勘記

〔一〕武城　疑爲「成武」之倒誤，而又訛「成」爲「城」。參看卷六五校勘記〔一〕。

〔二〕狹難受水水（溢）〔益〕悍　道光本與類編卷一五賈魯傳引至正河防記合，從改。按「水益悍」與下文「岸善崩」相對。

〔三〕又用大索或五爲腰索　王圻續文獻通考卷七引至正河防記「或」作「四」，語義始通。腰索，類編卷一五引至正河防記作「接索」。按上文稱細埽之索爲「腰索」，此拉埽之索疑當另稱「接索」。

〔四〕并埽上及前（洊）〔游〕修埽隄一　據類編所引至正河防記改。按洊云水再至，「前洊」不辭，誤。

〔五〕又用大麻索竹絙（用）〔周〕船身繳繞上下　據類編所引至正河防記改。

〔六〕又東（道）〔過〕大安橋　道光本與揭文安集卷一二大元勅賜修堰碑下簡稱修堰碑合，從改。

〔七〕深淘灘高作堰　按修堰碑「高」作「低」，新編從改，疑是。

〔八〕其一自上馬騎東流過（鄆）〔郫〕入于成都〔古謂之內江今府江是也其一自三石洞北流過將軍橋又北過四石洞折而東流過新繁入於成都〕古謂之外江　道光本與修堰碑合，從改補。

〔九〕彭之堋口豐潤千江石洞濟民羅〔江馬〕脚諸堰　道光本與修堰碑合，從補。

〔一〇〕侍郎楊（林）〔柳〕外應顏上五斗次之　道光本與修堰碑合，從改。按本篇上文已書「又東爲利民臺，臺之東南爲侍郎、楊柳二隁」。

〔一〕揭(搡)〔傒〕斯　據本書卷一八一揭傒斯傳改。

元史卷六十七

志第十八

禮樂一

傳曰：「禮者，天地之序也；樂者，天地之和也。」致禮以治躬，外貌斯須不莊不敬，則慢易之心入之矣。致樂以治心，中心斯須不和不樂，則鄙詐之心入之矣。古之禮樂，壹本於人君之身心，故其爲用，足以植綱常而厚風俗。後世之禮樂，既無其本，唯屬執事者從事其間，故僅足以美聲文而侈觀聽耳。此治之所以不如古也。

前聖之制，至周大備。周公相成王，制禮作樂，而教化大行，邈乎不可及矣。秦廢先代典禮，漢因秦制，起朝儀，作宗廟樂。魏、晉而後，五胡雲擾，秦、漢之制亦復不存矣。唐初襲用隋禮，太常多肄者，敎坊俗樂而已。至宋，承五季之衰，因唐禮，作太常因革禮，而所製大晟樂，號爲古雅。及乎靖康之變，禮文樂器，掃蕩無遺矣。

元之有國，肇興朔漠，朝會燕饗之禮，多從本俗。太祖元年，大會諸侯王于阿難河，卽皇帝位，始建九斿白旗。世祖至元八年，命劉秉忠、許衡始制朝儀。自是，皇帝卽位、元正、天壽節，及諸王、外國來朝，册立皇后、皇太子，羣臣上尊號，進太皇太后、皇太后册寶，暨郊廟禮成、羣臣朝賀，皆如朝會之儀。而大饗宗親、錫宴大臣，猶用本俗之禮爲多。

若其爲樂，則自太祖徵用舊樂於西夏，太宗徵金太常遺樂於燕京，及憲宗始用登歌樂，祀天於日月山。而世祖命宋周臣典領樂工，又用登歌樂享祖宗于中書省。既又命王鏞作大成樂，詔括民間所藏金之樂器。至元三年，初用宮縣、登歌、文武二舞于太廟，烈祖至憲宗八室，皆有樂章。三十年，又撰社稷樂章。成宗大德間，製郊廟曲舞，復撰宣聖廟樂章。仁宗皇慶初，命太常補撥樂工，而樂制日備。大抵其於祭祀，率用雅樂，朝會饗燕，則用燕樂，蓋雅俗兼用者也。

元之禮樂，揆之於古，固有可議。然自朝儀既起，規模嚴廣，而人知九重大君之尊，至其樂聲雄偉而宏大，又足以見一代興王之象，其在當時，亦云盛矣。今取其可書者著於篇，作禮樂志。

制朝儀始末

世祖至元八年秋八月己未，初起朝儀。先是，至元六年春正月甲寅，太保劉秉忠、大司農孛羅奉旨，命趙秉溫、史杠訪前代知禮儀者肄習朝儀。既而，秉忠奏曰：「二人習之，雖知之，莫能行也。」得旨，許用十人。遂徵儒生周鐸、劉允中、尙文、岳忱、關思義、侯祐賢、蕭琬、徐汝嘉，從亡金故老烏古倫居貞、完顏復昭、完顏從愈、葛從亮、于伯儀及國子祭酒許衡、太常卿徐世隆，稽諸古典，參以時宜，沿情定制，而肄習之，百日而畢。

秉忠復奏曰：「無樂以相須，則禮不備。」奉旨，搜訪舊教坊樂工，得杖鼓色楊皓、笛色曹楫、前行色劉進、教師鄭忠，依律運譜，被諸樂歌。六月而成，音聲克諧，陳于萬壽山便殿，帝聽而善之。

秉忠及翰林太常奏曰：「今朝儀既定，請備執禮員。」有旨，命丞相安童、大司農孛羅擇蒙古宿衞士可習容止者二百餘人，肄之期月。七年春二月，奏以丙子觀禮。前期一日，布綿蕝金帳殿前，帝及皇后臨觀于露階，禮文樂節，悉無遺失。冬十有一月戊寅，秉忠等奏請建官典朝儀，帝命與尙書省論定以聞。

八年春二月，立侍儀司，以忽都于思、也先乃爲左右侍儀，奉御趙秉溫爲禮部侍郎兼侍儀司事，周鐸、劉允中爲左右侍儀使，尙文、岳忱爲左右直侍儀事，關思義、侯祐賢爲左右侍儀副使，蕭琬、徐汝嘉爲僉左右侍儀事，烏古倫居貞爲承奉班都知，完顏復昭爲引進副使，葛從亮爲侍儀署令，于伯儀爲尙衣局大使。夏四月，侍儀司奏請製內外仗，如歷代故事。從之。秋七月，內外仗成。遇八月帝生日，號曰天壽聖節，用朝儀自此始。

元正受朝儀

前期三日，習儀于聖壽萬安寺。或大興教寺。前二日，陳設于殿庭。至期大昕，侍儀使引導從護尉，各服其服，入至寢殿前，捧牙牌跪報外辦。內侍入奏，出傳制曰「可」，侍儀〔使〕俛伏興。〔一〕皇帝出閤陞輦，鳴鞭三。侍儀使幷通事舍人，分左右，引擎執護尉、劈正斧中行，導至大明殿外。劈正斧直正門北向立，導從倒卷序立，惟扇置于錡。侍儀使導駕時，引進使同內侍官，引宮人擎執導從，入至皇后宮庭，捧牙牌跪報外辦。內侍入啓，出傳旨曰「可」，引進使俛伏興。皇后出閤陞輦，引進使引導從導至殿東門外，引進使分退押直至墅塗之次，引導從倒卷出。俟兩宮升御榻，鳴鞭三，劈正斧退立於露階東。司晨報時雞唱畢，尙引引殿前班，皆公服，分左右入日精、月華門，就起居位，相向立。通班舍人唱曰「左右衞上將軍兼殿前都點檢臣某以下起居」，尙引唱曰「鞠躬」，曰「平身」，引至丹墀拜位，知班報班齊。宣贊唱曰「拜」，通贊贊曰「鞠躬」，曰「拜」，曰「興」，曰「拜」，曰「興」，曰「都點檢稍前」。宣贊報曰「聖躬萬福」，通贊贊曰「復位」，曰「拜」，曰「興」，曰「拜」，曰「興」，曰「平身」，曰「搢笏」，曰「鞠躬」，曰「三舞蹈」，曰「跪左膝，三叩頭」，曰「山呼」，曰「山呼」，曰「再山呼」，凡傳「山呼」，控鶴呼譟應和曰「萬歲」，傳「再山呼」，應曰「萬萬歲」。後倣此。曰「出笏」，曰「就拜」，曰「興」，曰「拜」，曰「興」，曰「拜」，曰「興」，曰「平立」，宣贊唱曰「各恭事」。兩班點檢、宣徽將軍分左右升殿，宿直以下分立殿前，尙厩分立仗南，管旗分立大明門南楹。

俟后妃、諸王、駙馬以次賀獻禮畢，典引引丞相以下，皆公服，入日精、月華門，就起居位。通班唱曰「文武百僚、開府儀同三司、錄軍國重事、監修國史、右丞相具官無常。臣某以下起居」，典引贊曰「鞠躬」，曰「平身」，引至丹墀拜位。知班報班齊。宣贊唱曰「拜」，通贊贊曰「鞠躬」，曰「拜」，曰「興」，曰「拜」，曰「興」，曰「平身」，曰「搢笏」，曰「鞠躬」，曰「三舞蹈」，曰「跪左膝，三叩頭」，曰「山呼」，曰「山呼」，曰「再山呼」，曰「出笏」，曰「就拜」，曰「興」，曰「拜」，曰「興」，曰「拜」，曰「興」，曰「平身」。侍儀使詣丞相前請進酒，雙引升殿。前行樂工分左右，引登歌者及舞童舞女，以次升殿門外露階上。登歌之曲各有名，音中本月之律。先期，儀鳳司運譜，翰林院撰辭肄之。丞相至宇下褥位立，侍儀使分左右北向立。俟前行色曲將半，舞旋列定，通贊唱曰「分班」，樂作。侍儀使引丞相由南東門入，宣徽使奉隨至御榻前。丞相跪，宣徽使立于東南，曲終。丞相祝贊曰：「溥天率土，祈天地之洪福，同上皇帝、皇后億萬歲壽。」宣徽使答曰：「如所祝。」丞相俛伏興，退詣進酒位。尙醞官以觴授丞相，丞相搢笏捧觴，北面立，宣徽使復位。前行色降，舞旋至露階上。教坊奏樂，樂舞至第四拍，丞相進酒，皇帝舉觴。宣贊唱曰「殿上下侍立臣僚皆再拜」，通贊贊曰「鞠躬」，曰「拜」，曰「興」，曰「拜」，曰「興」，曰「平身」。丞相三進酒畢，以觴授尚醞官，出笏，侍儀使雙引自南東門出，復位，樂止。至元七年進酒儀：班首至殿前褥位立，前行進曲，尚醞官執空杯，自正門出，授班首。班首搢笏執空杯，由正門入，至御榻前跪。俟曲終，以杯授尚醞官，出笏祝贊。宣徽使曰「諾」，班首俛伏興。班首、宣徽使由南東門出，各復位。班首以下舞蹈山呼五拜，百官分班，教坊奏樂，尚醞官進酒，殿上下侍立臣僚皆再拜。三進酒畢，班首降至丹墀。至元十八年十二月二十八日改今儀。

通贊贊曰「合班」。禮部官押進奏表章、禮物二案至橫階下，宣禮物舍人進讀禮物目，至第二重階。俟進讀表章官等，翰林國史院屬官一人。至宇下齊跪。宣表目舍人先讀中外百司表目，翰林院官讀中書省表畢，皆俛伏興，退，降第一重階下立。俟進讀禮物舍人陞階，至宇下，跪讀禮物目畢，俛伏興，退。同降至橫階，隨表章西行，至右樓下，侍儀仍領之，禮物東行至左樓下，太府受之。宣贊唱曰「拜」，通贊贊曰「鞠躬」，曰「拜」，曰「興」，曰「平身」，曰「搢笏」，曰「鞠躬」，曰「三舞蹈」，曰「跪左膝，三叩頭」，曰「山呼」，曰「山呼」，曰「再山呼」，曰「出笏」，曰「就拜」，曰「興」，曰「拜」，曰「興」，曰「拜」，曰「興」，曰「平立」。僧、道、耆老、外國蕃客，以次而賀。

禮畢，大會諸王宗親、駙馬、大臣，宴饗殿上，侍儀使引丞相等陞殿侍宴。凡大宴，馬不過一，羊雖多，必以獸人所獻之鮮及脯鱐，折其數之半。預宴之服，衣服同制，謂之質孫。宴饗樂節，見宴樂篇。四品以上，賜酒殿上。典引引五品以下，賜酒于日精、月華二門之下。宴畢，鳴鞭三。侍儀使導駕，引進使導后，還寢殿，如來儀。

天壽聖節受朝儀 如元正儀。

郊廟禮成受賀儀 如元正儀。

皇帝卽位受朝儀

前期三日，習儀于萬安寺。前二日，陳設于殿庭。前一日，設宣詔位于闕前。至期大昕，侍儀使引導從護尉，各服其服，至皇太子寢閤前，捧牙牌跪報外辦。內侍傳旨曰「可」，侍儀使俛伏興。皇太子出閤，侍儀使前導，由崇天門入，升大明殿。引進使引導從至皇太子妃閤前，跪報外辦。內侍出傳旨曰「可」，引進使俛伏興，前導由鳳儀門入。俟諸王以國禮扶皇帝登寶位畢，鳴鞭三。尙引引點檢以下，皆公服，入就起居位。起居贊拜，如元正朝儀。兩班點檢、宣徽將軍、宿直、尙廐、管旗，各恭事。俟后妃、諸王、駙馬以次賀獻禮畢，參議中書省事四人，以篚奉詔書，由殿左門入，至御榻前。參議中書省事跪奏詔文，俛伏興，以詔授典瑞使押寶畢，置于篚，對舉由正門出，樂作，至闕前，以詔置于案。文武百僚各公服就位北向立。侍儀使稱有制，宣贊唱曰「拜」，通贊贊曰「鞠躬」，曰「拜」，曰「興」，曰「拜」，曰「興」，曰「平身」，曰「班首稍前」，典引引班首至香案前。通贊贊曰「跪」，曰「在位官皆跪」，司香贊曰「搢笏」，通贊贊曰「上香」，曰「上香」，曰「三上香」，曰「出笏」，曰「就拜」，曰「興」，曰「復位」，宣贊唱曰「拜」，通贊贊曰「鞠躬」，曰「拜」，曰「興」，曰「拜」，曰「興」，曰「平身」。侍儀使以詔授左司郎中，郎中跪受，同譯史稍西，陞木榻，東向宣讀。通贊贊曰「在位官皆跪」。讀詔，先以國語宣讀，隨以漢語譯之。讀畢，降榻，以詔授侍儀使，侍儀使置于案。通贊贊曰「就拜」，曰「興」，曰「拜」，曰「興」，曰「拜」，曰「興」，曰「搢笏」，曰「鞠躬」，曰「三舞蹈」，曰「跪左膝，三叩頭」，曰「山呼」，曰「山呼」，曰「再山呼」，曰「出笏」，曰「就拜」，曰「興」，曰「拜」，曰「興」，曰「拜」，曰「興」，曰「平立」。典引引丞相以下皆公服入起居位。起居拜舞，祝頌，進酒，獻表，賜宴，並同元正受朝儀。宴畢，鳴鞭三。侍儀使導駕，引進使導后，入寢殿，如來儀。次日，以詔頒行。

羣臣上皇帝尊號禮成受朝賀儀

前期二日，儀鸞司設大次于大明門外，又設進册案于殿內御座前之西，進寶案于其東，設受册案于御座上之西，受寶案于其東。侍儀司設册案于香案南，寶案又于其南。禮儀使位于前，册使、册副位于廷中，北面。引册、奉册、舉册、讀册、捧册官，位于右，引寶、奉寶、舉寶、讀寶、捧寶官位于左，以北爲上。百官自金玉府迎册寶，奉安中書省，如常儀。

前期一日，右丞相率公卿朝服，儀衞音樂，導册寶二案出自中書，至闕前，控鶴奠案，方輿中道。册使等奉隨入大次內，方輿奠案。侍儀使引册使以下，由左門以出，百官趨退。

至期大昕，右丞相以下百官，各公服集闕廷，儀仗護尉就位。侍儀使、禮儀使引導從導皇帝升大明殿，引進使引導從導皇后升殿。尙引引殿前班入起居位，起居山呼拜舞畢，宣贊唱曰「各恭事」。皇太子、諸王、后妃、公主以次升殿，鳴鞭三。侍儀使、引册、引寶導册寶由正門入，樂作。奉册使、右丞相率册官由右門入，奉寶使、御史大夫率寶官由左門入，至殿下，置册案于香案南，寶案又奠于其南，樂止。侍儀使引册使以下就起居位，典引引羣臣入就位。通班舍人唱曰「文武百僚具官臣某以下起居」，典引贊曰「鞠躬」，曰「平身」，引至丹墀拜位。宣贊唱曰「拜」，通贊贊拜、舞蹈、山呼，如常儀。

畢，承奉班都知唱曰「奉册使以下進上册寶」。侍儀司引册使以下進就位。樂作。掌儀贊曰「奉册寶官稍前，搢笏，捧册寶」。侍儀使前導，由中道升正階，立宇下。俟奉册使諸冊官由右階隮，奉寶使諸寶官由左階隮畢，俱由左門入，奉冊寶至御榻褥位前，冊西寶東。樂止。掌儀贊曰「捧冊寶官稍前，以冊寶跪置于案」，曰「出笏」，曰「就拜」，曰「興」，曰「平身」，曰「復位」，曰「奉冊使以下皆跪」，曰「舉冊官興，俱至案前跪」，曰「搢笏，取冊于匣，置于盤，對舉」，曰「讀冊官興，俱至案前跪」，曰「讀冊」。讀冊官稱臣某謹讀冊。讀畢，舉冊官納冊于匣，興，以授典瑞使，出笏，立于冊案西南，典瑞使置于受冊案。掌儀贊曰「舉寶官興，俱至案前跪」，曰「搢笏，取寶于盝，對舉」，曰「讀寶官興，俱至案前跪」，曰「讀寶」。讀寶官稱臣某謹讀寶。

讀畢，舉寶官納寶于盝，興，以授典瑞使，出笏，立于寶案東南，典瑞使置于受寶案。掌儀贊曰「奉冊使以下皆就拜」，曰「興」，曰「平身」。參議中書省事四人，以篚奉詔書，由殿左門入，至御榻前，跪讀詔文，如常儀，授典瑞使押寶畢，置于篚，對舉，由正門出，至丹墀北，置于詔案。冊使以下由南東門出，就位聽詔，如儀。儀鸞使四人，舁進冊寶案，由左門出。侍儀使引班首由左階隮，前行色樂作，至宇下，樂止，舞旋至露階立。班首入殿，宣徽使奉隨，班首跪，宣徽使西北向立。班首致詞曰：「冊寶禮畢，願上皇帝、皇后萬萬歲壽。」宣徽使應曰：「如所祝。」樂作。通贊唱曰「分班」。進酒畢，班首由南東門出，降階，復位。樂止。通贊唱曰「合班」。奏進表章禮物，贊拜、舞蹈、山呼、錫宴，並如元正之儀。

册立皇后儀

前期二日，儀鸞司設發册寶案于大明殿御座前稍西，設發寶案稍東。掌謁設香案于皇后殿前，設册案于殿內座榻前稍西，寶案稍東，設受册案于座榻上稍西，設受寶案于稍東。侍儀司設板位，册使副位于廷中，北面，册官位于右，寶官位于左，禮儀使位于册案前，主節位于太尉左。皇后殿廷亦如之。

至期大昕，引贊敍太尉以下于闕廷，各公服。侍儀使、禮儀使、引册使，引册、奉册、舉册、讀册、捧册官，由月華門入；侍儀使、禮儀使、引册副，引寶、奉寶、舉寶、讀寶、捧寶官，由日精門入。至露階下，依板位立。侍儀使捧牙牌入至寢殿前，跪報外辦。內侍入奏，出傳制曰「可」，侍儀使俛伏興。皇帝出閤升輦，鳴鞭三。侍儀使引導從導皇帝入大明殿，陞御座。鳴鞭三。

司晨報時雞唱畢，尙引引殿前班入起居位，起居、贊拜、舞蹈、山呼，如儀。宣贊唱曰「各恭事」。引贊引册使以下入就位，掌儀舍人引承奉班都知、侍儀使、禮儀使、主節、捧册、捧寶官，升自左階，由南東門入，至御座前，分左右相向立。掌儀贊曰「禮儀使稍前跪」，曰「太尉以下皆跪」。禮儀使跪奏請進發皇后册寶。掌儀贊曰「就拜」，曰「興」，曰「平身」，曰「太尉以下皆興」，曰「復位」。掌儀贊曰「內謁者稍前」，曰「搢笏」，曰「捧册寶跪進皇帝」，曰「以册寶授捧册寶官」，捧册寶官跪受，興。掌儀贊曰「主節官搢笏持節」，禮儀使引節導册寶由正門出，至露階，南向立。禮儀使稱有制，承奉班都知唱曰「太尉以下皆再拜」，通贊曰「鞠躬」，曰「拜」，曰「興」，曰「拜」，曰「興」，曰「平身」。禮儀使宣制曰「命太尉某等持節授皇后册寶」，通贊贊曰「鞠躬」，曰「拜」，曰「興」，曰「拜」，曰「興」，曰「平身」。降至露階下，依次就位。掌儀唱曰「以册寶置于案」，曰「出笏」，曰「復位」。方輿舁以行，樂作。侍儀使、禮儀使引太尉及册寶官，奉隨至皇后宮庭奠案，樂止。掌儀唱曰「捧册寶官稍前，搢笏」。捧册寶使、太尉以下奉隨由正階隮，至案前。掌儀贊曰「以册寶置于案」，曰「出笏」，曰「復位」。侍儀使稍前跪報外辦，內侍入啓，出傳旨曰「可」，侍儀使俛伏興。

皇后出閤，詣褥位。太尉稱制遣臣某等恭授皇后册寶。內侍贊禮曰「跪」，掌儀贊曰「太尉以下皆跪」。內侍贊皇后曰「上香」，曰「上香」，曰「三上香」，曰「拜」，曰「興」，曰「拜」，曰「興」。掌儀贊曰「太尉以下皆興」。皇后陞殿，立于座榻前。承奉班都知唱曰「太尉以下進册寶」，掌儀唱曰「捧册寶官稍前，搢笏」。捧册寶由正門至殿內。掌儀贊曰「以册寶跪置于案」，曰「捧册寶官出笏，興，復位」，曰「太尉以下皆跪」，曰「舉册官興，至案前跪」，曰「搢笏，取册于匣，置于盤，對舉」，曰「讀册官興，至案前跪」，曰「讀册」。讀册官稱臣某謹讀册，讀畢，納册于匣。掌儀贊曰「出笏，舉寶官興，至案前跪，搢笏，取寶于盝，對舉」，曰「讀寶官興，至案前跪」，曰「讀寶」。讀寶官稱臣某謹讀寶，讀畢，納寶于盝。掌儀贊曰「出笏」，曰「太尉以下皆就拜」，曰「興」，曰「平身」。捧册寶官以册寶授太尉，太尉以授掌謁，掌謁以册寶置于受册寶案。掌儀唱曰「太尉以下跪」，曰「衆官皆跪」。太尉致祝辭曰：「册寶禮畢，伏願皇后與天同算。」司徒應曰：「如所祝。」就拜，興，平身。太尉進酒，樂作；皇后飲畢，樂止。禮儀使引節引主節由正門以出。侍儀使引太尉以下，由左門至階下，北面立。承奉班都知唱曰「太尉以下皆再拜」，通贊曰「鞠躬」，曰「拜」，曰「興」，曰「拜」，曰「興」，曰「平立」。侍儀使引太尉以下還詣皇帝御座前，跪奏曰：「奉制授皇后册寶，謹以禮畢。」就拜，興，由左門以出，降詣旁折位。

侍儀使引導從導皇后詣大明殿前謝恩，掌謁贊曰「拜」，曰「興」，曰「拜」，曰「興」。侍儀使分退，掌謁導皇后升御座。典引引丞相以下入起居位，起居贊拜如儀。侍儀使詣右丞相前請進酒，雙引升殿，至宇下褥位立。侍儀使分左右北向立，俟前行色曲將半，舞旋列定，通贊唱曰「分班」。樂作。侍儀使引右丞相由南東門入，宣徽使奉隨至御榻前，右丞相跪，宣徽使立于東南。曲終。右丞相祝贊曰：「册寶禮畢，臣等不勝慶抃，同上皇帝、皇后萬萬歲壽。」宣徽使應曰：「如所祝。」右丞相俛伏興，退詣進酒位。進酒、進表章禮物、贊拜、僧道賀獻、大宴殿上，並如元正儀。宴畢，鳴鞭三。侍儀使導駕，引進使導后，還寢殿，如來儀。

册立皇太子儀

前期三日，右丞相率百僚至金玉局册寶案前，舍人贊曰「鞠躬」，曰「拜」，曰「興」，曰「拜」，曰「興」，曰「平身」。曰「班首稍前」，曰「跪」，曰「在位官皆跪」，曰「搢笏」，曰「上香」，曰「上香」，曰「三上香」，曰「出笏」，曰「就拜」，曰「興」，曰「拜」，曰「興」，曰「拜」，曰「興」，曰「平身」。侍儀使、舍人分引羣臣，儀衞音樂導至中書省，正位安置。

前期二日，儀鸞司設發册案于大明殿御座西，發寶案于東。典寶官設香案于太子殿前階上，設册案于西，寶案于東；又設受册案于殿內座榻之西，受寶案于東。侍儀司設板位，太尉、册使副位于大明殿廷，太尉位居中，册官位于右，寶官位于左，禮儀使位于前，主節官位于太尉之左。太子殿廷亦如之，樂位布置亦如之。右丞相率百僚朝服，至中書省册寶案前，敍立定。舍人贊曰「鞠躬」，曰「拜」，曰「興」，曰「拜」，曰「興」，曰「平身」。曰「班首稍前」，曰「跪」，曰「搢笏」，曰「在位官皆跪」，曰「上香」，曰「上香」，曰「三上香」，曰「出笏」，曰「就拜」，曰「興」，曰「拜」，曰「興」，曰「拜」，曰「興」，曰「平立」。舍人分引羣臣，儀衞導從，音樂傘扇，導至闕前。控鶴舁案，方輿官舁之，由中道入崇天門，册使以下奉隨至露階下。方輿官置冊案于西，寶案于東，分退立于兩廡。冊使副北面，引冊官、舉冊官、讀冊官、捧冊官位于冊案西，東向；引寶官、舉寶官、讀寶官、捧寶官位于寶案東，西向。掌儀舍人贊曰「捧冊官稍前」，曰「搢笏」，曰「捧冊」。又贊曰「捧寶官稍前」，曰「搢笏」，曰「捧寶」。侍儀使、引進使、引冊官、引寶官前導，捧冊寶官次之，冊使副以下奉隨升大明殿午階，由正門入，至進發冊寶案前，冊使副北面立，引冊官、引寶官、舉冊官、舉寶官以下，分左右夾冊寶案立。掌儀贊曰「以冊寶置于案」，曰「出笏」，曰「復位」。侍儀使引奉冊使以下由左門出，百辟趨退。

至期大昕，引贊引冊使以下，皆公服，敍位于闕廷。侍儀使導從皇帝出閤，鳴鞭三，陞大明殿，登御座。尙引引殿前班入起居位，起居贊拜如儀，宣贊唱曰「各恭事」。引贊引冊使以下入就位，掌儀舍人引承奉班都知、侍儀使、禮儀使、主節郎、捧冊、捧寶官，升自左階，由左門入，至御座前，分左右立。掌儀贊曰「禮儀使稍前」，曰「跪」，曰「衆官皆跪」。禮儀使奏請發皇太子冊寶，掌儀唱曰「就拜」，曰「興」，曰「平身」，曰「衆官皆興」，曰「復位」。曰「內謁者稍前」，曰「搢笏」，曰「捧冊寶跪進皇帝」，曰「以冊寶授捧冊寶官」，捧冊寶官跪受，興。掌儀贊曰「主節郎搢笏持節」，禮儀使引節導冊寶由正門以出，至露階南向立。禮儀使稱有制，承奉班都知唱曰「太尉以下皆再拜」，掌儀贊曰「鞠躬」，曰「拜」，曰「興」，曰「拜」，曰「興」，曰「平身」。禮儀使宣制曰「上命太尉等持節授皇太子冊寶」，掌儀贊曰「鞠躬」，曰

「拜」，曰「興」，曰「拜」，曰「興」，曰「平身」。禮儀使引節導册寶，降至露階下，依次就位。掌儀贊曰「以册寶置于案」，曰「出笏」，曰「復位」。方輿舁以行，樂作。侍儀使、禮儀使、主節前導，册使以下奉隨由正門出。至闕前，方輿奠案，控鶴舁以行。至皇太子殿廷，控鶴奠案，方輿舁以行。入至露階下奠案，方輿退，樂止。册使以下以次立，掌儀贊曰「捧册寶官稍前，搢笏，捧册寶」。侍儀使引節，主節導册寶以行，册使以下由正階隮，節立于香案之西。掌儀贊曰「捧册寶官跪，以册寶置于案」，曰「出笏」，曰「興」，曰「就位」。右庶子跪報外備，內侍入啓，出傳旨曰「可」，右庶子俛伏興。

皇太子出閤，立于香案前。掌儀贊曰「皇太子跪」，曰「上香」，曰「上香」，曰「三上香」，曰「拜」，曰「興」，曰「拜」，曰「興」。太尉前稱制遣臣某等恭授皇太子册寶，復位。掌儀贊曰「皇太子拜」，曰「興」，曰「拜」，曰「興」。請皇太子詣褥位，南向立。曰「皇太子跪」，曰「諸執事官皆跪」。曰「舉册官興，至案前」，曰「跪」，曰「讀册」。讀畢，曰「納册于匣」，曰「出笏」。掌儀唱曰「舉寶官興，至案前」，曰「跪」，曰「讀寶」。讀畢，曰「納寶于盝」，曰「出笏」，曰「舉册寶官、讀册寶官皆興，復位」。掌儀贊曰「太尉進授册寶」，侍儀使引太尉、司徒至册寶案前，搢笏，以册寶跪進。皇太子恭受，以授左、右庶子，左、右庶子搢笏跪受。掌儀贊曰「皇太子興」，册使以下皆興」。右庶子捧册，左庶子捧寶，導皇太子入殿。右庶子奠册于受册案，左庶子奠寶于受寶案。引節引主節立于殿西北，引贊引太尉以下降階復位，北向立。承奉班都知唱曰「太尉以下皆再拜」，掌儀贊曰「鞠躬」，曰「拜」，曰「興」，曰「拜」，曰「興」，曰「平身」。樂作。侍儀使詣太尉前請進酒，太尉入至殿內，進酒畢，降復位。樂止。

侍儀使、禮儀使、主節導太尉以下還詣大明殿御座前，跪奏曰：「奉制授皇太子册寶，謹以禮畢。」俛伏興，降詣位。侍儀使、左右庶子導皇太子詣大明殿御座前謝恩，右庶子贊曰「拜」，曰「興」，曰「拜」，曰「興」。進酒，又贊曰「拜」，曰「興」，曰「拜」，曰「興」。降殿，還府。

侍儀使詣右丞相前請進酒，雙引升殿，至宇下褥位立，侍儀使分左右，北向立。俟前行色曲將半，舞旋列定，通贊唱曰「分班」。樂作。侍儀使、右丞相由南東門入，宣徽使奉隨至御榻前。右丞相跪，宣徽使立于東南。曲終。右丞相祝贊曰：「皇太子册寶禮畢，臣等不勝慶抃，同上皇帝、皇后萬萬歲壽。」宣徽使應曰：「如所祝。」右丞相俛伏興，退詣進酒位。進酒、進表章禮物、贊拜，如元正儀。駕興，鳴鞭三。侍儀使導駕還寢殿，如來儀。

皇太子還府，陞殿。典引引羣臣入就起居位，通班，自班西行至中道，唱曰「具官某以下起居」，典引贊曰「鞠躬」，曰「平身」。進就拜位，宣贊唱曰「拜」，通贊贊曰「鞠躬」，曰「拜」，曰「興」，曰「拜」，曰「興」，曰「平身」。侍儀使詣班首前請進酒，雙引由左階至殿宇下褥位立，侍儀分左右，北向立。俟前行色曲將半，舞旋列定，通贊唱曰「分班」。班首入自左門，右庶子隨至座前。班首跪，右庶子立于東南。俟曲終，班首致祝詞曰：「册寶禮畢，願上殿下千秋之壽。」右庶子應曰：「如所祝。」班首俛伏興，退至進酒位，搢笏，捧觴，北向立，右庶子退復位。俟舞旋至露階，樂舞至第四拍，班首進酒。宣贊唱曰「文武百僚皆再拜」，通贊贊曰「鞠躬」，曰「拜」，曰「興」，曰「拜」，曰「興」，曰「平身」。班首自東門出，復位。樂止。通贊唱曰「合班」。中書押進箋及禮物案至横階下，進讀箋官由左階隮，進讀禮物官至階下。俟進讀箋官至宇下，先讀箋目，次讀箋，讀畢，俛伏興，降至階下。進讀禮物官升階，至宇下，跪讀禮物狀畢，俛伏興，退，同讀箋官至横階，隨箋案西行，至右廡下，禮物案東行，至左廡下，各付所司。宣贊唱曰「拜」，通贊贊曰「鞠躬」，曰「拜」，曰「興」，曰「拜」，曰「興」，曰「平立」。右庶子導皇太子還閤。

太皇太后上尊號進册寶儀

前期二日，儀鸞司設進發册寶案于大明殿御座之前，掌謁設進册寶案于太皇太后殿座榻前，設受册寶案于座榻上，並册西寶東。侍儀司設册使副位于廷中，北面，册官位右，寶官位左，禮儀使位于前，以北爲上。太皇太后殿廷亦如之。

至期大昕，羣臣皆公服，敍位闕前。侍儀使、禮儀使、引册使，引册、奉册、舉册、讀册、捧册官，由月華門入。侍儀使、禮儀使、引册副，引寶、奉寶、舉寶、讀寶、捧寶官，由日精門入。至露階下，依板位立。侍儀使捧牙牌入至寢殿前，跪報外辦，內侍入奏，出傳制曰「可」，侍儀使俛伏興。皇帝出閤升輦，鳴鞭三；入大明殿，陞御座，鳴鞭三。司晨報時雞唱畢，侍儀使、禮儀使、引册使以下陞自東階，由左門入，至御榻前，相向立。掌儀贊曰「奏中嚴」，侍儀使捧牙牌跪奏曰「中嚴」，又贊曰「就拜」，曰「興」，曰「平身」，曰「復位」，曰「禮儀使稍前跪」，曰「册使以下皆跪」。禮儀使奏請進發太皇太后册寶，掌儀贊曰「就拜」，曰「興」，曰「平身」，曰「復位」，曰「內謁者稍前」，曰「搢笏，奉册寶上進」，曰「册使副、捧册寶官稍前」，曰「搢笏」，曰「內謁者跪進册寶」。皇帝興，以册授册使，册使跪受，興，以授捧册官，出笏；以寶授册副，册副跪受，興，以授捧寶官，出笏。侍儀使、禮儀使、引册、引寶官，導册寶由正門出，册使以下奉隨，至階下。掌儀贊曰「以册寶置于案」，曰「出笏，復位」。方輿舁行，樂作。侍儀使、禮儀使、引册、引寶前導，册使以下奉隨，至興聖宮前，奠案，樂止。

侍儀使以導從入至太皇太后寢殿前，跪報外辦。掌謁入啓，出傳旨曰「可」，侍儀使俛伏興。侍儀使、掌謁前導太皇太后陞殿。導太皇太后時，侍儀使入至大明殿，跪奏册寶至興聖宮，請行禮。駕興，鳴鞭三，侍儀使前引導從至興聖宮，陞御座。侍儀使出，至案所，樂作。方輿入，至露階下奠案。册使副立于案前，册官東向，寶官西向。方輿分退，立于兩廡，樂止。

尙引引殿前班入起居位，相向立，起居拜舞，如元正儀。禮畢，宣贊唱曰「各恭事」，贊引册使以下退至起居位。通班舍人唱曰「攝某官具官或太尉，具官無常。臣某以下起居」，引贊贊曰「鞠躬」，曰「平身」。進入丹墀，知班唱曰「班齊」，宣贊唱曰「拜」，通贊贊曰「鞠躬」，曰「拜」，曰「興」，曰「拜」，曰「興」，曰「平身」，宣贊唱曰「各恭事」。進至案前，依位立。宣贊唱曰「太尉以下進上册寶」，掌儀贊曰「捧册寶官稍前，搢笏，捧册寶」。侍儀使引册寶官前導，册使奉隨，至御榻，進册寶案前。掌儀唱曰「跪」，捧册寶官不跪，〔三〕曰「以册寶置于案」，曰「捧册寶官出笏復位」，曰「太尉以下皆跪」，曰「讀、舉册寶官興，俱至案前跪」。掌儀贊曰「舉册官搢笏，取册于匣，置于盤，對舉」。曰「讀册」，讀册官稱臣某謹讀册。讀畢，舉册官納册于匣。掌儀贊曰「出笏」，曰「舉寶官搢笏，取寶于盝，對舉」。曰「讀寶」，讀寶官稱臣某謹讀寶。讀畢，舉寶官納寶于盝。掌儀贊曰「出笏」，曰「就拜」，曰「興」，曰「平身」，曰「衆官皆興」，曰「復位」。曰「太尉、司徒、奉册寶官稍前」，曰「捧册寶官稍前」，曰「搢笏」，曰「捧册寶上進」，曰「皇帝躬授太皇太后册寶」，太皇太后以册寶授內掌謁，內掌謁置于案。皇帝興，進酒。太皇太后舉觴飲畢，皇帝復御座畢，掌儀贊曰「衆官皆復位」。侍儀使、引册使以下，分左右，出就位。皇帝率皇后及后妃、公主，降丹墀，北面拜賀，陞殿。皇太子及諸王拜賀，陞殿。典引引百官入就起居位，通班舍人唱曰「文武百僚具官臣某以下起居」，曰「鞠躬」，曰「平身」，引至丹墀拜位。知班報班齊，宣贊唱曰「拜」，通贊贊曰「鞠躬」，曰「拜」，曰「興」，曰「拜」，曰「興」，曰「平身」。侍儀使詣班首前請進酒，雙引至殿宇下褥位立，俟舞旋列定，通贊唱曰「分班」，樂作。侍儀使引班首由南東門入，宣徽使奉隨，至御榻前，班首跪，曲終。班首祝贊曰：「册寶禮畢，臣等不勝欣抃，願上太皇太后、皇帝億萬歲壽。」宣徽使應曰：「如所祝。」班首俛伏興，退詣進酒位。以下並同元正儀。

皇太后上尊號進册寶儀同前儀。

太皇太后加上尊號進册寶儀同前儀。

進發册寶導從

清道官二人，警蹕二人，並分左右，皆攝官，服本品朝服。

雲和樂一部：署令二人，分左右。次前行戲竹二，次排簫四，次簫管四，次板二，次歌四，並分左右。前行內琵琶二十，次箏十六，次箜篌十六，次纂十六，次方響八，次頭管二十八，次龍笛二十八，爲三十三重。重四人。次仗鼓三十，爲八重。次板八，爲四重。板內大鼓二，工二人，舁八人。樂工服並與鹵簿同。法物庫使二人，服本品服。次朱團扇八，爲二重。次小雉扇八，次中雉扇八，次大雉扇八，分左右，爲十二重。次朱團扇八，爲二重。次大傘二，次華蓋二，次紫方傘二，次紅方傘二，次曲蓋二，並分左右。執傘扇所服，並同立仗。

圍子頭一人，中道。次圍子八人，分左右。服與鹵簿內同。

安和樂一部：署令二人，服本品服。札鼓六，爲二重，前四後二。次和鼓一，中道。次板二，分左右。次龍笛四，次頭管四，並爲二重。次羌管二，次笙二，並分左右。次雲璈一，中道。次簫二，分左右。樂工服與鹵簿內同。

傘一，中道。椅左，踏右。執人，皂巾，大團花緋錦襖，金塗銅束帶，行縢鞋韈。

拱衞使一人，服本品服。

舍人二人，次引寶官二人，並分左右，服四品服。

香案，中道。輿士控鶴八人，服同立仗內表案輿士。侍香二人，分左右，服四品服。

寶案，中道。輿士控鶴十有六人，服同香案輿士。方輿官三十人，夾香案寶案，分左右而趨。至殿門，則控鶴退，方輿官舁案以陞。唐巾，紫羅窄袖衫，金塗銅束帶，烏靴。

引册二人，四品服。

香案，中道。輿士控鶴八人，服同寶案輿士。侍香二人，分左右，服四品服。

册案，中道。輿士控鶴十有六人，服同寶案輿士。方輿官三十人，夾香案册案，分左右而趨。至殿門，則控鶴退，方輿官舁案以陞。巾服與寶案方輿官同。

葆蓋四十人，次閱仗舍人二人，服四品服。次小戟四十人，次儀鍠四十人，夾雲和樂傘扇，分左右行，服同立仗。

(供)〔拱〕衞使二人，〔三〕服本品朝服。次班劍十，次梧杖十二，次斧十二，次鐙杖二十，次列絲十，皆分左右。次水甑左，金盆右。次列絲十，次立瓜十。次金杌左，鞭桶右，蒙鞍左，(散)〔繖〕手右。〔四〕次立瓜十，次臥瓜三十，並夾葆蓋、小戟、儀鍠，分左右行。服並同鹵簿內。

拱衞外舍人二人，服四品服，引導册諸官。次從九品以上，次從七品以上，次從五品以上，並本品朝服。

金吾折衝二人，牙門旗二，每旗引執五人。次青矟四十人，赤矟四十人，黃矟四十人，白矟四十人，紫矟四十人，並兜鍪甲靴，各隨矟之色，行導册官外。

册案後舍人二人，服四品服。次太尉右，司徒左。次禮儀使二人，分左右。次舉册官四人右，舉寶官四人左。次讀册官二人右，讀寶官二人左。次閤門使四人，分左右，並本品服。

知班六人，分左右，服同立仗，往來視諸官之失儀者而行罰焉。

册寶攝官

上尊號册寶，凡攝官二百(一)〔五〕十有六人：〔五〕奉册官四人，奉寶官四人，捧册官二人，捧寶官二人，讀册官二人，讀寶官二人，引册官五人，引寶官五人，典瑞官三人，糾儀官四人，殿中侍御史二人，監察御史四人，閤門使三人，清道官四人，點試儀衛五人，司香四人，備顧問七人，代禮官三十人，拱衞使二人，押仗二人，方輿〔官〕一百六十人。〔六〕

上皇太后册寶，凡攝官〔二〕百五十人：〔七〕攝太尉一人，攝司徒一人，禮儀使四人，奉册官二人，奉寶官二人，引册官二人，引寶官二人，舉册官二人，舉寶官二人，讀册官二人，讀寶官二人，捧册官二人，捧寶官二人，奏中嚴一人，主當內侍十人，閤門使六人，充內臣十三人，糾儀官四人，代禮官四十二人，掌謁四人，司香十二人，折衝都尉二人，拱衞使二人，清道官四人，警蹕官四人，方輿官百二十人。

上太皇太后册寶攝官，同前。

授皇后册寶，凡攝官百八十人：攝太尉一人，攝司徒一人，主節官二人，禮儀使四人，奉册官二人，奉寶官二人，引册官二人，引寶官二人，舉册官二人，舉寶官二人，讀册官二人，讀寶官二人，內臣職掌十人，宣徽使二人，閤門使四人，代禮官三十七人，侍香二人，清道官四人，折衝都尉二人，警蹕官四人，中宮內臣九人，糾儀官四人，接册內臣二人，接寶內臣二人，方輿官七十四人。

授皇太子册，凡攝官四十有九人：攝太尉一人，奉册官二人，持節官一人，捧册官二人，讀册官二人，引册官二人，攝禮儀使二人，主當內侍六人，副持節官五人，侍從官十一人，〔八〕代禮官十六人。

攝行告廟儀 如受尊號，上太皇太后、皇太后册寶，册立皇后、皇太子，凡國家大典禮，皆告宗廟。

前期二日，太廟令掃除內外，翰林國史院學士譔寫祝文。前一日，告官等致齋一日。其日，告官等各服紫服，奉祝版，進請御署訖，差控鶴，用紅羅銷金案擡舁，覆以黃羅帕，并奉御香、御酒，如常儀，迎至祀所齋宿。告日質明前三刻，禮直官引太廟令，率其屬入廟殿，開室，陳設如儀。禮直官引告官等，各服紫服，以次入就位，東向立定。禮直官稍前，贊曰「有司謹具，請行事」。贊者曰「再拜」，在位者皆再拜。禮直官先引執事者各就位，次引告官詣盥洗、爵洗位，北向立。搢笏，盥手，帨手，洗爵、拭爵訖，執笏，請詣酒尊所，搢笏，執爵，司尊者舉冪，良醞令酌酒，以爵授奉爵官，執笏，詣太祖室，再拜。執事者奉香，告官搢笏跪，三上香，執爵三祭酒，以虛爵授奉爵官，執笏，俛伏興。舉祝官搢笏跪，對舉祝版，讀祝官跪讀祝文訖，奠祝於案，執笏，俛伏興。禮直官、贊告官再拜畢，每室並如上儀。告畢，引告官以下降，復位。再拜訖，詣望瘞燔祝，再拜，半燎，告官以下皆退。

國史院進先朝實錄儀

是日大昕，諸司官具公服，立于光天門外，侍儀使引實錄案以入，監修國史以下奉隨，至光天殿前，分班立，皇帝陞御座。宣贊唱曰「拜」，通贊贊曰「鞠躬」，曰「拜」，曰「興」，曰「拜」，曰「興」，曰「平身」。待制四人奉實錄，陞自午階，監修國史以下奉隨，至御前香案南立，衆官降，復位。應奉翰林文字陞，至實錄前，跪讀表，讀畢，俛伏興，復位。翰林學士承旨陞，至御前，分班立，俟御覽畢，降復位。宣贊唱曰「監修國史以下皆再拜」，通贊贊曰「鞠躬」，曰「拜」，曰「興」，曰「拜」，曰「興」，曰「平身」。待制陞，取實錄，降自午階，置于案，由光天門以出，音樂儀從前導，還國史院，置于堂上。通贊贊曰「鞠躬」，曰「拜」，曰「興」，曰「拜」，曰「興」，曰「平身」，曰「搢笏」，曰「上香」，曰「上香」，曰「三上香」，曰「出笏」，曰「就拜」，曰「興」，曰「拜」，曰「興」，曰「拜」，曰「興」，曰「平立」。百僚趨退。

校勘記

〔一〕侍儀〔使〕俛伏興　按上下文皆作「侍儀使」，據補。

〔二〕捧册寶官不跪　按上文册立皇后儀，「以册寶跪置于案」；册立皇太子儀，「捧册寶官跪以册寶置于案」。而于册太皇太后則云「不跪」，疑此處有誤。王圻續通考「不」作「皆」。

〔三〕（供）〔拱〕衞使二人　從道光本改。

〔四〕（散）〔繖〕手　據本書卷七九輿服志改。

〔五〕凡攝官二百（一）〔五〕十有六人　按總計以下所列攝官人數爲二百五十六人。王圻續通考作「二百五十有六人」，從改。

〔六〕方輿〔官〕一百六十人　按下文「方輿官」屢見，據補。

〔七〕凡攝官〔二〕百五十人　按總計下列攝官人數爲二百五十人，此脫「二」字。王圻續通考作「二百五十人」，從補。

〔八〕侍從官十一人　按上文言「凡攝官四十有九人」，侍從官爲其中之一類。若侍從官爲十一人，則較攝官總數多一人。王圻續通考作「十人」，疑是。

元史卷六十八

志第十九

禮樂二

制樂始末

太祖初年，以河西高智耀言，徵用西夏舊樂。太宗十年十一月，宣聖五十一代孫衍聖公元措來朝，言于帝曰：「今禮樂散失，燕京、南京等處，亡金太常故臣及禮册、樂器多存者，乞降旨收錄。」於是降旨，令各處管民官，如有亡金知禮樂舊人，可并其家屬徙赴東平，令元措領之，於本路稅課所給其食。十一年，元措奉旨至燕京，得金掌樂許政、掌禮王節及樂工翟剛等九十二人。十二年夏四月，始命製登歌樂，肄習于曲阜宣聖廟。十六年，太常用許政所舉大樂令苗蘭詣東平，〔一〕指授工人，造琴十張，一絃、三絃、五絃、七絃、九絃者各二。

憲宗二年三月五日，命東平萬戶嚴忠濟立局，製冠冕、法服、鐘磬、筍簴、儀物肄習。五月十三日，召太常禮樂人赴日月山。八月七日，學士魏祥卿、徐世隆，郎中姚樞等，以樂工李明昌、許政、吳德、段楫、寇忠、杜延年、趙德等五十餘人，見于行宮。帝問制作禮樂之始，世隆對曰：「堯、舜之世，禮樂興焉。」時明昌等各執鐘、磬、笛、簫、篪、塤、巢笙，於帝前奏之。曲終，復合奏之，凡三終。十一日，始用登歌樂祀昊天上帝于日月山。祭畢，命驛送樂工還東平。

三年，時世祖居潛邸，命勾當東平府公事宋周臣兼領大樂禮官、樂工人等，常令肄習，仍令萬戶嚴忠濟依已降旨存恤。六年夏五月，世祖以潛邸次灤州，下教命嚴忠濟督宋周臣以所得禮樂舊人肄習，宜如故事勉行之，毋忽。冬十有一月，敕樂工老不堪任事者，以子孫代之，不足者，以他戶補之。

中統元年春正月，命宣撫廉希憲等，召太常禮樂人至燕京。夏六月，命許唐臣等製樂器、公服、法服。秋七月七日，工畢。十一日，用新製雅樂，享祖宗于中書省。禮畢，賜預祭官及禮樂人百四十九人鈔有差。八月，命太常禮樂人復還東平。二年秋九月，敕太常少卿王鏞領東平樂工，常加督視肄習，以備朝廷之用。

五年，太常寺言：「自古帝王功成作樂，樂各有名，盛德形容，於是乎在。伏覩皇上踐阼以來，留心至治，聲名文物，思復承平之舊。首敕有司，修完登歌、宮縣、八佾樂舞，以備郊廟之用。若稽古典，宜有徽稱。謹案歷代樂名，黄帝曰咸池、龍門、大卷，少昊大淵，顓頊六莖，高辛五英，唐堯大咸、大章，虞舜大韶，夏禹大夏，商湯大濩，周武大武。降及近代，咸有厥名。宋總名曰大晟，金總名曰大和。今採輿議，權以數名，伏乞詳定。曰大成，按尚書『簫韶九成，鳳凰來儀』。樂記曰『王者功成作樂』，詩云『展也大成』。曰大明，按白虎通言『如唐堯之德，能大明天人之道』。曰大順，易曰『天之所助者順』，又曰『順乎天而應乎人』。曰大同，樂記曰『樂者爲同，禮者爲異』。禮運曰『大道之行也，故人不獨親其親，不獨子其子，是之謂大同』。曰大豫，易曰『豫順以動，故天地如之』。象曰『雷出地奮，豫。先王以作樂崇德，殷薦之上帝，以配祖考』。」中書省遂定名曰大成之樂，乃上表稱賀。表曰：「離日中天，已覩文明之化；豫雷出地，又聞正大之音。神人以和，祖考來格。欽惟皇帝陛下，潤色洪業，游意太平，爰從龍邸之潛，久敬鳳儀之奏。及登寶位，申命鼎司，謂雖陳堂上之登歌，而尚闕庭前之佾舞。方嚴禋祀，當備聲容。屬天語之一宣，洒春官之畢會。臣等素無學術，徒有汗顏。聿求舊署之師工，仍討累朝之典故。按圖索器，永言和聲，較鐘律於積黍之中，續琴調於絕絃之後。金而模，石而琢，簴斯竪，筍斯横，合八音而克諧，閱三歲而始就。列文武兩階之干羽，象帝王四面之宮庭，一洗哇淫之聲，可謂盛大之舉。既完雅器，未錫嘉名。蓋聞軒、昊以來，俱有咸、雲之號，莖、英、章、韶以象德，夏、濩、武、勺以表功。洪惟國朝，誕受天命，地大物鉅，人和歲豐。宜符古記之文，稱曰大成之樂。漢庭聚議，作章敢望於一夔；舜殿鳴弦，率舞願觀於百獸。」

至元元年冬十有一月，括金樂器散在寺觀民家者。先是，括到燕京鐘、磬等器，凡三百九十有九事，下翟剛辨驗給價。至是，大興府又以所括鐘、磬樂器十事來進。太常因言：「亡金散失樂器，若止於燕京拘括，似爲未盡，合於各路寺觀民家括之，庶省鑄造。」於是奏檄各道宣慰司，括到鐘三百六十有七，磬十有七，錞一，送于太常。又中都、宣德、平灤、順天、河東、眞定、西京、大名、濟南、北京、東平等處，括到大小鐘、磬五百六十有九。其完者，景鐘二，鎛鐘十六，大聲鐘十，中聲鐘一，少聲鐘二十有七，編鐘百五十有五，編磬七。其不完者，景鐘四，鎛鐘二十有三，大聲鐘十有三，中聲鐘一，少聲鐘四十有五，編鐘二百五十有一，編磬十有四。

三年，初用宮縣、登歌樂、文武二舞于太廟。先是，東平萬戶嚴（光）〔忠〕範奏：〔三〕「太常登歌樂器樂工已完，宮縣樂、文武二舞未備，凡用人四百一十二，請以東平漏籍戶充之，合用樂器，官爲置備。」制可。命中書省臣議行。於是中書命左三部、太常寺、少府監，於興禪寺置局，委官楊天祐、太祝郭敏董其事，大樂正翟剛辨驗音律，充收受樂器官。丞相耶律鑄又言：「今製宮縣大樂，內編磬十有二簴，宜於諸處選石材爲之。」太常寺以新撥宮縣樂工、文武二舞四百一十二人，未習其藝，遣大樂令許政往東平教之。大樂署言：「堂上下樂舞官員及樂工，合用衣服、冠冕、鞾履等物，乞行製造。」中書禮部移準太常博士，議定制度，下所屬製造。宮縣樂器既成，大樂署郭敏開坐名數以上：編鐘、磬三十有六簴，樹鼓四，建鞞、應同一座。晉鼓一，路鼓二，鼗鼓二，相鼓二，雅鼓二，柷一，敔一，笙二十有七，巢和竽。塤八，篪、簫、籥、笛各十，琴二十有七，瑟十有四，單鐸、雙鐸、鐃、錞、鉦、麾、旌、纛各二，補鑄編鐘百九十有二，靈璧石磬如其數。省臣言：「太廟殿室向成，宮縣樂器咸備，請徵東平樂工，赴京師肄習，以俟享廟。」制可。秋七月，新樂服成，樂工至自東平，敕翰林院定撰八室樂章，大樂署編運舞節，俾肄習之。

冬十有一月，有事于太廟，宮縣、登歌樂、文武二舞咸備。其迎送神曲曰來成之曲，烈祖曰開成之曲，太祖曰武成之曲，太宗曰文成之曲，皇伯考朮赤曰弼成之曲，皇伯考察合帶曰協成之曲，睿宗曰明成之曲，定宗曰熙成之曲，憲宗曰威成之曲。初獻、升降曰肅成之曲，司徒奉俎曰嘉成之曲，文舞退、武舞進曰和成之曲，亞終獻、酌獻曰順成之曲，徹豆曰豐成之曲。文舞曰武定文綏之舞，武舞曰內平外成之舞。第一成象滅王罕，二成破西夏，三成克金，四成收西域、定河南，五成取西蜀、平南詔，六成臣高麗、服交趾。詳見樂舞篇。

十有二月，籍近畿儒戶三百八十四人爲樂工。先是，召用東平樂工凡四百一十二人。

中書以東平地遠，惟留其戶九十有二，餘盡遣還，復入民籍。

十一年秋八月，製內庭曲舞。中書以上皇帝册寶，下太常太樂署編運無射宮大寧等曲，及上壽曲譜。當時議殿庭用雅樂，後不果用。

十三年，以近畿樂戶多逃亡，僅得四十有二，復徵用東平樂工。十六年冬十月，命太常卿忽都于思召太常樂工。是月十一日，大樂令完顏椿等以樂工見于香閣，文郎魏英舞迎神黃鐘〔宮〕曲，〔三〕武郎安仁舞亞獻無射宮曲。十八年冬十月，昭睿順聖皇后將祔廟，製昭睿順聖皇后室曲舞。

十九年，王積翁奏請徵亡宋雅樂器至京師，置於八作司。二十一年，大樂署言「宜付本署收掌」，中書命八作司與之。鑄鐘二十有七，編鐘七百二十有三，特磬二十有二，編磬二十有八，鐃六，單鐸、雙鐸各五，鉦、錞各八。二十二年冬閏十有一月，太常卿忽都于思奏：「大樂見用石磬，聲律不協。稽諸古典，磬石莫善於泗濱，女直未嘗得此。今泗在封疆之內，宜取其石以製磬。」從之。選審聽音律大樂正趙榮祖及識辨磬材石工牛全，詣泗州採之，得磬璞九十，製編磬二百三十。命大樂令陳革等料簡，應律者百有五。二十三年，忽都于思又奏：「太廟樂器，編鐘、笙匏，歲久就壞，音律不協。」遂補鑄編鐘八十有一，合律者五十，造笙匏三十有四。二十九年四月，太常太卿香山請采石增製編磬，遣孔鑄馳驛往泗州，得磬璞五十八，製磬九十。大樂令毛莊等審聽之，得應律磬五十有八，於是編磬始備。

三十年夏六月，初立社稷，命大樂許德良運製曲譜，翰林國史院譔樂章。其降送神曰鎮寧之曲，初獻、盥洗、升壇、降壇、望瘞位皆肅寧之曲，正配位奠玉幣曰億寧之曲，司徒奉俎徹豆曰豐寧之曲，正配位酌獻曰保寧之曲，亞終獻曰咸寧之曲。按祭社稷、先農及大德六年祀天地五方帝，樂章皆用金舊名。釋奠宣聖，亦因宋不改。詳樂章篇。三十一年，世祖、裕宗祔廟，命大樂署編運曲譜舞節，翰林定譔樂章。世祖室曰混成之曲，裕宗室曰昭成之曲。

成宗大德九年，新建郊壇既成，命大樂署編運曲譜舞節，翰林譔樂章。十一月二十八日，祀圜丘用之。其迎送神曰天成之曲，初獻奠玉幣曰欽成之曲，酌獻曰明成之曲，登降曰隆成之曲，亞終酌獻曰和成之曲，奉饌徹豆曰寧成之曲，望燎如登降，惟用黃鍾宮。文舞曰崇德之舞，武舞曰定功之舞。

十年命江浙行省製造宣聖廟樂器，以宋舊樂工施德仲審較應律，運至京師。秋八月，用于廟祀宣聖。先令翰林新譔樂章，命樂工習之。降送神曰凝安之曲，初獻、盥洗、升殿、降殿、望瘞皆同安之曲，奠幣曰明安之曲，奉俎曰豐安之曲，酌獻曰成安之曲，亞終獻曰文安之曲，徹豆曰娛安之曲。蓋舊曲也，新樂章不果用。

十一年，武宗卽位，祭告天地，命大樂署編運皇地祇酌獻大呂宮一曲及舞節，翰林譔樂章。無曲名。九月，順宗、成宗二室祔廟，下大樂署編運曲譜舞節，翰林譔樂章。順宗室曰慶成之曲，成宗室曰守成之曲。

至大二年，親享太廟。皇帝入門奏順成之曲，盥洗、升殿用至元中初獻升降肅成之曲，亦曰順成之曲，出入小次奏昌寧之曲，迎神用至元中來成之曲，改曰思成，初獻、攝太尉盥洗、升殿奏肅寧之曲，酌獻太祖室仍用舊曲，改名開成，開成本至元中烈祖曲名，其詞則太祖舊曲也。睿宗室仍用舊曲，改名武成，此亦至元中太祖曲名，其詞則「神祖創業」以下仍舊。皇帝飲福、登歌奏釐成之曲，新製曲。文舞退、武舞進仍用舊曲，改名肅寧，舊名和成，其詞「天生五材，孰能去兵」以下是也。亞終獻、酌獻仍用舊曲，改名肅寧，舊名順成，其詞「幽明精禋」以下是也。徹豆曰豐寧之曲，舊名豐成，詞語亦異。送神曰保成之曲，皇帝出廟廷亦曰昌寧之曲。太常集禮曰：「樂章據孔思逮本錄之。國朝樂章皆用成字，凡用寧字者，金曲也。國初禮樂之事，悉用前代舊工，循習故常，遂有用其舊者。亦有不用其詞，而冒以舊號者，如郊祀先農等樂是也。」

冬十有二月，始製先農樂章，以太常登歌樂祀之。先是，有命祀先農以登歌樂，如祭社稷之制。大樂署言「禮祀先農如社」，遂錄祭社林鐘宮鎮寧等曲以上，蓋金曲也。三年冬十月，置曲阜宣聖廟登歌樂。初，宣聖五十四代孫左三部照磨思逮言：「闕里宣聖祖廟，釋奠行禮久闕，祭服登歌之樂，未蒙寵賜。如蒙移咨江浙行省，於各處贍學祭餘子粒內，製造登歌樂器及祭服，以備祭祀，庶盡事神之禮。」中書允其請，移文江浙製造。至是，樂器成，運赴闕里用之。十有一月，敕以二十三日冬至，祀昊天上帝于南郊，配以太祖，令大樂署運製配位及親祀曲譜舞節，翰林譔樂章。皇帝出入中壝黃鍾宮曲二，盥洗黃鍾宮曲一，升殿登歌大呂宮曲一，酌獻黃鍾宮曲一，飲福登歌大呂宮曲一，出入小次黃鍾宮曲一。皆無曲名。四年夏六月，武宗祔廟，命樂正謝世寧等編曲譜舞節，翰林侍講學士張士觀譔樂章，曲名威成之曲。

仁宗皇慶二年秋九月，用登歌樂祀太上皇睿宗。于眞定玉華宮。自是歲用之，至延祐七年春三月奏罷。延祐五年，命各路府宣聖廟置雅樂，選擇習古樂師教肄生徒，以供春秋祭祀。六年秋八月，議置三皇廟樂，不果行。七年，仁宗祔廟，命樂正劉瓊等編運酌獻樂譜舞節，翰林譔樂章，曲名曰歆成之曲。

英宗至治二年冬十月，用登歌樂于太廟。是月，英宗祔廟，〔四〕下大樂署編運樂譜舞節，翰林譔樂章，曲曰獻成之曲。文宗天曆二年春三月，明宗祔廟，〔五〕下大樂署編運樂譜舞節，翰林定譔樂章，曲曰永成之曲。

登歌樂器

金部

編鐘一簴，鐘十有六，範金爲之。筍簴橫曰筍，植曰簴。皆雕繪樹羽，塗金雙鳳五，中列博山，崇牙十有六，縣以紅絨組。簴趺青龍籍地，以綠油臥梯二，加兩跗焉。筍兩端金螭首，銜鍮石（璧）〔壁〕翣，〔六〕五色銷金流蘇，條以紅絨維之。鐵杙者四，所以備攲側。在太室以礙地甓，因易以石麟。簴額識以金飾篆字。擊鐘者以茱萸木爲之，合竹爲柄。凡鐘，未奏，覆以黃羅；雨，覆以油絹。磬亦然。元初，鐘用宋、金舊器，其識曰「大晟」、「大和」、「景定」者是也。後增製，兼用之。

石部

編磬一簴，磬十有六，石爲之。縣以紅絨紃，簴趺狻猊。拊磬者，以牛角爲之。餘筍簴、崇牙、樹羽、（璧）〔壁〕翣、流蘇之制，並與鐘同。元初，磬亦用宋、金舊器。至元中，始采泗濱靈璧石爲之。

絲部

琴十，一絃、三絃、五絃、七絃、九絃者各二。斲桐爲面，梓爲底，冰絃，木軫，漆質，金徽。長三尺九寸。首闊五寸二分，通足中高二寸七分，旁各高二寸；尾闊四寸一分，通足中高二寸，旁各高一寸五分。俱以黃綺夾囊貯之。琴卓髹以綠。

瑟四。其制，底面皆用梓木，面施采色，兩端繪錦。長七尺。首闊尺有一寸九分，通足中高四寸，旁各高三寸；尾闊尺有一寸七分，通足中高五寸，旁各高三寸五分。朱絲爲絃，凡二十有五，各設柱，兩頭有孔，疏通相連。以黃綺夾囊貯之。架四，髹以綠，金飾鳳首八。

竹部

簫二，編竹爲之。每架十有六管，闊尺有六分。黑擒金鸞鳳爲飾，鍮石釘鉸。以黃絨紃維於人項，左右復垂紅絨條結。架以木爲之，高尺有二寸，亦號排簫。韜以黃囊。

笛二，斷竹爲之。長尺有四寸，七孔，亦號長笛。纏以朱絲，垂以紅絨條結。韜以黃囊。

籥二，制如笛，三孔。纏以朱絲，垂以紅絨條結。韜以黃囊。

篪二，髹色如桐葉，七孔。纏以朱絲，垂以紅絨條結。韜以黃囊。

匏部

巢笙四，和笙四，七星匏一，九曜匏一，閏餘匏一，皆以班竹爲之。玄髹底，置管匏中，施簧管端，參差如鳥翼。大者曰巢笙，次曰和笙，管皆十九，簧如之。十三簧者曰閏餘匏，九簧者曰九曜匏，七簧者曰七星匏。皆韜以黄囊。

土部

塤二，陶土爲之。圍五寸半，長三寸四分，形如稱錘。六孔，上一，前二，後三。韜以黄囊。

革部

搏拊二，制如鼓而小，中實以糠，外髹以朱，繪以綠雲，繫以青絨條。兩手用之，或搏或拊，以節登歌之樂。

木部

柷一，以桐木爲之，狀如方桶，繪山於上，髹以粉，旁爲圓孔，納椎於中。椎以杞木爲之，撞之以作樂。

敔一，製以桐木，狀如伏虎，彩繪爲飾，背有二十七鉏鋙刻，下承以槃。用竹長二尺四寸，破爲十莖，其名曰籈，櫟其背以止樂。

宮縣樂器

金部

鎛鐘十有二簴，簴一鐘，制視編鐘而大，依十二辰位特縣之，亦號辰鐘。筍簴朱髹，塗金，彩繪飛龍。趺東青龍，西白虎，南赤豸，北玄麟。素羅五色流蘇。餘制並與編鐘同。

編鐘十有二簴，簴十有六鐘，制見登歌。此下樂器制與登歌同者，皆不重載。

石部

編磬十有六簴，簴十有二磬，制見登歌。筍簴與鎛鐘同。

絲部

琴二十有七，一絃者三，三絃、五絃、七絃、九絃者各六。

瑟十有二。

竹部

簫十，籥十，篪十，笛十。

匏部

巢笙十。

竽十，竹爲之。與巢笙皆十九簧，惟指法各異。

七星匏一，九曜匏一，閏餘匏一。

土部

塤八。

革部

晉鼓一，長六尺六寸，面徑四尺，圍丈有二尺，穹隆者居鼓面三之一，穹徑六尺六寸三分寸之一。面繪雲龍爲飾，其皐陶以朱髹之，下承以彩繪趺座，幷鼓高丈餘。在郊祀者，鞔以馬革。

樹鼓四，每樹三鼓。其制高六尺六寸，中植以柱，曰建鼓。柱末爲翔鷺，下施小圓輪。又爲重斗，方蓋，並繚以彩繪。四角有竿，各垂壁翣流蘇，下以青狻猊四爲趺。建旁挾二小鼓，曰鞞，曰應，樹樂縣之四隅。路床、鼓桴，並髹以朱。

雷鼓二，制如鼓而小，鞔以馬革，持其柄播之，旁耳自擊。郊祀用之。

雷鼗二，亦以馬革鞔之，爲大小鼓三，交午貫之以柄。郊祀用之。

路鼓二，制如雷鼓，惟非馬革。祀宗廟用之。

路鼗二，其制爲小大二鼓，午貫之，旁各有耳，以柄搖之，耳往還自擊，不以馬革。祀宗廟用之。

木部

柷一，敔一。

節樂之器

麾一，製以絳繒，長七尺，畫升龍於上，以塗金龍首朱杠縣之。樂長執之，舉以作樂，偃以止樂。

照燭二，以長竿置絳羅籠於其末，然燭於中。夜暗，麾遠難辨，樂正執之，舉以作樂，偃以止樂。

文舞器

纛二，制若旌幢，高七尺，杠首刻象牛首，下施朱繒蓋爲三重，以導文（武）〔舞〕〔七〕。

籥六十有四，木爲之。象籥之制，舞人所執。

翟六十有四，木柄，端刻龍首，飾以雉羽，綴以流蘇。舞人所執。

武舞器

旌二，制如纛，杠首栖以鳳，以導武舞。

干六十有四，木爲之，加以彩繪。舞人所執。

戚六十有四，制若劍然。舞人所執。禮記注「戚，斧也」。今制與古異。

金錞二，範銅爲之，中虛，鼻象狻猊，木方趺。二人舉錞，築於趺上。

金鉦二，制如銅槃，縣而擊之，以節樂。

金鐃二，制如火斗，有柄，以銅爲匡，疏其上如鈴，中有丸。執其柄而搖之，其聲鐃鐃然，用以止鼓。

單鐸、雙鐸各二，制如小鐘，上有柄，以金爲舌，用以振武舞。兩鐸通一柄者，號曰雙鐸。

雅鼓二，制如漆筩，輓以羊革，旁有兩紐。工人持之，築地以節舞。

相鼓二，制如搏拊，以韋爲表，實之以糠。拊其兩端，以相樂舞節。

鼗鼓二。

舞表

表四，木杆，鑿方石樹之，用以識舞人之兆綴。

校勘記

〔一〕十六年太常用許政所舉大樂令苗蘭詣東平　按太宗十三年死，無十六年。死後六皇后乃馬眞氏稱制。新元史作「六皇后稱制三年」，是。

〔二〕東平萬戶嚴（光）〔忠〕範　據本書卷四、五世祖紀中統二年六月癸卯、三年閏九月辛卯條、卷一四八嚴實傳附嚴忠濟傳改。考異已校。

〔三〕文郎魏英舞迎神黃鐘〔宮〕曲　按下文皆作「黃鐘宮曲」，據補。新元史已校。

〔四〕英宗至治二年冬十月用登歌樂于太廟是月英宗祔廟　按本書卷二八英宗紀、卷二九泰定帝紀載英宗祔廟在泰定元年二月，非至治二年十月。此處「太廟」二字下疑有脫誤。

〔五〕文宗天曆二年春三月明宗祔廟　按本書卷三三文宗紀稱天曆二年八月明宗卒，十月祔廟。又卷三四文宗紀稱至順元年三月祔廟。文宗改元至順在天曆三年五月，至順元年三月亦即天曆三年三月。紀文兩處互異，未詳孰是。但志作「天曆二年三月」當誤。

〔六〕笴兩端金螭首銜鍮石（壁）〔璧〕翣　按禮記卷九明堂位有「夏后氏之龍簨，殷之崇牙，周之璧翣」。注云「簨簴所以縣鐘磬，周又畫繒爲翣，戴以璧」。此誤「璧」爲「壁」，今改。下同。

〔七〕以導文（武）〔舞〕　從殿本改。

元史卷六十九

志第二十

禮樂三

郊祀樂章

成宗大德六年，合祭天地五方帝樂章：

降神，奏乾寧之曲，六成：

圜鐘宮三成

惟皇上帝，監德昭明。祖考承天，治底隆平。孝思維則，禋祀薦誠。神其降格，萬福來幷。

黃鐘角一成 詞同前。

太簇徵一成 詞同前。

姑洗羽一成 詞同前。

初獻盥洗，奏肅寧之曲：

黄鍾宫

明水在下，鍾鼓既奏。有孚顒若，陟降左右。辟公處止，多士祼將。吉蠲以祭，上帝其饗。

初獻升降，奏肅寧之曲：

大呂宫

禋祀孔肅，盥薦初升。〔一〕攝齊恭敬，以薦惟馨。肅雝多士，來格百靈。降福受釐，萬世其承。

奠玉幣，奏：

大呂宫

宗祀配饗，肇舉明禋。嘉玉既設，量幣斯陳。惟德格天，惟誠感神。於萬斯年，休命用申。

迎俎，奏豐寧之曲：

黄鍾宫

有碩斯俎，有滌斯牲。鑾刀屢奏，血膋載升。禮崇藺栗，氣達尙腥。上帝臨止，享于克誠。

酌獻，奏嘉寧之曲：

大呂宮

崇崇泰畤，穆穆昊穹。神之格思，肸蠁斯通。犧尊載列，黃流在中。酒旣和止，萬福攸同。

亞獻，奏咸寧之曲：

黃鐘宮

六成旣闋，三獻云終。神其醉止，穆穆雍雍。和風慶雲，賁我郊宮。受茲祉福，億載無窮。

終獻詞同前。

徹籩豆，奏豐寧之曲：

大呂宮

禋禮旣備，神具宴娭。籩豆有楚，廢徹不遲。多士駿奔，樂且有儀。乃錫純嘏，永佐丕基。

送神奏：

圜鐘宮

殷祀既畢，靈馭載旋。禮洽和應，降福自天。動植咸若，陰陽不愆。明明天子，億萬斯年。

望燎奏：

黃鐘宮

享申百禮，慶洽百靈。奠玉高壇，燔柴廣庭。祥光達曙，粲若景星。神之降福，萬國咸寧。

大德九年以後，定擬親祀樂章：

皇帝入中壝：

黃鐘宮

赫赫有臨，洋洋在上。克配皇祖，於穆來饗。肇此大禋，乾文弘朗。被袞圜丘，巍巍玄象。

皇帝盥洗：

黃鍾宮

翼翼孝思，明德洽禮。功格玄穹，有光帝始。著我精誠，潔茲薦洗。幣玉攸奠，永集嘉祉。

皇帝升壇：降同。

大呂宮

天行惟健，盛德御天。日月龍章，筍簴宮縣。藁秸尚明，禮璧蒼圜。神之格思，香升燔煙。

降神，奏天成之曲：

圜鍾宮三成

烝哉皇元，丕承帝眷。報本貴誠，于郊殷薦。藁秸載陳，雲門六變。神之格思，來處來燕。

黃鍾角一成

太簇徵一成

姑洗羽一成 詞並同前。

初獻盥洗，奏隆成之曲：

黃鐘宮

肇禋南郊，百神受職。齊潔惟先，匪馨于稷。廼沃廼盥，祠壇是陟。上帝監觀，其儀不忒。

初獻升壇，降同。奏隆成之曲：

大呂宮

於穆圜壇，陽郊奠位。孔惠孔時，吉蠲爲饎。降登祗若，百禮既至。願言居歆，允集熙事。

奠玉幣，正配位同。奏欽成之曲：

黃鐘宮

謂天蓋高，至誠則格。克祀克禋，駿奔百辟。制幣斯陳，植以蒼璧。神其降康，俾我來益。

司徒捧俎，奏寧成之曲：

黃鐘宮

我牲既潔，我俎斯實。笙鏞克諧，籩豆有飶。神來宴娭，歆茲明德。永錫繁禧，如幾如式。

昊天上帝位酌獻，奏明成之曲：

黃鐘宮

於昭昊天，臨下有赫。陶匏薦誠，馨聞在德。酌言獻之，上靈是格。降福孔偕，時萬時億。

皇地祇位酌獻：

大呂宮

至哉坤元，與天同德。函育羣生，玄功莫測。合饗圜壇，舊典時式。申錫無疆，聿寧皇國。

太祖位酌獻：

黃鐘宮

禮大報本，郊定天位。皇皇神祖，反始克配。至德難名，玄功宏濟。帝典式敷，率育攸塈。

皇帝飲福：

大呂宮

特牲享誠，備物循質。上帝居歆，百神受職。皇武昭宣，孝祀芬苾。萬福攸同，下民陰隲。

皇帝出入小次：

黄鐘宫

惟天惟大，惟帝饗帝。以配祖考，肅賛靈祉。定極崇功，永我昭事。升中于天，象物畢至。

文舞退，武舞進，奏和成之曲：

黄鐘宫

羽籥既竣，載揚玉戚。一弛一張，匪舒匪棘。八音克諧，萬舞有奕。永觀厥成，純嘏是錫。

亞終獻，奏和成之曲：

黄鐘宫

有嚴郊禋，恭陳幣玉。大糦是承，載祗載肅。上帝居歆，馨香既飫。惠我無疆，介以景福。

徹籩豆，奏寧成之曲：

大呂宫

三獻攸終，六樂斯徧。既右享之，徹其有踐。洋洋在上，默默靈眷。明禋告成，於皇錫羨。

送神，奏**天成**之曲：

圜鐘宮

神之來歆，如在左右。神保聿歸，靈斿先後。恢恢上圓，無聲無臭。日監孔昭，思皇多祐。

望燎，奏**隆成**之曲：

黃鐘宮

熙事備成，禮文郁郁。紫煙聿升，靈光下燭。神人樂康，永膺戩穀。祚我丕平，景命有僕。

皇帝出中壝：

黃鐘宮

泰壇承光，寥廓玄曖。暢我揚明，饗儀惟大。九服敬宣，聲教無外。皇拜天祐，照臨斯屆。

宗廟樂章

世祖中統四年至至元三年，七室樂章：太常集禮藁云，此係卷牘所載。

太祖第一室：

天垂靈顧，地獻中方。帝力所拓，神武莫當。陽谿昧谷，咸服要荒。昭孝明禋，神祖皇皇。

太宗第二室：

和林勝域，天邑地宮。（闕）〔四方賓貢〕，〔二〕南北來同。（闕）〔百〕司分置，〔三〕冑敎肇崇。潤色祖業，德仰神宗。

睿宗第三室：

珍符默授，疇昔自天。爰生聖武，寶祚開先。霓旌迴狩，龍駕遊僊。追遠如生，皇慕顒然。

皇伯考朮赤第四室：

威（闕）〔武〕鷹揚，冢位（闕）〔克〕當。〔四〕從龍遠拓，千萬里疆。誕總虎旅，駐壓西方。航海梯山，東西來王。

皇伯考察合帶第五室：

雄武軍威，滋多歷年。深謀遠略，協贊惟專。流沙西域，餞日東邊。百國畏服，英聲赫然。

定宗第六室：

三朝承休，恭己優游。欽繩祖武，其德聿修。帝憖錫壽，德澤期周。蠲饎惟薌，祈饗于幽。

憲宗第七室：

龍躍潛居，風雲會通。知民病苦，軫念宸衷。夔門之旅，繼志圖功。俎豆敬祭，華儀孔隆。

至元四年至十七年，八室樂章：太常集禮云，周馭所藏儀注所錄舞節同。

迎神，奏來成之曲，九成：

黃鍾宮三成

齊明盛服，翼翼靈眷。禮備多儀，樂成九變。烝烝孝心，若聞且見。肸蠁端臨，來寧來燕。

大呂角二成 詞同黃鍾。

太簇徵二成　詞同黃鍾。

應鍾羽二成　詞同黃鍾。

初獻盥洗，奏肅成之曲：再詣盥洗同。至大以後，名順成之曲，詞律同。

無射宮

天德維何，如水之淸。維水內耀，配彼天明。以滌以濯，犧象光晶。孝思維則，式薦忱誠。

初獻升殿，登歌樂奏肅成之曲：降同。

夾鍾宮

祀事有嚴，太宮有侐。陟降靡違，(孔)〔禮〕容翼翼。〔三〕籩豆旅陳，鐘磬翕繹。於昭吉蠲，神保是格。

司徒捧俎，奏嘉成之曲：別本所錄親祀樂章詞同。

無射宮

色純體全，三犧五牲。鑾刀屢奏，毛炰胾羹。神具厭飫，聽我磬聲。居歆有永，胡考之寧。

烈祖第一室，奏開成之曲：

無射宮

於皇烈祖，積厚流長。大勳未集，爕伐用張。篤生聖嗣，奄有多方。錫我景福，萬世無疆。

太祖第二室，奏武成之曲：

無射宮

天扶昌運，混一中華。爰有眞人，奮起龍沙。際天開宇，亘海爲家。肇修禋祀，萬世無涯。

太宗第三室，奏文成之曲：

無射宮

纂成前烈，底定丕圖。禮文簡省，禁網寬疏。還風太古，躋世華胥。三靈順協，四海無虞。

皇伯考朮赤第四室，奏弼成之曲：

無射宮

神支挺秀，右壤疏封。創業艱難，相我祖宗。敍親伊邇，論功亦崇。春秋祭祀，萬世攸同。

皇伯考察合帶第五室，奏協成之曲：

無射宮

玉牒期親，神支懿屬。論德疏封，展親分玉。相我祖宗，風櫛雨沐。昔同其勞，今共茲福。

睿宗第六室，奏明成之曲：

無射宮

神祖創業，爰著戎衣。聖考撫軍，代行天威。河南底定，江北來歸。貽謀翼子，奕葉重輝。

定宗第七室，奏熙成之曲：

無射宮

嗣承丕祚，累洽重熙。堂構既定，垂拱無爲。邊庭閑暇，田里安綏。歆茲禋祀，萬世攸宜。

憲宗第八室，奏威成之曲：

無射宮

羲馭未出，螢爝騰光。大明麗天，羣陰披攘。百神受職，四海寧康。愔愔靈韶，德音不忘。

文舞退，武舞進，奏和成之曲：別本所錄親祀樂章詞同。

無射宮

天生五材，孰能去兵。恢張鴻業，我祖天聲。干戈曲盤，濯濯厥靈。於赫七德，展也大成。

亞獻行禮，奏順成之曲：終獻詞律同。

無射宮

幽通神明，所重精禋。清宮肅肅，百禮具陳。九韶克諧，八佾侁侁。靈光昭答，天休日申。

徹籩豆，登歌樂奏豐成之曲：

夾鐘宮

豆籩苾芬，金石鏘鏗。禮終三獻，樂奏九成。有嚴執事，進徹無聲。神保聿歸，萬福來寧。

送神，奏來成之曲：或作保成。

黃鐘宮

神主在室，神靈在天。禮成樂(闋)〔闋〕，〔六〕神返幽玄。降福冥冥，百順無愆。於皇孝思，于萬斯年。

至元十八年冬十月，世祖皇后祔廟酌獻樂章：太常集禮云，卷牘所載。

〔黃鐘宮〕〔七〕

徽柔懿哲，溫默靖恭。範儀宮闈，任姒同風。敷天寧謐，內助多功。淑德祔廟，萬世昌隆。

親祀禘祫樂章：未詳年月。太常集禮云，別本所錄。以時考之，疑至元三年以前擬用，詳見制樂始末。

皇帝入門，宮縣奏順成之曲：

無射宮

熙熙雍雍，六合大同。維皇有造，典禮會通。金奏王夏，祗款神宮。感格如響，嘉氣來叢。

皇帝升殿，奏順成之曲：

夾鐘宮

皇明燭幽，沿時制作。宗廟之威，降登時若。趨以采茨，聲容有恪。曰藝曰文，監茲衎樂。

皇帝詣罍洗，宮縣奏順成之曲：太常集禮云，至元四年用此曲，名曰肅成。至大以後用此，詞律同。

無射宮

酌彼行潦，維挹其清。潔齊以祀，祀事昭明。肅肅辟公，沃盥乃升。神之至止，歆于克誠。

皇帝詣酌尊所，宮縣奏順成之曲：

無射宮

靈庭愔愔，乃神攸依。文爲在禮，載斟匪祈。皇皇穆穆，玉佩聲希。列侯百辟，濟濟（闕）〔宣〕威。〔八〕

迎神，宮縣奏思成之曲。至元四年，名來成之曲，詞律同。

司徒捧俎，宮縣奏嘉成之曲。至元四年，詞律同。

酌獻始祖，宮縣奏慶成之曲：

無射宮

啓運流光，幅員既長。敬恭祀事，欝邑芬薌。德以舞象，功以歌揚。式歌且舞，神享是皇。

諸廟奏熙成、昌成、鴻成、樂成、康成、明成等曲。詞闕。

文舞退，武舞進，宮縣奏肅成之曲。至元四年，名和成之曲，詞律同。

亞終獻，宮縣奏肅成之曲。至元四年，名順成之曲，詞律同。

皇帝飲福，登歌奏釐成之曲：

夾鐘宮

誠通恩降，靈慈昭宣。左右明命，六合大全。啐飲椒馨，純嘏如川。皇人壽穀，億萬斯年。

徹豆，登歌奏豐成之曲：

夾鐘宮

三獻九成，禮畢樂闋。于豆于登，于焉靖徹。多士密勿，樂且有儀。能事脫穎，孔惠孔時。

送神，奏保成之曲：

黃鐘宮

雲車之來，不疾而速。風馭言還，閴其怳惚。神心之欣，孝孫之祿。燕翼無疆，景命有僕。

武宗至大以後，親祀攝樂章：太常集禮云，孔思逮本所錄。

皇帝入門，奏順成之曲。別本，親祀禘祫樂章，詞律同。

皇帝盥洗，奏順成之曲。至元四年，名肅(寧)〔成〕之曲，〔九〕詞律同。

皇帝升殿，登歌樂奏順成之曲。別本，親祀樂章，詞律同。

皇帝出入小次，奏昌寧之曲：太常集禮云，此金曲，思逮取之。詳見制樂始末。

無射宮

於皇神宮，象天清明。肅肅來止，相維公卿。威儀孔彰，君子攸寧。神之休之，綏我思成。

迎神，奏思成之曲：至元四年，名來成之曲，詞律同。

黃鐘宮三成

齊明盛服，翼翼靈眷。禮備多儀，樂成九變。烝烝孝心，若聞且見。肸蠁端臨，來寧來燕。

大呂角二成

太簇徵二成

應鐘羽二成　詞並同上。

初獻盥洗，奏肅成之曲。別本，親祀樂章，名順成之曲，詞律同。

初獻升殿，降同。登歌樂奏肅寧之曲。至元四年，名肅成之曲，詞律同。

司徒捧俎，奏嘉成之曲。至元四年，曲名詞律同。

太祖第一室，奏開成之曲。至元四年，名武成之曲，詞同。

睿宗第二室，奏武成之曲。至元四年，名明成之曲，詞同。

世祖第三室，奏混成之曲：

無射宮

於昭皇祖，體健乘乾。龍飛應運，盛德光前。神功耆定，澤被垓埏。詒厥孫謀，何千萬年。

裕宗第四室，奏昭成之曲：

無射宮

天啓深仁，須世而昌。追惟顯考，敢後光揚。徽儀肇舉，禮備音鏘。皇靈（監）〔鑒〕止，〔一〇〕降釐無疆。

順宗第六室，〔二〕奏慶成之曲：

無射宮

龍潛于淵，德昭于天。承休基命，光被紘埏。洋洋如臨，籩豆牲牷。惟明惟馨，皇祚綿延。

成宗第七室，奏守成之曲：

無射宮

天開神聖，繼世清寧。澤深仁溥，樂協韶英。宗枝嘉會，氣和惟馨。繁禧來格，永被皇靈。

武宗第八室，奏威成之曲：

無射宮

紹天鴻業，繼世隆平。惠孚中國，威靖邊庭。厥功惟茂，清廟妥靈。歆茲明祀，福祿來成。

仁宗第九室，奏歆成之曲：

無射宮

紹隆前緒，運啓文明。深仁及物，至孝躬行。惟皇建極，盛德難名。居歆萬祀，福祿崇成。

英宗第十室，奏獻成之曲：

無射宮

神聖繼作，式是憲章。誕興禮樂，躬事烝嘗。翼翼清廟，煒有耿光。于千萬年，世仰明良。

皇帝飲福，登歌樂奏釐成之曲：

夾鐘宮

穆穆天子，禋祀太宮。禮成樂備，敬徹誠通。神胥樂止，錫之醇醲。天子萬世，福祿無窮。

文舞退，武舞進，奏肅成孔本作肅寧。之曲。至元四年，名和成之曲，詞律同。

亞終獻行禮，宮縣奏肅成之曲。至元四年，名順成之曲，詞律同。

徹籩豆，登歌樂奏豐寧之曲。至元四年，名豐成之曲，詞律同。

送神，奏保成之曲。至元四年，名來成之曲，詞律同。

皇帝出廟廷，奏昌寧之曲：

無射宮

緝熙維清，吉蠲致誠。上儀具舉，明德薦馨。已事而竣，歡通三靈。先祖是皇，來燕來寧。

文宗天曆三年，明宗祔廟酌獻，奏永成之曲：

無射宮

猗那皇明，世纘神武。敬天弗違，時潛時旅。龍旗在塗，言受率土。不遐有臨，永錫多嘏。

社稷樂章

降神，奏鎮寧之曲：

林鐘宮二成

以社以方，國有彝典。大哉元德，基祚綿遠。農功萬世，於焉報本。顯相默佑，降監壇壝。

太簇角二成

錫民地利，厥功甚溥。昭代典禮，淸聲律呂。穀旦于差，洋洋來下。相此有年，根本日固。

姑洗徵二成

平厥水土，百穀用成。長扶景運，宜歆德馨。五祀爲大，千古舉行。感通肸蠁，登歌鎮寧。

南宮羽二成

幣齊虔修，粢盛告備。倉庾坻京，緊（維）〔誰〕之賜。〔一三〕崇壇致恭，幽光孔邇。享于精誠，休祥畢至。

初獻盥洗，奏肅寧之曲：

太簇宮

禮備樂陳，辰良日吉。挹彼樽罍，馨哉黍稷。濯溉揭虔，維巾及冪。萬年嚴祀，蹌蹌受職。

初獻升壇，奏肅寧之曲：降同。

應鐘宮

春祈秋報，古今彝章。民天是資，神靈用彰。功崇禮嚴，人阜時康。雍雍爲儀，燔芬苾香。

正配位奠玉幣，奏億寧之曲：

太簇宮

地祇嚮德，稽古美報。幣帛斯陳，圭璋式繅。載烈載燔，肴羞致告。雨暘時若，丕圖永保。

司徒捧俎，奏豐寧之曲：

太簇宮

我稼既同，羣黎徧德。我祀如何，牲牷孔碩。有翼有嚴，隨方布色。報功求福，其儀不忒。

正位酌獻，奏保寧之曲：

太簇宮

異世同德，於皇聖造。降茲嘉祥，衞我大寶。生乃烝民，俾德覆燾。厥作祼將，有相之道。

配位酌獻，奏保寧之曲：

太簇宮

以御田祖，皇家秩祀。有民人焉，盍究本始。惟敍惟修，誰實介止。酒旨且多，盛德宜配。

亞終獻，奏咸寧之曲：

太簇宮

以引以翼，來處來燕。豆籩牲牢，有楚有踐。庸答神休，神亦錫羨。土穀是依，成此疇獻。

徹豆，奏豐寧之曲：

應鐘宮

文治修明，相成田功。功爲特殊，儀爲特隆。終如其初，誠則能通。明神毋忘，時和歲豐。

送神，奏鎭寧之曲：

林鐘宮

不屋受陽，國所崇敬。以與來歲，苞秀堅穎。雲軿莫駐，神其諦聽。景命有僕，與國同永。

望瘞位，奏肅寧之曲：

太簇宮

雅奏肅寧，繁鼈降格。篚厥玄黃，丹誠烜赫。肇祀以歸，瞻言咫尺。萬年攸介，丕承帝德。

先農樂章

降神，奏鎮寧之曲：

林鐘宮二成

民生斯世，食爲之天。恭惟大聖，盡心於田。仲春卹農，明祀吉蠲。馨香感神，用祈豐年。

太簇角二成

耕種務農，振古如茲。爰粒烝庶，功德茂垂。降嘉奏粳，國家攸宜。所依惟神，庸潔明粢。

姑洗徵二成

俶載平疇，農功肇敏。千耦耕耘，同徂隰畛。田祖丕靈，爲仁至盡。豐歲穰穰，延洪有引。

南呂羽二成

羣黎力耕，及茲方春。維時東作，篤我農人。我黍旣華，我稷宜新。由天降康，永賴明神。

初獻盥洗，奏肅寧之曲：

太簇宮

洞酌行潦，眞足爲薦。奉茲潔清，神在乎前。分作甘霖，沾溉芳甸。愼于其初，誠意攸見。

初獻升壇，奏肅寧之曲：

應鐘宮

有椒其馨，維多且旨。式愼爾儀，降登庭止。黍稷稻粱，民無渴饑。神嗜飲食，永綏嘉祉。

正配位奠玉幣，奏億寧之曲：

太簇宮

奉幣維恭，前陳嘉玉。聿昭盛儀，肅雝純如。南畝深耕，穈麥禾菽。用祈三登，膺受多福。

司徒捧俎，奏豐寧之曲

太簇宮

奉牲孔嘉，登俎豐備。地官駿奔，趨進光輝。肥碩蕃孳，歆此誠意。有年斯今，均被神賜。

正位酌獻，奏保寧之曲：

太簇宮

寶壇巍煌，神應如響。備腯咸有，牲體苾芳。洋洋如在，降格來享。秉誠罔怠，羣生瞻仰。

配位酌獻，奏保寧之曲：

太簇宮

酒清斯香，牲碩斯大。具列觴俎，精意先會。民命維食，稗莠毋害。我倉萬億，神明攸介。

亞終獻，奏咸寧之曲：

〔太簇〕宮〔一三〕

至誠攸感，肸蠁潛通。百穀嘉種，爰降時豐。祈年孔夙，稼穡爲重。俯歆醴齊，載揚歌頌。

徹豆，奏豐寧之曲：

應鍾宮

有來雍雍，存誠敢匱。廢徹不遲，靈神攸嗜。孔惠孔時，三農是宜。眉壽萬歲，穀成丕乂。

送神，奏鎮寧之曲：

林鍾宮

焄蒿悽愴，萬靈來唉。靈神具醉，聿言旋歸。歲豐時和，風雨應期。皇圖萬年，永膺洪禧。

望瘞位，奏肅寧之曲：

〔太簇〕宮〔一四〕

禮成文備，歆受清祀。加牲兼幣，陳玉如儀。靈馭言旋，面陰昭瘞。集茲嘉祥，常致豐歲。

宣聖樂章

迎神，奏凝安之曲：

黃鍾宮三成

大哉宣聖，道尊德崇。維持王化，斯文是宗。典祀有常，精純並隆。神其來格，於昭盛容。

大呂角二成

生而知之，有教無私。成均之祀，威儀孔時。惟茲初丁，潔我盛粢。永言其道，萬世之師。

太簇徵二成

巍巍堂堂，其道如天。清明之象，應物而然。時維上丁，備物薦誠。維新禮典，樂諧中聲。

應鐘羽二成

聖王生知，闡乃儒規。詩書文教，萬世昭垂。良日惟丁，靈承丕爽。揭此精虔，神其來享。

初獻盥洗，奏同安之曲：

姑洗宮

右文興化，憲古師經。明祀有典，吉日惟丁。豐犧在俎，雅奏在庭。周廻陟降，福祉是膺。

初獻升殿，奏同安之曲：降同。

南呂宮

誕興斯文，經天緯地。功加于民，實千萬世。笙鏞和鳴，粢盛豐備。肅肅降登，歆茲秩祀。

奠幣，奏明安之曲：

南呂宮

自生民來，誰底其盛。惟王神明，度越前聖。粢幣具成，禮容斯稱。黍稷惟馨，〔一五〕惟神之聽。

捧俎，奏豐安之曲：

姑洗宮

道同乎天，人倫之至。有享無窮，其興萬世。既潔斯牲，粢明醑旨。不懈以忱，神之來塈。

大成至聖文宣王位酌獻，奏成安之曲：

南呂宮

大哉聖王，實天生德。作樂以崇，時祀無斁。清酤惟馨，嘉牲孔碩。薦羞神明，庶幾昭格。

兗國復聖公位酌獻，奏成安之曲：

南呂宮

庶幾屢空，淵源深矣。亞聖宣猷，百世宜祀。吉蠲斯辰，昭陳尊簋。旨酒欣欣，神其來止。

郕國宗聖公酌獻，奏成安之曲：

南呂宮

心傳忠恕，一以貫之。爰述大學，萬世訓彝。惠我光明，尊聞行知。繼聖迪後，是享是宜。

沂國述聖公酌獻，奏成安之曲：

南呂宮

公傳自曾，孟傳自公。有嫡緒承，允得其宗。提綱開蘊，乃作中庸。侑于元聖，億載是崇。

鄒國亞聖公酌獻，奏成安之曲：

南呂宮

道之由興，於皇宣聖。維公之傳，人知趨正。與饗在堂，情文斯稱。萬年承休，假哉天命。

亞獻，奏文安之曲：終獻同。

姑洗宮

百王宗師，生民物軌。瞻之洋洋，神其寧止。酌彼金罍，惟清且旨。登獻惟三，於嘻成禮。

飲福受胙。與盥洗同，惟國學釋奠親祀用之，攝事則不用，外路州縣並皆用之。

徹豆，奏娛安之曲：

南呂宮

犧象在前，豆籩在列。以享以薦，既芬既潔。禮成樂備，人和神悅。祭則受福，率尊無越。

送神，奏凝安之曲：

黃鐘宮

有嚴學宮，四方來崇。恪恭祀事，威儀雍雍。歆茲惟馨，飇馭回復。明禋斯畢，咸膺百福。

望瘞。與盥洗同。

右釋奠樂章，皆舊曲。元朝嘗擬譔易，而未及用，今幷附于此。

迎神，奏文明之曲：

天縱之聖，集厥大成。立言垂教，萬世準程。廟庭孔碩，尊俎旣盈。神之格思，景福來幷。

盥洗，奏昭明之曲：

神旣寧止，有孚顒若。罍洗在庭，載盥載濯。匪惟潔修，亦新厥德。對越在茲，敬恭惟則。

升殿，奏景明之曲：降同。

大哉聖功，薄海內外。禮隆秩宗，光垂昭代。陟降在庭，攝齊委佩。莫不肅雝，洋洋如在。

奠幣，奏德明之曲：

圭袞尊崇，佩紳列侑。籩豆有楚，樂具和奏。式陳量幣，駿奔左右。天暁斯文，緊神之祐。

文宣王酌獻，奏誠明之曲：

惟聖監格，享于克誠。有樂在縣，有碩斯牲。奉醴以告，嘉薦惟馨。綏以多福，永底隆平。

兗國公酌獻，奏誠明之曲：

潛心好學，不違如愚。用舍行藏，乃與聖俱。千載景行，企厥步趨。廟食作配，祀典弗渝。

郕國公酌獻。闕。

沂國公酌獻。闕。

鄒國公酌獻，奏誠明之曲：

洙泗之傳，學窮性命。力距楊墨，以承三聖。遭時之季，孰識其正。高風仰止，莫不肅敬。

亞獻，奏靈明之曲：終獻同。

廟成奕奕，祭祀孔時。三爵具舉，是饗是宜。於昭聖訓，示我民彝。紀德報功，配于兩儀。

送神，奏慶明之曲：

禮成樂備，靈馭其旋。濟濟多士，不懈益虔。文教茲首，儒風是宣。佑我闕。〔一六〕

校勘記

〔一〕盥薦初升　王圻續通考作「盥洗初升」。按「盥洗」與「薦」爲祭禮中兩項不同儀節。升壇後始捧俎、酌獻，即薦，本志中屢見。薦在升壇前與祭儀不合，下文又有「以薦惟馨」，此處「薦」字當係「洗」字之誤。

〔二〕〔四方賓貢〕　原注「闕」。道光本據經世大典增入，從補。

〔三〕〔百〕司分置　原注「闕」。道光本據經世大典增入，從補。

〔四〕威〔武〕鷹揚冡位〔克〕當　原注「闕」。道光本據經世大典增入，從補。

〔五〕（孔）〔禮〕容翼翼　據元文類卷二太廟樂章改。王圻續通考作「禮」。

〔六〕禮成樂（闔）〔闋〕　按「樂闔」，文義不協。下文有「禮畢樂闋」之句；闋言曲調之終，謂禮成樂終。王圻續通考作「樂闋」，從改。

〔七〕〔黃鐘宮〕　按本書卷六八禮樂志制樂始末有「酌獻，黃鐘宮曲一」，據補。王圻續通考有「黃鐘宮」。

〔八〕濟濟（闕）〔宣〕威　原注「闕」。道光本據經世大典增入，從補。

〔九〕名肅（寧）〔成〕之曲　據上文改。

〔一〇〕皇靈(監)〔鑒〕止　據元文類卷二太廟樂章改。

〔一一〕順宗第六室　道光本考證云：「第六室上闕第五室樂章。以樂舞篇所載十室考之，其第五乃顯宗之室，樂名德成之曲，無射宮一成。其餘室數皆與此合，所謂泰定十室也。」

〔一二〕緊(維)〔誰〕之賜　按「緊維」文義不通，據元文類卷二社稷樂章改。新元史已校。

〔一三〕〔太簇〕宮　原空白。據元文類卷二先農樂章補。王圻續通考亦作「太簇宮」。

〔一四〕〔太簇〕宮　原空白。據元文類卷二先農樂章補。

〔一五〕黍稷惟馨　道光本改「惟」爲「非」，其考證云：「原本非誤惟，今據闕里文獻考改。」

〔一六〕佑我闕　按元文類卷二釋奠樂章送神，此處闕文當爲「皇家，億載萬年」。

元史卷七十

志第二十一

禮樂四

郊祀樂舞

降神文舞，崇德之舞。乾寧之曲六成。

圜鐘宮三成。始聽三鼓。一聲鐘，一聲鼓，凡三作，後倣此。一鼓稍前，開手立；二鼓合手，退後；三鼓相顧蹲。三鼓畢，間聲作。二聲鐘，一聲鼓。一鼓稍前，舞蹈；二鼓舉左手，收，左揖；三鼓舉右手，收，右揖；四鼓高呈手；五鼓兩兩相向蹲；六鼓稍前，開手立；七鼓退後，俛伏；八鼓舉左手，收，左揖；九鼓舉右手，收，右揖；十鼓稍前，開手立；十一鼓合手，退後，躬身；十二鼓伏，興，仰視；十三鼓舞蹈，相向立；十四鼓復位，交籥，正蹲；十五鼓躬身，受。終聽三鼓。止。

黄鐘角一成。始聽三鼓。一鼓稍前，舞蹈；二鼓合手，退後；三鼓相顧蹲。三鼓畢，間聲作。一鼓稍前，舞蹈；二鼓高呈手；三鼓兩兩相向蹲；四鼓舉左手，收，左揖；五鼓舉右手，收，右揖；六鼓稍前，開手；七鼓復位，正揖；八鼓兩兩相向，交籥，正蹲；九鼓復位立；十鼓稍前，開手立；十一鼓合手，退後，躬身；十二鼓伏，興，仰視；十三鼓舉左手，收，開手，正蹲；十四鼓舉右手，收，開手，正蹲；十五鼓躬身，受。終聽三鼓。止。

太簇徵一成。始聽三鼓。一鼓稍前，開手立；二鼓合手，退後；三鼓相顧蹲。三鼓畢，間聲作。一鼓稍前，舞蹈；二鼓復位，躬身；三鼓高呈手；四鼓舉左手，收，左揖；五鼓舉右手，收，右揖；六鼓兩兩相向，交籥，正蹲；七鼓復位，躬身；八鼓舞蹈，相向立；九鼓復位，俛伏；十鼓舉左手，收，左揖；十一鼓舉右手，收，右揖；十二鼓伏，興，仰視；十三鼓舞蹈，相向立；十四鼓復位，交籥，正蹲；十五鼓躬身，受。終聽三鼓。止。

姑洗羽一成。始聽三鼓。一鼓稍前，開手立；二鼓合手，退後；三鼓相顧蹲。三鼓畢，間聲作。一鼓稍前，舞蹈；二鼓復位，正揖；三鼓高呈手；四鼓推左手，收，左揖；五鼓推右手，收，右揖；六鼓兩兩相向，交籥，正蹲；七鼓復位，俛伏；八鼓舞蹈，相向立；九鼓復位，躬身；十鼓伏，興，仰視；十一鼓舉左手，收，左揖；十二鼓舉右手，收，右揖；十三鼓舞蹈，相向立；十四鼓復位，交籥，正蹲；十五鼓躬身，受。終聽三鼓。止。

昊天上帝位酌獻文舞，崇德之舞。明成之曲，黃鐘宮一成。始聽三鼓。一鼓稍前，開手立；二鼓合手，退後；三鼓相顧蹲。三鼓畢，間聲作。一鼓稍前，舞蹈，相向立；二鼓復位，相顧蹲；三鼓復位，開手立；四鼓合手，正揖；五鼓舉左手，收，左揖；六鼓舉右手，收，右揖；七鼓兩兩相向，交籥，正蹲；八鼓復位，正揖；九鼓稍前，開手立；十鼓退後，俛伏；十一鼓稍前，開手立；十二鼓推左手，收；十三鼓推右手，收；十四鼓三叩頭，拜舞；十五鼓躬身，受。終聽三鼓。止。

皇地祇酌獻，大呂宮一成。始聽三鼓。一鼓稍前，開手立；二鼓合手，退後；三鼓相顧蹲。三鼓畢，間聲作。一鼓稍前，舞蹈，相向立；二鼓復位，正揖；三鼓舉左手，收，左揖；四鼓舉右手，收，右揖；五鼓高呈手；六鼓兩兩相向，交籥，正蹲；七鼓復位，俛伏；八鼓舞蹈，相向立；九鼓復位，躬身；十鼓交籥，正蹲；十一鼓兩兩相向，開手，正蹲；十二鼓伏，興，仰視；十三鼓舞蹈，相向立；十四鼓三叩頭，拜舞；十五鼓躬身，受。終聽三鼓。止。

太祖位酌獻，黃鐘宮一成。始聽三鼓。一鼓稍前，開手立；二鼓合手，退後；三鼓相顧蹲。三鼓畢，間聲作。一鼓稍前，舞蹈；二鼓復位，正揖；三鼓舉左手，收，左揖；四鼓舉右手，收，右揖；五鼓高呈手；六鼓兩兩相向，交籥，正蹲；七鼓復位，俛伏；八鼓舞蹈，相向立；九鼓復位，躬身；十鼓交籥，正蹲；十一鼓兩兩相向，開手，正蹲；十二鼓伏，興，仰視；十三鼓合手，正揖；十四鼓叩頭，拜舞；十五鼓躬身，受。終聽三鼓。止。

亞獻、酌獻武舞，定功之舞。黃鐘宮一成。始聽三鼓。一鼓稍前，開手立；二鼓合手，退後，按腰立；三鼓相顧蹲。三鼓畢，間聲作。一鼓稍前，左右揚干戚；二鼓退後，相顧蹲；三鼓舉左手，收；四鼓舉右手，收；五鼓左右揚干戚，相向立；六鼓復位，相顧蹲；七鼓呈干戚；八鼓復位，按腰立；九鼓刺干戚；十鼓復位，推左手，收；十一鼓推右手，收；十二鼓稍前，開手立；十三鼓左右揚干戚；十四鼓復位，按腰，相顧蹲；十五鼓躬身，受。終聽三鼓。止。

終獻武舞，黃鐘宮一成。始聽三鼓。一鼓稍前，開手立；二鼓合手，退後，按腰立；三鼓相顧蹲。三鼓畢，間聲作。一鼓稍前，左右揚干戚；二鼓退後，高呈手；三鼓復位，相顧蹲；四鼓左右揚干戚，相向立；五鼓復位，舉左手，收；六鼓舉右手，收；七鼓面向西，開手，正蹲；八鼓呈干戚；九鼓復位，按腰立；十鼓刺干戚；十一鼓兩兩相向立；十二鼓復位，左右揚干戚；十三鼓退後，相顧蹲；十四鼓三叩頭，拜舞；十五鼓躬身，受。終聽三鼓。止。

宗廟樂舞

世祖至元三年，八室時享，文舞武定文綏之舞。降神，來成之曲九成。

黃鐘宮三成。始聽三鼓。一鼓稍前，開手立；二鼓退後，合手；三鼓相顧蹲。三鼓畢，間聲作。一鼓稍前，舞蹈，次合手而立；二鼓正面高呈手，住；三鼓退後，收手蹲；四鼓正面躬身，興身立；五鼓推左手，右相顧，左揖；六鼓皆推右手，左相顧，右揖；〔一〕七鼓稍前，正面開手立；八鼓舉左手，右相顧，左揖；九鼓舉右手，左相顧，右揖；十鼓稍退後，俛身而立；十一鼓稍前，開手立；十二鼓合手，退後，相顧蹲；十三鼓稍進前，舞蹈；十四鼓退後，合手，相顧蹲；十五鼓正面躬身，受。終聽三鼓。止。

大呂角二成。始聽三鼓。一鼓稍前，開手立；二鼓退後，合手；三鼓相顧蹲。三鼓畢，間聲作。一鼓稍進前，舞蹈，合手立；二鼓舉左手，住，收右足；三鼓舉右手，住，收左足；四鼓兩兩相向而立；五鼓稍前，高呈手，住；六鼓舞蹈，退後立；七鼓稍前，開手立；八鼓合手，退後蹲；九鼓正面歸佾立；十鼓推左手，收右足，推右手，收左足；十一鼓舉左手，收右足，舉右手，收左足；十二鼓稍進前，正面仰視；十三鼓稍退後，相顧蹲；十四鼓合手，俛身立；十五鼓正面躬身，受。終聽三鼓。止。

太簇徵二成。始聽三鼓。一鼓稍前，開手立；二鼓退後，合手；三鼓相顧蹲。三鼓畢，間聲作。一鼓稍進前，舞蹈，次合手立；二鼓俛身而正面揖；三鼓稍進前，高呈手立；四鼓收手，正面蹲；五鼓舉左手，住，收右足；六鼓舉右手，收左足，收手；七鼓兩兩相向而立；八鼓稍前，高仰視；九鼓稍退，收手蹲；十鼓舉左手，住而蹲；十一鼓舉右手，收手而蹲；十二鼓正面歸佾，舞蹈；十三鼓俛身，正揖；十四鼓交籥翟，相顧蹲；十五鼓正面躬身，受。終聽三鼓。止。

應鐘羽二成。始聽三鼓。一鼓稍前，開手立；二鼓退後，合手；三鼓相顧蹲。三鼓畢，間聲作。一鼓稍進前，舞蹈，次合手立；二鼓兩兩相向立；三鼓舉左手，收右足，左揖；四鼓舉右手，收左足，右揖；五鼓歸佾，正面立；六鼓稍進前，高呈手，住；七鼓收手，稍退，相顧蹲；八鼓兩兩相向立；九鼓稍前，開手蹲；十鼓退後，合手對揖；十一鼓正面歸佾立；十二鼓稍進前，舞蹈，次合手立；十三鼓垂左手而右足應；十四鼓垂右手而左足應；十五鼓正面躬身，受。終聽三鼓。止。

烈祖第一室文舞，開成之曲，無射宮一成。始聽三鼓。一鼓稍前，開手立；二鼓稍退，合手；三鼓相顧蹲。三鼓畢，間聲作。一鼓稍進前，舞蹈，合手立；二鼓稍退，俛身，開手立；三鼓垂左手，住，收右足；四鼓垂右手，〔住〕，〔三〕收左足；五鼓左側身相顧，左揖；六鼓右側身相顧，右揖；七鼓正面躬身，與身立；八鼓兩兩相向，合手立；九鼓相顧高呈手，住；十鼓收手，舞蹈；十一鼓舞左而收手立；十二鼓舞右而收手立；十三鼓揚左手，相顧蹲；十四鼓揚右手，相顧蹲；十五鼓稍前，正面躬身，受。終聽三鼓。止。

太祖第二室文舞，武成之曲，無射宮一成。始聽三鼓。一鼓稍前，開手立；二鼓退後，合手；三鼓相顧蹲。三鼓畢，間聲作。一鼓稍前，舞蹈，次合手立；二鼓正面高呈手，住；三鼓兩兩相向而對揖；四鼓正面歸佾，舞蹈，次合手立；五鼓稍前，開手蹲，收手立；六鼓稍退，合手蹲，收手立；七鼓舉左手而左揖；八鼓舉右手而右揖；九鼓推左手住而正蹲；十鼓推右手正蹲；十一鼓開手執籥翟，正面俯視；十二鼓垂左手，收右足；十三鼓垂右手，收左足；十四鼓稍前，正面仰視而立；十五鼓稍前，正面躬身，受。終聽三鼓。止。

太宗第三室文舞，文成之曲，無射宮一成。始聽三鼓。一鼓稍前，開手立；二鼓退後，合手；三鼓相顧蹲。三鼓畢，間聲作。一鼓稍進前，舞蹈；二鼓兩相向而高呈手立；三鼓稍前，開手立，相顧蹲；四鼓退後，合手立，相顧蹲；五鼓垂左手而右足應；六鼓垂右手而左足應；七鼓推左手，住，左揖；八鼓推右手，住，右揖；九鼓稍前，仰視，正揖；十鼓舉左手，住，收右足；十一鼓舉右手，住，收左足；十二鼓稍前，舞蹈；十三鼓稍前，開手而相顧立；十四鼓退後，合手立；十五鼓稍前，正面躬身，受。　終聽三鼓。　止。

皇伯考朮赤第四室文舞，弼成之曲，無射宮一成。　始聽三鼓。一鼓稍前，開手立；二鼓退後，合手；三鼓相顧蹲。　三鼓畢，間聲作。　一鼓稍進前，舞蹈；二鼓合手，俛身相顧蹲；三鼓正面高呈手，住；四鼓稍前，舞蹈，次合手立；五鼓垂左手，右相顧，收手立；六鼓垂右手，左相顧，收手立；七鼓稍前，高仰視，收手，正面立；八鼓再退，高執籥翟，相顧蹲；九鼓舞蹈，次合手而立；十鼓舉左手，住，收右足；十一鼓舉右手，住，收左足；十二鼓稍前，開手立，收手蹲；十三鼓稍前，退後，合手立；十四鼓俛身，合手而立；十五鼓稍前，正面躬身，受。　終聽三鼓。　止。

皇伯考察合帶第五室文舞，協成之曲，無射宮一成。　始聽三鼓。一鼓稍前，開手立；二鼓退後，合手；三鼓相顧蹲。　三鼓畢，間聲作。　一鼓稍進前，舞蹈，次合手立；二鼓開手，相顧蹲；三鼓合手，相顧蹲；四鼓稍前，高呈手，住；五鼓舉左手，右相顧，左揖；六鼓舉右手，左相顧，右揖；七鼓推左手，住，收右足；八鼓推右手，住，收左足；九鼓稍前，舞蹈，次合手立；十鼓開手，正蹲，收，合手立；十一鼓稍前，正面仰視立；十二鼓交籥翟，相顧蹲；十三鼓各盡舉左手而住；十四鼓各盡舉右手，收手立；十五鼓稍前，正面躬身，受。　終聽三鼓。　止。

睿宗第六室文舞，明成之曲，無射宮一成。　始聽三鼓。　一鼓稍前，開手立；二鼓退後，合手；三鼓相顧蹲。三鼓畢，間聲作。一鼓稍前，舞蹈；二鼓稍前，開手立；三鼓退後，合手立；四鼓垂左手，相顧蹲；五鼓垂右手，相顧蹲；六鼓稍前，正面仰視立；七鼓舞左手，住，收右足，收手；八鼓舞右手，住，收左足，收手；九鼓兩相向，合手而立；十鼓推左手，推右手；十一鼓皆舉左右手；十二鼓正面高呈手，立；十三鼓退後，合手，俛身；十四鼓開手，高呈籥翟，相顧蹲；十五鼓正面稍前，躬身，受。終聽三鼓。止。

定宗第七室文舞，熙成之曲，無射宮一成。始聽三鼓。一鼓稍前，開手立；二鼓退後，合手；三鼓相顧蹲。三鼓畢，間聲作。一鼓稍前，舞蹈；二鼓兩相向，高呈手立；三鼓垂左手而右足應；四鼓垂右手而左足應；五鼓稍前，開手立，相顧蹲；六鼓退後，合手立，相顧蹲；七鼓舉左手，住，收右足；八鼓舉右手，住，收左足；九鼓推左手，左揖；十鼓推右手，右揖；十一鼓稍前，舞蹈；十二鼓退後，正揖；十三鼓稍前，開手相顧立；十四鼓退後，合手立；十五鼓稍前，正面躬身，受。終聽三鼓。止。

憲宗第八室文舞，威成之曲，無射宮一成。始聽三鼓。一鼓稍前，開手；二鼓退後，合手；三鼓相顧蹲。三鼓畢，間聲作。一鼓進前，舞蹈，次合手立；二鼓高呈手，住；三鼓舉左手，右顧；四鼓舉右手，左顧；五鼓推左手，右揖；六鼓推右手，左揖；七鼓兩相向，交籥翟，立；八鼓正面歸佾，合手立；九鼓稍前，舞蹈，收手立；十鼓退後，正揖；十一鼓俛身，正面揖；

十二鼓高仰視；十三鼓垂左手；十四鼓垂右手；十五鼓正面躬身，受。終聽三鼓。止。

亞獻武舞，內平外成之舞。順成之曲，無射宮一成。始聽三鼓。一鼓側身開手，二鼓合手，三鼓相顧蹲。三鼓畢，間聲作。一鼓皆稍進前，舞蹈，次按腰立；二鼓按腰，相顧蹲；三鼓左右揚干戚，收手按腰；右以象滅王罕。〔三〕四鼓稍退，舞蹈，按腰立；五鼓兩兩相向，按腰立；六鼓歸佾，開手，蹲；七鼓面西，收手按腰立；八鼓側身擊干戚，收，立；右以象破西夏。九鼓正面歸佾，躬身，次興身立；十鼓稍進前，舞蹈，次按腰立；十一鼓左右推手，次按腰立；十二鼓跪左膝，疊手，呈干戚，住；右以象克金國。十三鼓收手，按腰，興身立；十四鼓兩兩相向而相顧，蹲；十五鼓正面躬身，受。終聽三鼓。止。

終獻武舞，順成之曲，無射宮一成。始聽三鼓。一鼓側身，開手立；二鼓合手，按腰；三鼓相顧蹲。三鼓畢，間聲作。一鼓稍進前，舞蹈，次按腰立；二鼓開手，正面蹲，收手按腰；三鼓面西，舞蹈，次按腰立；四鼓面南，左右揚干戚，收手按腰；五鼓側身擊干戚，收手按腰，立；右以象收西域、定河南。六鼓兩兩相向立；七鼓歸佾，正面開手，蹲，收手按腰；八鼓東西相向，躬身，受；右以象收西蜀、平南詔。九鼓歸佾，舞蹈，退後，次按腰立；十鼓推左右手，躬身，次興身立；十一鼓進前，舞蹈，次按腰立；右以象臣高麗、服交趾。十二鼓兩兩相向，按腰蹲；十三鼓歸佾，左右揚手，按腰立；十四鼓正面開手，俯視；十五鼓收手按腰，躬身，受。終聽三鼓。止。

泰定十室樂舞

迎神文舞，思成之曲。〔四〕

黃鐘宮三成。始聽三鼓。一鼓稍前，開手立；二鼓合手，退後；三鼓相顧蹲。三鼓畢，間聲作。一鼓稍前，舞蹈；二鼓高呈手；三鼓舉左手，收，左揖；四鼓舉右手，收，右揖；五鼓退後，相顧蹲；六鼓兩兩相向立；七鼓復位，俛伏；八鼓舉左手，開手，正蹲；九鼓舉右手，開手，正蹲；十鼓稍前，開手立；十一鼓合手，退後，躬身；十二鼓伏，興，仰視；十三鼓舞蹈，相向立；十四鼓復位，交籥，正蹲；十五鼓躬身，受。終聽三鼓。止。

大呂角二成。始聽三鼓。一鼓稍前，舞蹈；二鼓合手，退後；三鼓相顧蹲。三鼓畢，間聲作。一鼓稍前，舞蹈；二鼓舉左手，收，左揖；三鼓舉右手，收，右揖；四鼓高呈手；五鼓兩兩相顧蹲；六鼓稍前，開手立；七鼓復位，正揖；八鼓兩兩相向，交籥，正蹲；九鼓復位，正揖；十鼓舉左手，收，左揖；十一鼓舉右手，收，右揖；十二鼓伏，興，仰視；十三鼓舞蹈，相向立；十四鼓復位，立；十五鼓躬身，受。終聽三鼓。止。

太簇徵二成。始聽三鼓。一鼓稍前，開手立；二鼓合手，退後；三鼓相顧蹲。三鼓畢，間聲作。一鼓稍前，舞蹈；二鼓復位，躬身；三鼓高呈手；四鼓兩兩相向，交籥，正蹲；五鼓復位立；六鼓舞蹈，相向立；七鼓舉左手，收，左揖；八鼓舉右手，收，右揖；九鼓稍前，舞蹈；十鼓退後，俛伏；十一鼓稍前，開手立；十二鼓推左手，收；十三鼓推右手，收；十四鼓三叩頭，拜舞；十五鼓躬身，受。終聽三鼓。止。

應鐘羽二成。始聽三鼓。一鼓稍前，開手立；二鼓合手，退後；三鼓相顧蹲。三鼓畢，間聲作。一鼓稍前，舞蹈；二鼓復位，正揖；三鼓高呈手；四鼓稍前，開手立；五鼓退後，躬身；六鼓推左手，收；七鼓推右手，收；八鼓舞蹈，相向立；九鼓復位，躬身；十鼓交籥，正蹲；十一鼓兩兩相向，開手，正蹲；十二鼓舉左手，收，左揖；十三鼓舉右手，收，右揖；十四鼓三叩頭，拜舞；十五鼓躬身，受。終聽三鼓。止。

初獻、酌獻太祖第一室文舞，開成之曲，無射宮一成。始聽三鼓。一鼓稍前，開手立；二鼓合手，退；〔三〕三鼓相顧蹲。三鼓畢，間聲作。一鼓稍前，舞蹈，相向立；二鼓復位，正揖；三鼓推左手，收；四鼓推右手，收；五鼓三叩頭，拜舞；六鼓兩兩相向，交籥，正蹲；七鼓復位立；八鼓稍前，舞蹈；九鼓復位，俛伏；十鼓高呈手，正揖；十一鼓兩兩相向蹲；十二鼓復位，開手立；十三鼓合手，正揖；十四鼓伏，興，仰視；十五鼓躬身，受。終聽三鼓。止。

睿宗第二室文舞，武成之曲，無射宮一成。始聽三鼓。一鼓稍前，開手立；二鼓合手，退後；三鼓相顧蹲。三鼓畢，間聲作。一鼓稍前，舞蹈；三鼓復位，正揖；三鼓高呈手；四鼓稍前，開手立；五鼓退後，躬身；六鼓舉左手，收，左揖；七鼓舉右手，收，右揖；八鼓舞蹈，相向立；九鼓復位立；十鼓推左手，收；十一鼓推右手，收；十二鼓伏，興，仰視；十三鼓兩兩相向蹲；十四鼓復位，交籥，正蹲；十五鼓躬身，受。終聽三鼓。止。

世祖第三室文舞，混成之曲，無射宮一成。始聽三鼓。一鼓稍前，開手立；二鼓合手，退後；三鼓相顧蹲。三鼓畢，間聲作。一鼓稍前，舞蹈；二鼓高呈手；三鼓交籥，正蹲；四鼓兩兩相向，開手，正蹲；五鼓伏，興，仰視；六鼓舉左手，收，左揖；七鼓舉右手，收，右揖；八鼓退後，躬身；九鼓稍前，開手立；十鼓舉左手，收，左揖；十一鼓舉右手，收，右揖；十二鼓高呈手，正揖；十三鼓舞蹈，相顧蹲；十四鼓三叩頭，拜舞；十五鼓躬身，受。終聽三鼓。止。

裕宗第四室文舞，昭成之曲，無射宮一成。始聽三鼓。一鼓稍前，開手立；二鼓合手，退後；三鼓相顧蹲。三鼓畢，間聲作。一鼓稍前，舞蹈；二鼓退後，高呈手；三鼓舉左手，收，左揖；四鼓舉右手，收，右揖；五鼓稍前，開手立，六鼓退後，躬身；七鼓兩兩相向，交籥，正蹲；八鼓伏，興，仰視；九鼓推左手，收，左揖；十鼓推右手，收，右揖；十一鼓稍前，舞蹈；十二鼓退後，相顧蹲；十三鼓高呈手；十四鼓三叩頭，拜舞；十五鼓躬身，受。終聽三鼓。止。

顯宗第五室文舞，德成之曲，無射宮一成。始聽三鼓。一鼓稍前，開手立；二鼓合手，退後；三鼓相顧蹲。三鼓畢，間聲作。一鼓稍前，舞蹈，相向立；二鼓復位，正揖；三鼓舉左手，收；四鼓舉右手，收；五鼓伏，興，仰視；六鼓兩兩相向立；七鼓復位，交籥，正蹲；八鼓退後，躬身；九鼓稍前，開手立；十鼓舉左手，收，左揖；十一鼓舉右手，收，右揖；十二鼓高呈手；十三鼓復位，正蹲；十四鼓三叩頭，拜舞；十五鼓躬身，受。終聽三鼓。止。

順宗第六室文舞，慶成之曲，無射宮一成。始聽三鼓。一鼓稍前，開手立；二鼓合手，退後；三鼓相顧蹲。三鼓畢，間聲作。一鼓稍前，舞蹈；二鼓復位，相顧蹲；三鼓稍前，開手立；四鼓合手，正揖；五鼓舉左手，收，左揖；六鼓舉右手，收，右揖；七鼓兩兩相向，交籥，正蹲；八鼓復位立；九鼓稍前，開手立；十鼓伏，興，仰視；十一鼓舉左手，收，相顧蹲；十二鼓舉右手，收，相顧蹲；十三鼓高呈手，正揖；十四鼓三叩頭，拜舞；十五鼓躬身，受。終聽三鼓。止。

成宗第七室文舞，守成之曲，無射宮一成。始聽三鼓。一鼓稍前，開手立；二鼓合手，退後；三鼓相顧蹲。三鼓畢，間聲作。一鼓稍前，舞蹈；二鼓退後，躬身；三鼓舉左手，收，左揖；四鼓舉右手，收，右揖；五鼓伏，興，仰視；六鼓兩兩相向，交籥，正蹲；七鼓復位，正揖；八鼓高呈手；九鼓舉左手，收，左揖；十鼓舉右手，收，右揖；十一鼓開手立；十二鼓合手，正揖；十三鼓稍前，舞蹈；十四鼓三叩頭，拜舞；十五鼓躬身，受。終聽三鼓。止。

武宗第八室文舞，威成之曲，無射宮一成。始聽三鼓。一鼓稍前，開手立；二鼓合手，退後；三鼓相顧蹲。三鼓畢，間聲作。一鼓稍前，舞蹈；二鼓復位，正揖；三鼓高呈手；四鼓稍前，開手立；五鼓退後，躬身；六鼓舉左手，收，左揖；七鼓舉右手，收，右揖；八鼓舞蹈，相向立；九鼓復位立；十鼓舉左手，收，左揖；十一鼓舉右手，收，右揖；十二鼓伏，興，仰視；十三鼓兩兩相向立；十四鼓復位，交籥，正蹲；十五鼓躬身，受。終聽三鼓。止。

仁宗第九室文舞，歆成之曲，無射宮一成。始聽三鼓。一鼓稍前，開手立；二鼓合手，退後；三鼓相顧蹲。三鼓畢，間聲作。一鼓稍前，舞蹈，相向立；二鼓復位，正揖；三鼓高呈手；四鼓推左手，收；五鼓推右手，收；六鼓稍前，開手立；七鼓退後，躬身；八鼓兩兩相向立；九鼓復位，交籥，正蹲；十鼓舉左手，收，左揖；十一鼓舉右手，收，右揖；十二鼓稍前，舞蹈；十三鼓復位，正揖；十四鼓伏，興，仰視；十五鼓躬身，受。終聽三鼓。止。

英宗第十室文舞，獻成之曲，無射宮一成。始聽三鼓。一鼓稍前，開手立；二鼓合手，退後；三鼓相顧蹲。三鼓畢，間聲作。一鼓稍前，舞蹈，相向立；二鼓舉左手，收，左揖；三鼓舉右手，收，右揖；四鼓高呈手；五鼓伏，興，仰視；六鼓兩兩相向蹲；七鼓退後，俛伏；八鼓復位，交籥，正蹲；九鼓稍前，開手立；十鼓復位，躬身；十一鼓稍前，舞蹈；十二鼓復位，正揖；十三鼓舞蹈，兩兩相向立；十四鼓三叩頭，拜舞；十五鼓躬身，受。終聽三鼓。止。

亞獻武舞，肅寧之曲，無射宮一成。始聽三鼓。一鼓稍前，開手立；二鼓合手，退後，按腰立；三鼓相顧蹲。三鼓畢，間聲作。一鼓稍前，左右揚干戚；二鼓退後，相顧蹲；三鼓高呈手；四鼓左右揚干戚；五鼓呈干戚；六鼓復位，按腰立；七鼓刺干戚；八鼓兩兩相向，開手，正蹲；九鼓復位，舉左手，收；十鼓舉右手，收；十一鼓稍前，開手立；十二鼓退後，按腰立；十三鼓左右揚干戚，相向立；十四鼓復位，按腰，相顧蹲；十五鼓躬身，受。終聽三鼓。止。

終獻武舞，肅寧之曲，無射宮一成。始聽三鼓。一鼓稍前，開手立；二鼓合手，退後，按腰立；三鼓相顧蹲。三鼓畢，間聲作。一鼓稍前，左右揚干戚；二鼓退後，高呈手；三鼓舉左手，收；四鼓舉右手，收；五鼓面向西，開手，正蹲；六鼓復位，左右揚干戚；七鼓躬身，受；八鼓呈干戚；九鼓復位，按腰立；十鼓刺干戚；十一鼓兩兩相向立；十二鼓復位，按腰立；十三鼓退後，相顧蹲；十四鼓三叩頭，拜舞；十五鼓躬身，受。終聽三鼓。止。

天曆三年新製樂舞。明宗酌獻文舞，永成之曲，無射宮一成。始聽三鼓。一鼓合手，稍前，開手立；二鼓退後立；三鼓相顧蹲。三鼓畢，間聲作。一鼓向前，舞蹈，相向立；二鼓復位，三叩頭，拜舞；三鼓兩兩開手，正蹲；四鼓復位，俛伏；五鼓交籥，正蹲；六鼓伏，興，仰視，七鼓躬身；八鼓稍前，開手立；九鼓復位，正揖，高呈手；十鼓舉左手，收，左揖；十一鼓舉右手，收，右揖；十二鼓正揖；十三鼓兩兩交籥，相揖；十四鼓復位；十五鼓躬身，受。終聽三鼓。止。

校勘記

〔一〕五鼓推左手右相顧左揖六鼓皆推右手左相顧右揖　按下文所記類似舞蹈動作，均兩相對舞，左右互稱，無「皆」字，此處「皆」字疑衍。王圻續通考亦無「皆」字。

〔二〕四鼓垂右手〔住〕　據上下文補。

〔三〕右以象滅王罕　道光本考證云：「按此下小注凡六處，原本皆誤作正文，今據經世大典釐正。」從改作注。下倣此。

〔四〕迎神文舞思成之曲　按上文郊祀樂舞、宗廟樂舞，「降神」所奏曲調皆記有成數，六成或九成。此處僅言所奏之曲，未書成數，疑有脫文。又按下文所載黃鐘宮等四調共九成，此處疑脫「九成」二字。

〔五〕二鼓合手退　王圻續通考「退」字下尚有「後」字。按「二鼓合手退後」此一舞蹈動作，在本書本卷郊祀樂舞、宗廟樂舞、泰定十室樂舞皆多見。除宗廟樂舞中二鼓舞蹈統作「退後，合手」外，其他二樂舞二鼓動作皆作「合手，退後」。此處疑脫「後」字。

元史卷七十一

志第二十二

禮樂五

樂服

樂正副四人，舒脚幞頭，紫羅公服，烏角帶，木笏，皂鞾。

照燭二人，服同前，無笏。

樂師二人，服緋，冠、笏同前。

運譜二人，服綠，冠、笏同前。

舞師二人，舒脚幞頭，黃羅繡抹額，紫服，金銅荔枝帶，皂鞾，各執仗。仗，牙仗也。

執旌二人，平冕，前後各九旒五就，青生色鸞袍，黃綾帶，黃絹袴，白絹韈，赤革履。平冕鸞袍，皆做金制，惟冕之旒數不同，詳見後至元二年博士議。

執纛二人，青羅巾，餘同執旌。

樂工，介幘冠，緋羅生色鸞袍，黃綾帶，皁韡。冠以皮爲之，黑油如熊耳，亦金制也。

歌工，服同樂工。

執麾，服同上，惟加平巾幘。狀若籠金幘，以革爲之。

舞人，青羅生色義花鸞袍，緣以皂綾，平冕冠。冠前後有旒，青白硝石珠相間。

執器二十人，服同樂工，綠油母追冠，革爲之，一名武弁。加紅抹額。

至元二年閏五月，大樂署言，堂上下樂舞官員及樂工，合用衣服冠冕韡履等物，乞行製造。太常寺下博士議定：樂正副四人、樂師二人、照燭二人、運譜二人，皆服紫羅公服，皁紗幞頭舒脚，紅鞓角帶，木笏，皂韡。引舞色長四人，紫羅公服，皂紗幞頭展脚，黃羅繡南花抹額，金銅帶，皂韡。樂工二百四十有六人，緋繡義花鸞袍，縣黃插口，介幘冠，紫羅帶，全黃羅抹帶，黃絹夾袴，白綾韈，朱履。金太常寺掌故張珍所著疊代世範載金制：舞人服黑衫，皆四褏，有黃插口，左右垂之，黃綾抹帶，其衫以紬爲之，胸背二答、兩肩二答，前後各一答，皆綵色，繡二鸞盤飛之狀，綴之於衫。冠以平冕，亦有天板、口圈，天門納言以紫絹摽背，銅裹邊圈，前後各五旒，以青白硝石珠相間。大備集所載，二舞人皂繡義花鸞衫，縣紫插口，黃綾抹帶，朱履，平冕。其冠有口圈，亦有天門納言繫帶，口圈高一尺許，天板長二尺，闊一尺，前微高後低，裏外紫絹糊，銅楞道粧釘，無旒。執器二十人，緋繡義花鸞袍，縣黃插口，綠油革冠，黃羅抹帶，黃絹夾袴，白綾韈，朱履。旌纛四人，青綉義花鸞袍，縣紫插口，平冕冠二，青包巾二，黃羅抹帶，黃絹夾袴，白綾韈，朱履。七月，中書吏部再準太常博士議定，行下所司製造。三年九月服成，緋鸞袍二百六十有七，青鸞袍一百三十二，黃絹袴一百五十二，紫羅公服一十四，黃綾帶三百九十七，介幘冠二百四十有四，平冕冠百三十，簪全，木笏十有六，幞頭十有四，平巾幘二，綠油革冠二十，荔枝銅帶四，角帶十，皂韡二百六十對，朱履百五十對。宣聖廟樂工，黑漆冠三十五，綠羅生色胸背花袍三十五，皂韡三十五對，黃絹囊三十五，黃絹夾袱三十五。

大樂職掌

大樂署，令一人，丞一人，掌郊社、宗廟之樂。凡樂，郊社、宗廟，則用宮縣，工三百六十有一人；社稷，則用登歌，工五十有一人；二樂用工四百一十有二人，代事故者五十人。前祭之月，召工習樂及舞。祀前一日，宿縣於庭中。東方西方設十二鎛鐘，各依辰位。編鐘處其左，編磬處其右。黃鐘之鐘起子位，在通街之西。蕤賓之鐘居午位，在通街之東。每辰三簴，謂之一肆，十有二辰，凡三十六簴。樹建鞞應於四隅，左柷右敔，設縣中之北。歌工次之，三十二人，重行相向而坐。巢笙次之，簫次之，竽次之，籥次之，篪次之，塤次之，長笛又次之。夾街之左右，瑟翼柷敔之東西，在前行。路鼓、路鼗次之。郊祀則雷鼓、雷鼗。閏餘匏在簫之東，七星匏在西，九曜匏次之。一絃琴列路鼓之東西，東一，西二。三絃、五絃、七絃、九絃次之。晉鼓一，處縣中之東南，以節樂。一絃琴三，三絃以下皆六。凡坐者，高以杌，地以氈。立四表於橫街之南，少東。設舞位於縣北。文郎左執籥，右秉翟；武郎左執干，右執戚；皆六十有四人。享日，與工人先入就位。舞師二人，執纛二人，引文舞分立於表南。武舞及執器者，俟立於宮縣之左右。器鼗二，雙鐸二，單鐸二，鐃二，錞二，二錞用六人。鉦二，相鼓二，雅鼓二，凡二十人。文舞退，舞師二人、執旌二人，引武舞進，立其處。文舞還立於縣側。又設登歌樂於殿之前楹，殿陛之旁，設樂床二，樂工列於上。搏拊二，歌工六，柷一，敔一，在門內，相向而坐。鐘一簴，在前楹之東。一絃、三絃、五絃、七絃、九絃琴五，次之。瑟二，在其東，笛一、籥一、篪一在琴之南，巢笙、和笙各二次之。塤一，在笛之南。閏餘匏、排簫各一，次之，皆西上。磬一簴，在前楹之西。一絃、三絃、五絃、七絃、九絃琴五，次之。塤一，在笛之南。〔一〕七星匏、九曜匏、排簫各一，次之，皆東上。凡宗廟之樂九成，舞九變。黃鐘之宮，三成，三變。大呂之角，二成，二變。太簇之徵，二成，二變。應鐘之羽，二成，二變。圜丘之樂六成，舞六變。夾鐘之宮，三成，三變。黃鐘之角，一成，一變。太簇之徵，一成，一變。姑洗之羽，一成，一變。社稷之樂八成：林鐘之宮二成，太簇之角二成，姑洗之徵二成，南呂之羽二成。凡有事于宗廟，大樂令位于殿楹之東，西向；丞位於縣北，通街之東，西向；以肅樂舞。

協律郎二人，掌和律呂，以合陰陽之聲。陽律六：黃鐘子，太簇寅，姑洗辰，蕤賓午，夷則申，無射戌。陰呂六：大呂丑，夾鐘卯，仲呂巳，林鐘未，南呂酉，應鐘亥。文之以宮、商、角、徵、羽、變宮、變徵，播之以金、石、絲、竹、匏、土、革、木。凡律管之數九，九九相乘，八十一以爲宮；三分去一，五十四以爲徵；三分益一，七十二以爲商；三分去一，四十八以爲羽；三分益一，六十四以爲角。如黃鐘爲宮，則林鐘爲徵，太簇爲商，南呂爲羽，姑洗爲角，應鐘爲變宮，蕤賓爲變徵，是爲七聲十二律，還相爲宮，爲八十四調。凡大祭祀皆法服，一人立於殿楹之西，東向；一人立於縣北通街之西，東向；以節樂。堂上者主登歌，堂下者主宮縣。凡樂作，則跪，俛伏，舉麾以興，工鼓柷以奏；樂止則偃麾，工戛敔而樂止。今執麾者代執之，協律郎特拜而已。

樂正二人，副二人，掌肄樂舞、展樂器、正樂位。凡祭，二人立於殿內，二人立於縣間，以節樂。殿內者視獻者奠獻用樂作止之節，以笏示照燭，照燭舉偃以示堂下。若作登歌，則以笏示柷敔而已。縣間者示堂上照燭。及引初獻，照燭動，亦以笏示柷敔。

樂師一人，運譜一人，掌以樂教工人。凡祭，立於縣間，皆北上，相向而立。

舞師四人，皆執梃，梃，牙仗也。執纛二人，執旌二人，祭則前舞以爲舞容。舞人從南表向第一表，爲一成，則一變。從第二至第三，爲二成。從第三至北第四表，爲三成。舞人各轉身南向於北表之北，還從第一至第二，爲四成。從第二至第三，爲五成。從第三至南第一表，爲六成。若八變者，更從南北向第二，爲七成。又從第二至第三，爲八成。若九變者，又從第三至北第一，爲九變。

執麾一人，從協律郎以麾舉偃而節樂。

照燭二人，掌執籠燭而節樂。凡樂作止，皆舉偃其籠燭。一人立於堂上門東，視殿內獻官禮節，麾燭以示縣間。一人立於堂下縣間，俟三獻入導初獻至位，立於其左。初獻行，皆前導，亞、終則否。凡殿下禮節，則麾其燭以示上下。初獻詣盥洗位，乃偃其燭，止亦如之。俟初獻動爲節，宮縣樂作，詣盥洗位，洗拭瓚訖，樂止。詣階，登歌樂作，升自東階，至殿門，樂止，乃立於陛側以俟。晨祼訖，初獻出殿，登歌樂作，至版位，樂止。司徒迎饌至橫街，轉身北向，宮縣樂作，司徒奉俎至各室遍奠訖，樂止。酌獻，初獻詣盥洗位，宮縣樂作，詣爵洗位，洗拭爵訖，樂止。出笏，登歌樂作，升自東階，至殿門，樂止。初獻至酒尊所，酌訖，宮縣樂作，詣神位前，祭酒訖，拜、興、讀祝，樂止。讀訖，樂作，再拜訖，樂止。次詣每室，作止如初。每室各奏本室樂曲，俱獻畢，還至殿門，登歌樂作，降自東階，至版位，樂止。文舞退，宮縣樂作，出笏，宮縣樂作，武舞進，宮縣樂作，舞者立定，樂止。亞獻行禮，無節步之樂，至酒尊所，酌酒訖，出笏，宮縣樂作，詣神位前，奠獻畢，樂止。次詣每室，作止如初。俱畢，還至版位，皆無樂。終獻樂作同亞獻，助奠以下升殿，奠馬湩，至神位，蒙古巫祝致詞訖，宮縣樂作，同司徒進饌之曲，禮畢，樂止。出殿，登歌樂作，各復位，樂止。太祝徹籩豆，登歌樂作，卒徹，樂止。奉禮贊拜，衆官皆再拜訖，送神，宮縣樂作，一成而止。

宴樂之器

興隆笙，制以楠木，形如夾屏，上銳而面平，縷金雕鏤枇杷、寶相、孔雀、竹木、雲氣，兩旁側立花板，居背三之一。中爲虛櫃，如笙之匏。上豎紫竹管九十，管端實以木蓮苞。櫃外出小橛十五，上豎小管，管端實以銅杏葉。下有座，獅象遶之，座上櫃前立花板一，雕鏤如背，板間出二皮風口，用則設朱漆小架于座前，繫風囊於風口，囊面如琵琶，朱漆雜花，有柄，一人按小管，一人鼓風囊，則簧自隨調而鳴。中統間，回回國所進。以竹爲簧，有聲而無律。玉宸樂院判官鄭秀乃考音律，分定清濁，增改如今制。其在殿上者，盾頭兩旁立刻木孔雀二，飾以眞孔雀羽，中設機。每奏，工三人，一人鼓風囊，一人按律，一人運動其機，則孔雀飛舞應節。

殿庭笙十，延祐間增製，不用孔雀。

琵琶，制以木，曲首，長頸，四軫，頸有品，闊面，四絃，面飾雜花。

箏，如瑟，兩頭微垂，有柱，十三絃。

火不思，制如琵琶，直頸，無品，有小槽，圓腹如半瓶榼，以皮爲面，四絃，皮絣同一孤柱。

胡琴，制如火不思，卷頸，龍首，二絃，用弓捩之，弓之絃以馬尾。

方響，制以鐵，十六枚，懸于磬簴，小角槌二。廷中設，下施小交足几，黃羅銷金衣。

龍笛，制如笛，七孔，横吹之，管首制龍頭，銜同心結帶。

頭管，制以竹爲管，卷蘆葉爲首，竅七。

笙，制以（瓠）〔匏〕爲底，〔三〕列管于上，管十三，簧如之。

箜篌，制以木，闊腹，腹下施横木，而加軫二十四，柱頭及首，並加鳳喙。

雲璈，制以銅，爲小鑼十三，同一木架，下有長柄，左手持，而右手以小槌擊之。

簫，制如笛，五孔。

戲竹，制如籈，長二尺餘，上繫流蘇香囊，執而偃之，以止樂。

鼓，制以木爲匡，冒以革，朱漆雜花，面繪復身龍，長竿二。廷中設，則有大木架，又有擊撾高座。

杖鼓，制以木爲匡，細腰，以皮冒之，上施五綵繡帶，右擊以杖，左拍以手。

札鼓，制如杖鼓而小，左持而右擊之。

和鼓，制如大鼓而小，左持而右擊之。

䈥，制如箏而七絃，有柱，用竹軋之。

羌笛，制如笛而長，三孔。

拍板，制以木爲板，以繩聯之。

水盞，制以銅，凡十有二，擊以鐵箸。

樂隊

樂音王隊：元旦用之。引隊大樂禮官二員，冠展角幞頭，紫袍，塗金帶，執笏。次執戲竹二人，同前服。次樂工八人，冠花幞頭，紫窄衫，銅束帶。龍笛三，杖鼓三，金鞚小鼓一，板一，奏萬年歡之曲。從東階升，至御前，以次而西，折繞而南，北向立。後隊進，皆倣此。次二隊，婦女十人，冠展角幞頭，紫袍，隨樂聲進至御前，分左右相向立。次婦女一人，冠唐帽，黃袍，進北向立定，樂止，念致語畢，樂作，奏長春柳之曲。次三隊，男子三人，戴紅髮青面具，雜綵衣，次一人，冠唐帽，綠襴袍，角帶，舞蹈而進，立於前隊之右。次四隊，男子一人，戴孔雀明王像面具，披金甲，執叉，從者二人，戴毗沙神像面具，紅袍，執斧。次五隊，男子五人，冠五梁冠，戴龍王面具，繡氅，執圭，與前隊同進，北向立。次六隊，男子五人，爲飛天夜叉之像，舞蹈以進。次七隊，樂工八人，冠霸王冠，青面具，錦繡衣，龍笛三，觱栗三，杖鼓二，與前大樂合奏吉利牙之曲。次八隊，婦女二十人，冠廣翠冠，銷金綠衣，執牡丹花，舞唱前曲，與樂聲相和，進至御前，北向，列爲九重，〔三〕重四人，曲終，再起，與後隊相和。次九隊，婦女二十人，冠金梳翠花鈿，繡衣，執花鞚稍子鼓，舞唱前曲，與前隊相和。次十隊，婦女八人，花髻，服銷金桃紅衣，搖日月金鞚稍子鼓，舞唱同前。次男子五人，作五方菩薩梵像，搖日月鼓。次一人，作樂音王菩薩梵像，執花鞚稍子鼓，齊聲舞前曲一闋，樂止。次婦女三人，歌新水令、沽美酒、太平令之曲終，念口號畢，舞唱相和，以次而出。

壽星隊：天壽節用之。引隊禮官樂工大樂冠服，並同樂音王隊。次二隊，婦女十人，冠唐巾，服銷金紫衣，銅束帶。次婦女一人，冠平天冠，服繡鶴氅，方心曲領，執圭，以次進至御前，立定，樂止，念致語畢，樂作，奏長春柳之曲。次三隊，男子三人，冠服舞蹈，並同樂音王隊。次四隊，男子一人，冠金漆弁冠，服緋袍，塗金帶，執笏；從者二人，錦帽，繡衣，執金字福祿牌。次五隊，男子一人，冠捲雲冠，青面具，綠袍，塗金帶，分執梅、竹、松、椿、石，同前隊而進，北向立。次六隊，男子五人，爲烏鴉之像，作飛舞之態，進立於前隊之左，樂止。次七隊，樂工十有二人，冠雲頭冠，銷金緋袍，白裙，龍笛三，觱栗三，札鼓三，和鼓一，板一，與前大樂合奏山荆子帶袄神急之曲。次八隊，婦女二十人，冠鳳翹冠，翠花鈿，服寬袖衣，加雲肩、霞綬、玉佩，各執寶蓋，舞唱前曲。次九隊，婦女三十人，冠玉女冠，翠花鈿，服青銷金寬袖衣，加雲肩、霞綬、玉佩，各執纓毛日月扇，舞唱前曲，與前隊相和。次十隊，婦女八人，服雜綵衣，被槲葉、魚鼓、簡子。次男子八人，冠束髮冠，金掩心甲，銷金緋袍，執戟。次爲龜鶴之像各一。次男子五人，冠黑紗帽，服繡鶴氅，朱履，策龍頭藜杖，齊舞唱前曲一闋，樂止。次婦女三人，歌新水令、沽美酒、太平令之曲終，念口號畢，舞唱相和，以次而出。

禮樂隊：朝會用之。引隊禮官樂工大樂冠服，並同樂音王隊。次二隊，婦女十人，冠黑漆弁冠，服青素袍，方心曲領，白裙，束帶，執圭；次婦女一人，冠九龍冠，服繡紅袍，玉束帶，進至御前，立定，樂止，念致語畢，樂作，奏長春柳之曲。次三隊，男子三人，冠服舞蹈同樂音王隊。次四隊，男子三人，皆冠捲雲冠，服黃袍，塗金帶，執圭。次五隊，男子五人，皆冠三龍冠，服紅袍，各執劈正金斧，同前隊而進，北向立。次六隊，童子五人，三髻，素衣，各執香花，舞蹈而進，樂止。次七隊，樂工八人，皆冠束髮冠，服錦衣白袍，龍笛三，觱栗三，杖鼓二，與前大樂合奏新水令、水仙子之曲。次八隊，婦女二十人，冠籠巾，服紫袍，金帶，執笏，歌新水令之曲，與樂聲相和，進至御前，分爲四行，北向立，鞠躬拜，興，舞蹈，叩頭，山呼，就拜，再拜，畢，復趁聲歌水仙子之曲一闋，再歌青山口之曲，與後隊相和。次九隊，婦女二十人，冠車髻冠，服銷金藍衣，雲肩，佩綬，執孔雀幢，舞唱與前隊相和。次十隊，婦女八人，冠翠花唐巾，服錦綉衣，執寶蓋，舞唱前曲。次男子八人，冠鳳翅兜牟，披金甲，執金戟。次男子一人，冠平天冠，服繡鶴氅，執圭，齊舞唱前曲一闋，樂止。次婦女三人，歌新水令、沽美酒、太平令之曲終，念口號畢，舞唱相和，以次而出。

說法隊：引隊禮官樂工大樂冠服，並同樂音王隊。次二隊，婦女十人，冠僧伽帽，服紫禪衣，皂條；次婦女一人，服錦袈裟，餘如前，持數珠，進至御前，北向立定，樂止，念致語畢，樂作，奏長春柳之曲。次三隊，男子三人，冠、服、舞蹈，並同樂音王隊。次四隊，男子一人，冠隱士冠，服白紗道袍，皂條，執麈拂；從者二人，冠黃包巾，服錦繡衣，執令字旗。次五隊，男子五人，冠金冠，披金甲，錦袍，執戟，同前隊而進，北向立。次六隊，男子五人，爲金翅雕之像，舞蹈而進，樂止。次七隊，樂工十有六人，冠五福冠，服錦繡衣，龍笛六，觱栗六，杖鼓四，與前大樂合奏金字西番經之曲。次八隊，婦女二十人，冠珠子菩薩冠，服銷金黃衣，纓絡，佩綬，執金浮屠白傘蓋，舞唱前曲，與樂聲相和，進至御前，分爲五重，重四人，曲終，再起，與後隊相和。次九隊，婦女二十人，冠金翠菩薩冠，服銷金紅衣，執寶蓋，舞唱與前隊相和。次十隊，婦女八人，冠青螺髻冠，服白銷金衣，執金蓮花。次男子八人，披金甲，爲八金剛像。次一人，爲文殊像，執如意；一人爲普賢像，執西番蓮花；一人爲如來像，齊舞唱前曲一闋，樂止。次婦女三人，歌新水令、沽美酒、太平令之曲終，念口號畢，舞唱相和，以次而出。

凡吉禮，郊祀、享太廟、告謚，見祭祀志。軍禮，見兵志。喪禮五服，見刑法志。水旱賑卹，見食貨志。內外導從，見儀衞志。

校勘記

〔一〕塤一在笛之南　道光本據經世大典于此句之上增入「瑟二在其西，笛一、簫一、箎一在瑟之南，巢笙、和笙各二次之」二十三字。按東西兩方樂器應對稱，志文無此二十三字，則東方缺六種樂器。

〔二〕笙制以(瓠)〔匏〕爲底　從北監本改。

〔三〕列爲九重　按婦女二十人，每重四人，當列五重。下文說法隊八隊婦女二十人，重四人，正作「五重」。此處「九」當作「五」。

元史卷七十二

志第二十三

祭祀一

禮之有祭祀，其來遠矣。天子者，天地宗廟社稷之主，於郊社禘嘗有事守焉。以其義存乎報本，非有所爲而爲之，故其禮貴誠而尚質，務在反本修古，不忘其初而已。漢承秦弊，郊廟之制，置周禮不用，謀議巡守封禪，而方士祠官之說興，兄弟相繼共爲一代，而統緒亂。迨其季世，乃合南北二郊爲一。雖以唐、宋盛時，皆莫之正，蓋未有能反其本而求之者。彼籩豆之事，有司所職，又豈足以盡仁人孝子之心哉。

元之五禮，皆以國俗行之，惟祭祀稍稽諸古。其郊廟之儀，禮官所考日益詳愼，而舊禮初未嘗廢，豈亦所謂不忘其初者歟。然自世祖以來，每難於親其事。英宗始有意親郊，而志弗克遂。久之，其禮乃成於文宗。至大間，大臣議立北郊而中輟，遂廢不講。然武宗親享于廟者三，英宗親享五。晉王在帝位四年矣，未嘗一廟見。文宗以後，乃復親享。豈以道釋禱祠薦禳之盛，竭生民之力以營寺宇者，前代所未有，有所重則有所輕歟。或曰，北陲之俗，敬天而畏鬼，其巫祝每以爲能親見所祭者，而知其喜怒，故天子非有察于幽明之故、禮俗之辨，則未能親格，豈其然歟？

自憲宗祭天日月山，追崇所生與太祖並配，世祖所建太廟，皇伯朮赤、察合帶皆以家人禮祔于列室。既而太宗、定宗以世天下之君俱不獲廟享，而憲宗亦以不祀。則其因襲之弊，蓋有非禮官之議所能及者。而況乎不禰所受國之君，而兄弟共爲一世，乃有徵於前代者歟。夫郊廟國之大祀也，本原之際既已如此，則中祀以下，雖有闕略，無足言者。

其天子親遣使致祭者三：曰社稷，曰先農，曰宣聖。而嶽鎭海瀆，使者奉璽書卽其處行事，稱代祀。其有司常祀者五：曰社稷，曰宣聖，曰三皇，曰嶽鎭海瀆，曰風師雨師。其非通祀者五：曰武成王，曰古帝王廟，曰周公廟，曰名山大川、忠臣義士之祠，曰功臣之祠，而大臣家廟不與焉。其儀皆禮官所擬，而議定于中書。日星始祭于司天臺，而回回司天臺遂以禜星爲職事。五福太乙有壇畤，以道流主之，皆所未詳。

凡祭祀之事，其書爲太常集禮，而經世大典之禮典篇尤備。參以累朝實錄與六條政類，序其因革，錄其成制，作祭祀志。

郊祀上

元興朔漠，代有拜天之禮。衣冠尚質，祭器尚純，帝后親之，宗戚助祭。其意幽深古遠，報本反始，出於自然，而非強爲之也。憲宗卽位之二年，秋八月八日，始以冕服拜天於日月山。其十二日，又用孔氏子孫元措言，合祭昊天后土，始大合樂作牌位，以太祖、睿宗配享。歲甲寅，會諸王于顆顆腦兒之西，丁巳秋，駐蹕于軍腦兒，皆祭天於其地。世祖中統二年，親征北方。夏四月(乙)〔己〕亥，躬祀天于舊桓州之西北。〔一〕灑馬湩以爲禮，皇族之外，無得而與，皆如其初。

〔至元〕十二年十二月，以受尊號，〔二〕遣使豫告天地，下太常檢討唐、宋、金舊儀，於國陽麗正門東南七里建祭臺，設昊天上帝、皇地祇位二，行一獻禮。自後國有大典禮，皆卽南郊告謝焉。十三年五月，以平宋，遣使告天地，中書下太常議定儀物以聞。制若曰：「其以國禮行事。」

三十一年，成宗卽位。夏四月壬寅，始爲壇于都城南七里。甲辰，遣司徒兀都帶率百官爲大行皇帝請謚南郊，爲告天請謚之始。大德六年春三月庚戌，合祭昊天上帝、皇地祇、五方帝于南郊，遣左丞相哈剌哈孫攝事，爲攝祀天地之始。

大德九年二月二十四日，右丞相哈剌哈孫等言：「去年地震星變，雨澤愆期，歲比不登。祈天保民之事，有天子親祀者三：曰天，曰祖宗，曰社稷。今宗廟、社稷，歲時攝官行事。祭天國之大事也，陛下雖未及親祀，宜如宗廟、社稷，遣官攝祭，歲用冬至，儀物有司豫備，日期至則以聞。」制若曰：「卿言是也，其豫備儀物以待事。」

於是翰林、集賢、太常禮官皆會中書集議。博士疏曰：「冬至，圜丘惟祀昊天上帝，至西漢元始間，始合祭天地。歷東漢至宋千有餘年，分祭合祭，迄無定論。」集議曰：「周禮，冬至圜丘禮天，夏至方丘禮地，時旣不同，禮樂亦異。王莽之制，何可法也。今當循唐、虞、三代之典，惟祀昊天上帝。其方丘祭地之禮，續議以聞。」按周禮，壇壝三成，近代增外四成，以廣天文從祀之位。集議曰：「依周禮三成之制。然周禮疏云每成一尺，不見縱廣之度。恐壇上陿隘，器物難容，擬四成制內減去一成，以合陽奇之數。每成高八尺一寸，以合乾之九九。上成縱廣五丈，中成十丈，下成十五丈。四陛，陛十有二級。外設二壝，內壝去壇二十五步，外壝去內壝五十四步，壝各四門。壇設於丙巳之地，以就陽位。」按古者，親祀冕無旒，服大裘而加衮。臣下從祀，冠服歷代所尚，其制不同。集議曰：「依宗廟見用冠服制度。」按周禮大司樂云：「凡樂，圜鐘爲宮，黃鐘爲角，太簇爲徵，姑洗爲羽，雷鼓雷鼗，孤竹之管，雲和之琴瑟，雲門之舞，冬至日於地上之圜丘奏之。若樂六變，則天神皆降，可得而禮矣。」

集議曰：「樂者所以動天地，感鬼神，必訪求深知音律之人，審五聲八音，以司肄樂。」

夏四月壬辰，中書復集議。博士言：「舊制神位版用木。」中書議，改用蒼玉金字，白玉爲座。博士曰：「郊祀尚質，合依舊制。」遂用木主，長二尺五寸，闊一尺二寸，上圓下方，丹漆金字，木用松柏，貯以紅漆匣，黃羅帕覆之。造畢，有司議所以藏。議者復謂，神主廟則有之，今祀於壇，對越在上，非若他神無所見也。所製神主遂不用。

七月九日，博士又言：「古者祀天，器用陶匏，席用藁鞂。自漢甘泉雍畤之祀，以迄後漢、（晉魏）〔魏、晉〕、〔三〕南北二朝、隋、唐，其壇壝玉帛禮器儀仗，日益繁縟，浸失古者尚質之意。宋、金多循唐制，其壇壝禮器，考之於經，固未能全合，其儀法具在。當時名儒輩出，亦未嘗不援經而定也，酌古今以行禮，亦宜焉。今檢討唐、宋、金親祀、攝行儀注，幷雅樂節次，合從集議。」太常議曰：「郊祀之事，聖朝自平定金、宋以來，未暇舉行，今欲修嚴，不能一舉而大備。然始議之際，亦須酌古今之儀，垂則後來。請從中書會翰林、集賢、禮官及明禮之士，講明去取以聞。」中書集議曰：「合行禮儀，非草創所能備。唐、宋皆有攝行之禮，除從祀受胙外，一切儀注悉依唐制修之。」

八月十二日，太常寺言：「尊祖配天，其禮儀樂章別有常典，若俟至日議之，恐匆遽有誤。」於是中書省臣奏曰：「自古漢人有天下，其祖宗皆配天享祭，臣等與平章何榮祖議，宗廟已依時祭享，今郊祀止祭天。」制曰「可」。是歲南郊，配位遂省。

十一年，武宗卽位。秋七月甲子，命御史大夫鐵古迭兒卽南郊告謝天地，主用柏，素質玄書，爲卽位告謝之始。

至大二年冬十月乙酉，〔四〕尚書省臣及太常禮官言：「郊祀者國之大禮，今南郊之禮已行而未備，北郊之禮尚未舉行。今年冬至南郊，請以太祖聖武皇帝配享。明年夏至北郊，以世祖皇帝配。」帝皆是之。十二月甲辰朔，尚書太尉右丞相、太保左丞相、田司徒、郝參政等復奏曰：「南郊祭天於圜丘，大禮已舉。其北郊祭皇地祇於方澤，幷神州地祇、五岳四瀆、山林川澤及朝日夕月，此有國家所當崇禮者也。當聖明御極而弗舉行，恐遂廢弛。」制若曰：「卿議甚是，其卽行焉。」

至大三年春正月，中書禮部移太常禮儀院，下博士擬定北郊從祀、朝日夕月禮儀。博士李之紹、蔣汝礪疏曰：「按方丘之禮，夏以五月，商以六月，周以夏至，其丘在國之北。禮神之玉以黃琮，牲用黃犢，幣用黃繒，配以后稷。其方壇之制，漢去都城四里，爲壇四陛。唐去宮城北十四里，爲方壇八角三成，每成高四尺，上闊十六步，設陛。上等陛廣八尺，中等陛一丈，下等陛廣一丈二尺。宋至徽宗始定爲再成。歷代制雖不同，然無出於三成之式。今擬取坤數用六之義，去都城北六里，於壬地選擇善地，於中爲方壇，三成四陛，外爲三壝。仍依古制，自外壝之外，治四面稍令低下，以應澤中之制。宮室、牆圍、器皿色，並用黃。其再成八角八陛，非古制，難用。其神州地祇以下從祀，自漢以來，歷代制度不一，至唐始因隋制，以嶽鎮海瀆、山林川澤、丘陵墳衍原隰，各從其方從祀。今盍參酌舉行。」秋九月，太常禮儀院復下博士，檢討合用器物。十一月丙申，有事於南郊，以太祖配，五方帝日月星辰從祀。

仁宗延祐元年夏四月丁亥，太常寺臣請立北郊。帝謙遜未遑，北郊之議遂輟。

英宗至治二年九月，有旨議南郊祀事。中書平章買閭，御史中丞曹立，禮部尚書張埜，學士蔡文淵、袁桷、鄧文原，太常禮儀院使王緯、田天澤，博士劉致等會都堂議：

一曰年分。按前代多三年一祀，天子卽位已及三年，常有旨欽依。

二曰神位。周禮大宗伯，「以禋祀祀昊天上帝」。註謂：「昊天上帝，冬至圜丘所祀天皇大帝也。」又曰「蒼璧禮天」。注云：「此禮天以冬至，謂天皇大帝也。在北極，謂之北辰。」又云：「北辰天皇耀魄寶也，又名昊天上帝，又名太一帝君，以其尊大，故有數名。」今按晉書天文志中宮「鈎陳口中一星曰天皇大帝，其神耀魄寶」。周禮所祀天神，正言昊天上帝。鄭氏以星經推之，乃謂卽天皇大帝。然漢、魏以來，名號亦復不一。漢初曰上帝，曰太一，曰皇天上帝。魏曰皇皇帝天。梁曰天皇大帝。惟西晉曰昊天上帝，與周禮合。唐、宋以來，壇上既設昊天上帝，第一等復有天皇大帝，其五天帝與太一、天一等，皆不經見。本朝大德九年，中書圓議，止依周禮，祀昊天上帝。至大三年圓議，五帝從享，依前代通祭。

三曰配位。孝經曰：「孝莫大於嚴父，嚴父莫大於配天。」又曰：「郊祀后稷以配天。」此郊之所以有配也。漢、唐已下，莫不皆然。至大三年冬十月三日，奉旨十一月冬至合祭南郊，太祖皇帝配，圓議取旨。

四曰告配。禮器曰：「魯人將有事於上帝，必先有事於頖宮。」註：「告后稷也，告之者，將以配天也。」告用牛一。宋會要於致齋二日，宿廟告配，凡遣官犧尊豆籩，行一獻禮。至大三年十一月二十一日，質明行事。初獻攝太尉同太常禮儀院官赴太廟奏告，圓議取旨。

五曰大裘冕。周禮司裘「掌爲大裘，以共王祀天之服」，鄭司農云，黑羊裘，服以祀天，示質也。弁師「掌王之五冕」，注：「冕服有六，而言五者，大裘之冕蓋無旒，不聯數也。」禮記郊特牲曰：「郊之祭也，迎長日之至也。祭之日，王被袞以象天，戴冕〔璪〕十有二旒，〔五〕則天數也。」陸佃曰：「禮不盛服不充，蓋服大裘以袞襲之也。謂冬祀服大裘，被之以袞。」開元及開寶通禮，鑾駕出宮，服袞冕至大次，質明改服大裘冕而出次。

宋會要紹興十三年，車駕自廟赴青城，服通天冠、絳紗袍，祀日服大裘袞冕。圓議用袞冕，取旨。

六曰匏爵。郊特牲曰：「郊之祭也，器用陶匏，以象天地之性也。」注謂：「陶瓦器，匏用酌獻酒。」開元禮、開寶禮，皆有匏爵。大德九年，正配位用匏爵有坫。圓議正位用匏，配位飲福用玉爵，取旨。

七曰戒誓。唐通典引禮經，祭前期十日親戒百官及族人，太宰總戒羣官。唐前祀七日，宋會要十日。纂要太尉南向，司徒、亞終獻、一品、二品從祀北向，行事官以次北向，禮直官以誓文授之太尉讀。今天子親行大禮，止令禮直局管勾讀誓文。圓議令管勾代太尉讀誓，刑部尚書蒞之。

八曰散齋、致齋。禮經前期十日，唐、宋、金皆七日，散齋四日，致齋三日。國朝親祀太廟七日，散齋四日於別殿，致齋三日於大明殿。圓議依前七日。

九曰藉神席。郊特牲曰：「莞簟之安，而蒲越稾鞂之尚。」注：「蒲越稾鞂，藉神席也。」漢舊儀高帝配天紺席，祭天用六綵綺席六重。成帝即位，丞相衡、御史大夫譚以爲天地尚質，宜皆勿修，詔從焉。唐麟德二年詔曰：「自處以厚，奉天以薄，改用裀褥。上帝以蒼，其餘各視其方色。」宋以褥加席上，禮官以爲非禮。元豐元年，奉旨不設。

國朝大德九年，正位槀秸，配位蒲越，冒以青繒。至大三年，加青綾褥，青錦方座。圓議合依至大三年於席上設褥，各依方位。

十日犧牲。郊特牲曰：「郊特牲而社稷太牢。」又曰：「天地之牛角繭栗。」秦用騮駒。漢文帝五帝共一牲。武帝三年一祀，用太牢。光武采元始故事，天地共犢。隋上帝、配帝，蒼犢二。唐開元用牛。宋正位用蒼犢一，配位太牢一。國朝大德九年，蒼犢二，羊豕各九。至大三年，馬純色肥腯一，牲正副一，鹿一十八，野猪一十八，羊一十八。圓議依舊儀。神位配位用犢外，仍用馬，其餘並依舊日已行典禮。

十一日香鼎。大祭有三，始煙爲歆神，始宗廟則焫蕭祼鬯，所謂臭陽達於牆屋者也。後世焚香，蓋本乎此，而非禮經之正。至大三年，用陶瓦香鼎五十，神座香鼎、香盒案各一。圓議依舊儀。

十二日割牲。周禮，司士「凡祭祀，帥其屬而割牲，羞俎豆」。又諸子，「大祭祀正六牲之體」。禮運云「腥其俎，熟其殽」，「體其犬豕牛羊」。注云：「腥其俎，謂豚解而腥之，爲七體也。熟其殽，謂體解而爓之，爲二十一體也。體其犬豕牛羊，謂分別骨肉之貴賤，以爲衆俎也。」七體，謂脊、兩肩、兩拍、兩髀。二十一體，謂肩、臂、臑、膞、骼、正脊、脡脊、橫脊、正脅、短脅、代脅幷腸三、胃三、拒肺一、祭肺三也。宋元豐三年，詳定禮文所言，古者祭祀用牲，有豚解，有體解。豚解則爲七，以薦腥；體解則爲二十一，以薦熟。蓋犬豕牛羊，分別骨肉貴賤，其解之爲體，則均也。皇朝馬牛羊豕鹿，並依至大三年割牲用國禮。圓議依舊儀。

十三曰大次、小次。周禮掌次，「王旅上帝，張氈案皇邸」。〔六〕唐通典前祀三日，尙舍直長施大次於外壝東門之內道北，南向。宋會要前祀三日，儀鸞司帥其屬，設大次于外壝東門之內道北，南向；小次於午階之東，西向。曲禮曰：「踐阼，臨祭祀。」正義曰：「阼主階也。天子祭祀履主階行事，故云踐阼。」宋元豐詳定禮文所言，周禮宗廟無設小次之文。古者人君臨位於阼階。蓋阼階者東階也，惟人主得位主階行事。今國朝太廟儀注，大次、小次皆在西，蓋國家尙右，以西爲尊也。圓議依祀廟儀注。

續具末議：

一曰禮神玉。周禮大宗伯，「以禋祀祀昊天上帝」。注：「禋之言煙也，周人尙臭，煙氣之臭聞者。積柴實牲體焉，或有玉帛。」正義曰：「或有玉帛，或不用玉帛，皆不定之辭也。」崔氏云，天子自奉玉帛牲體於柴上，引詩「圭璧旣卒」，是燔牲玉也。蓋卒者終也，謂禮神旣終，當藏之也。正經卽無燔玉明證。漢武帝祠太乙，胙餘皆燔之，無玉。晉燔牲幣，無玉。唐、宋乃有之。顯慶中，許敬宗等修舊禮，乃云郊天之有四圭，猶宗廟之有圭瓚也，並事畢收藏，不在燔列。宋政和禮制局言：「古祭祀無不用玉，周官典瑞掌玉器之藏，蓋事已則藏焉，有事則出而復用，未嘗有燔瘞之文。今後大祀，禮神之玉時出而用，無得燔瘞。」從之。蓋燔者取其煙氣之臭聞。玉既無煙，又且無氣，祭之日但當奠於神座，既卒事，則收藏之。

二曰飲福。特牲饋食禮曰，尸九飯，親嘏主人。少牢饋食禮尸十一飯，尸嘏主人。嘏長也，大也。行禮至此，神明已饗，盛禮俱成，故膺受長大之福於祭之末也。自漢以來，人君一獻纔畢而受嘏。唐開元禮太尉未升堂，而皇帝飲福。宋元豐三年，改從亞終獻。既行禮，皇帝飲福受胙。國朝至治元年親祀廟儀注，亦用一獻畢飲福。

三曰升煙。禋之言煙也，升煙所以報陽也。祀天之有禋柴，猶祭地之瘞血，宗廟之祼鬯。歷代以來，或先燔而後祭，或先祭而後燔，皆爲未允。祭之日，樂六變而燔牲首，牲首亦陽也。祭終，以爵酒饌物及牲體，燎於壇。天子望燎，柴用柏。

四曰儀注。禮經出於秦火之後，殘闕脫漏，所存無幾。至漢，諸儒各執所見。後人所宗，惟鄭康成、王子雝，而二家自相矛盾。唐開元禮、杜佑通典，五禮略完。至宋，開寶禮幷會要與郊廟奉祠禮文，中間講明始備。金國大率依唐、宋制度。聖朝四海一家，禮樂之興，政在今日。況天子親行大禮，所用儀注，必合講求。大德九年，中書集議，合行禮儀依唐制。至治元年已有祀廟儀注，宜取大德九年、至大三年并今次新儀，與唐制參酌增損修之。侍儀司編排鹵簿，太史院具報星位，分獻官員數及行禮并諸執事官，合依至大三年儀制亞終獻官，取旨。

是歲太皇太后崩，有旨冬至南郊祀事，可權止。

泰定四年春正月，御史臺臣言：「自世祖迄英宗，咸未親郊，惟武宗、英宗親享太廟，陛下宜躬祀郊廟。」制曰：「朕當遵世祖舊典，其命大臣攝行祀事。」閏九月甲戌，郊祀天地，致祭五嶽四瀆、名山大川。

至順元年，文宗將親郊，十月辛亥太常博士言：「親祀儀注已具，事有未盡者，按前代典禮。親郊七日，百官習儀於郊壇。今既與受戒誓相妨，合於致齋前一日，告示與祭執事者，各具公服赴南郊習儀。親祀太廟雖有防禁，然郊外尤宜嚴戒，往來貴乎清肅。凡與祭執事齋郎樂工，舊不設盥洗之位，殊非涓潔之道。今合於饌殿齊班廳前及齋宿之所，隨宜設置盥洗數處，俱用鍋釜溫水置盆杓巾帨，令人掌管省諭，必盥洗然後行事，違者治之。祭日，太常院分官提調神廚，監視割烹。上下燈燭糿燎，已前雖有翦燭提調糿盆等官，率皆虛應故事，或減刻物料，燭燎不明。又嘗見奉禮贊賜胙之後，獻官方退，所司便服徹俎，壇上燈燭一時俱滅，因而雜人登壇攘奪，不能禁止，甚爲褻慢。今宜禁約，省牲之前，凡入壝門之人，皆服窄紫，有官者公服。禁治四壝紅門，宜令所司添造關木鎖鑰，祭畢即令關閉，毋使雜人得入。其藁秸匏爵，事畢合依大德九年例焚之。」壬子，御史臺臣言：「祭日，宜敕股肱近臣及諸執事人毋飲酒。」制曰：「卿言甚善，其移文中書禁之。」丙辰，監察御史楊彬等言：「禮，享帝必以始祖爲配，今未聞設配位，竊恐禮文有闕。又，先祀一日，皇帝必備法駕出宿郊次，其扈從近侍之臣未嘗經歷，宜申加戒敕，以達孚誠。」命與中書議行。十月辛酉，始服大裘袞冕，親祀昊天上帝于南郊，以太祖配。自世祖混一六合，至文宗凡七世，而南郊親祀之禮始克舉焉，蓋器物儀注至是益加詳愼矣。

自至元十二年冬十二月，用香酒脯臡行一獻禮。而至治元年冬二祭告，泰定元年之正月，咸用之。自大德九年冬至，用純色馬一，蒼犢一，羊鹿野豕各九。十一年秋七月，用馬一，蒼犢正副各一，羊鹿野豕各九。而至大中告謝五，皇慶至延祐告謝七，與至治三年冬告謝二，泰定元年之二月，咸如大德十一年之數。泰定四年閏九月，特加皇地祇黃犢一，將祀之夕敕送新獵鹿二。惟至大三年冬至，正配位蒼犢皆一，五方帝犢各一，皆如其方之色，大明青犢、夜明白犢皆一，馬一，羊鹿野豕各十有八，兔十有二，而四年四月如之。其犧牲品物香酒，皆參用國禮，而豐約不同。告謝非大祀，而用物無異，豈所謂未能一舉而大備者乎。

南郊之禮，其始爲告祭，繼而有大祀，皆攝事也，故攝祀之儀特詳。

壇壝：地在麗正門外丙位，凡三百八畝有奇。壇三成，每成高八尺一寸，上成縱横五丈，中成十丈，下成十五丈。四陛午貫地子午卯酉四位陛十有二級。外設二壝。內壝去壇二十五步，外壝去內壝五十四步。壝各四門，外垣南櫺星門三，東西櫺星門各一。圜壇周圍上下俱護以甓，內外壝各高五尺，壝四面各有門三，俱塗以赤。至大三年冬至，以三成不足以容從祀版位，以青繩代一成。繩二百，各長二十五尺，以足四成之制。

燎壇在外壝內丙巳之位，高一丈二尺，四方各一丈，周圜亦護以甓，東西南三出陛，開上南出戶，上方六尺，深可容柴。香殿三間，在外壝南門之外，少西，南向。饌幕殿五間，在外壝南門之外，少東，南向。省饌殿一間，在外壝東門之外，少北，南向。

外壝之東南爲别院。內神厨五間，南向；祠祭局三間，北向；酒庫三間，西向。獻官齋房二十間，在神厨南垣之外，西向。外壝南門之外，爲中神門五間，諸執事齋房六十間以翼之，皆北向。兩翼端皆有垣，以抵東西周垣，各爲門，以便出入。齊班廳五間，在獻官齋房之前，西向。儀鸞局三間，法物庫三間，都監庫五間，在外垣內之西北隅，皆西向。雅樂庫十間，在外垣西門之內，少南，東向。演樂堂七間，在外垣內之西南隅，東向。獻官厨三間，在外垣內之東南隅，西向。滌養犧牲所，在外垣南門之外，少東，西向。內犧牲房三間，南向。

神位：昊天上帝位天壇之中，少北，皇地祇位次東，少却，皆南向。神席皆緣以繒，綾褥素座，昊天上帝色皆用青，皇地祇色皆用黃，藉皆以藁秸。配位居東，西向。神席綾褥錦方座，色皆用青，藉以蒲越。

其從祀圜壇，第一等九位。青帝位寅，赤帝位巳，黃帝位未，白帝位申，黑帝位亥，主皆用柏，素質玄書；大明位卯，夜明位酉，北極位丑，天皇大帝位戌，用神位版，丹質黃書。神席綾褥座各隨其方色，藉皆以藁秸。

第二等內官位五十有四。鉤星、天柱、玄枵、天厨、柱史位于子，其數五；女史、星紀、御女位于丑，其數三；自子至丑，神位皆西上。帝座、歲星、大理、河漢、析木、尙書位于寅，帝座居前行，其數六，南上。陰德、大火、天槍、玄戈、天床位于卯，其數五，北上。太陽守、相星、壽星、輔星、三師位于辰，其數五，南上。天一、太一、內厨、熒惑、鶉尾、勢星、天理位于巳，天一、太一居前行，其數七，西上。北斗、天牢、三公、鶉火、文昌、內階位于午，北斗居前行，其數六；塡星、鶉首、四輔位于未，其數三；自午至未，皆東上。太白、實沈位于申，其數二，北上。八穀、大梁、杠星、華蓋位于酉，其數四；五帝內座、降婁、六甲、傳舍位于戌，五帝內座居前行，其數四；自酉至戌，皆南上。紫微垣、辰星、陬訾、鉤陳位于亥，其數四，東上。神席皆藉以莞席，內壝外諸神位皆同。

第三等中官百五十（八）〔九〕位。〔七〕虛宿、〔女宿〕、牛宿、〔八〕織女、人星、司命、司非、司危、司祿、天津、離珠、羅堰、天桴、奚仲、左旗、河鼓、右旗位于子，虛宿、女宿、牛宿、織女居前行，其數十有七；月星、建星、斗宿、箕宿、天雞、輦道、漸臺、敗瓜、扶筐、匏瓜、天弁、天棓、帛度、屠肆、宗星、宗人、宗正位于丑，月星、建星、斗宿、箕宿居前行，其數十有七；自子至丑，皆西上。日星、心宿、天紀、尾宿、罰星、東咸、列肆、天市垣、斛星、斗星、車肆、天江、宦星、市樓、候星、女床、天籥位于寅，日星、心宿、天紀、尾宿居前行，其數十有七，南上。房宿、七公、氐宿、帝席、大角、亢宿、貫索、鍵閉、鉤鈐、西咸、天乳、招搖、梗河、亢池、周鼎位于卯，房宿、七公、氐宿、帝席、大角、亢宿居前行，其數十有五，北上。太子星、太微垣、軫宿、角宿、攝提、常陳、幸臣、謁者、三公、九卿、五內諸侯、郎位、郎將、進賢、平道、天田位于辰，太子星、太微垣、軫宿、角宿、攝提居前行，其數十有六，南上。張宿、翼宿、明堂、四帝座、黃帝座、長垣、少微、靈臺、虎賁、從官、內屏位于巳，張宿、翼宿、明堂居前行，其數十有一，西上。軒轅、七星、三臺、柳宿、內平、太尊、積薪、積水、北河位于午，軒轅、七星、三臺、柳宿居前行，其數九；鬼宿、井宿、參宿、天（尊）〔罇〕、〔九〕五諸侯、鉞星、座旗、司怪、天關位于未，鬼宿、井宿、參宿居前行，其數九；自午至未，皆東上。畢宿、五車、諸王、觜宿、天船、天街、礪石、天高、三柱、天潢、咸池位于申，畢宿、五車、諸王、觜宿居前行，其數十有一，北上。月宿、昴宿、胃宿、積水、天讒、卷舌、天河、積尸、太陵、左更、天大將軍、軍南門位于酉，月宿、昴宿、胃宿居前行，其數十有二；婁宿、奎宿、壁宿、右更、附路、閣道、王良、策星、天廐、土公、雲雨、霹靂位于戌，婁宿、〔奎宿〕、壁宿居前行，〔一〇〕其數十有二；自酉至戌，皆南上。危宿、室宿、車府、墳墓、虛梁、蓋屋、臼星、杵星、土公吏、造父、離宮、雷電、騰蛇位于亥，危宿、室宿居前行，其數十有三，東上。

內壝內外官一百六位。天壘城、離瑜、代星、齊星、周星、晉星、韓星、秦星、魏星、燕星、楚星、鄭星位于子，其數十有二；越星、趙星、九坎、天田、狗國、天淵、狗星、鼈星、農丈人、杵星、糠星位于丑，其數十有一；自子至丑，皆西上。(車)騎〔陣〕將軍、〔一一〕天輻、從官、積卒、神宮、傳說、龜星、魚星位于寅，其數八，南上。陣車、車騎、騎官、頡頏、〔一二〕折威、陽門、五柱、天門、衡星、庫樓位于卯，其數十，北上。土司空、長沙、青丘、南門、平星位于辰，其數五，南上。酒旗、天廟、東甌、器府、軍門、左右轄位于巳，其數六，西上。天相、天稷、爟星、天記、外廚、天狗、南河位于午，其數七；天社、矢星、水位、(闕)〔闕〕丘、〔一三〕狼星、弧星、老人星、四瀆、野雞、軍市、水府、孫星、子星位于未，其數十有三；自午至未，皆東上。天節、九州殊口、附耳、參旗、九斿、玉井、軍井、屛星、伐星、天厠、天矢、丈人位于申，其數十有二，北上。天園、天陰、天廩、天苑、天囷、芻藁、天庾、天倉、鈇鑕、天溷位于酉，其數十；外屛、大司空、八魁、羽林位于戌，其數四；自酉至戌，皆南上。哭星、泣星、天錢、天綱、北落師門、敗臼、斧鉞、壘壁陣位于亥，其數八，東上。

內壝外衆星三百六十位，每辰神位三十自第二等以下，神位版皆丹質黃書。內官、中官、外官則各題其星名；內壝外三百六十位，惟題曰衆星位。凡從祀位皆內向，十二次微左旋，子居子陛東，午居午陛西，卯居卯陛南，酉居酉陛北。

器物之等，其目有八：

一曰圭幣。昊天上帝蒼璧一，有繅藉，青幣一，燎玉一。皇地祇黃琮一，有繅藉，黃幣一。配帝青幣一，黃帝黃琮一，青帝青圭一，赤帝赤璋一，白帝白琥一，黑帝玄璜一，幣皆如其方色。大明青圭有邸，夜明白圭有邸，天皇大帝青圭有邸，北極玄圭有邸，幣皆如其玉色。內官以下皆青幣。

二曰尊罍。上帝太尊、著尊、犧尊、山罍各二，在壇上東南隅，皆北向，西上；設而不酌者，象尊、壺尊各二，山罍四，在壇下午陛之東，皆北向，西上。皇地祇亦如之，在上帝酒尊之東，皆北向，西上。配帝著尊、犧尊、象尊各二，在地祇酒尊之東，皆北向，西上。設而不酌者，犧尊、壺尊各二，山罍四，在壇下酉陛之北，東向，北上。五帝、日月、北極、天皇，皆太尊一，著尊二。內官十二次，各象尊二。中官十二次，各壺尊二。外官十二次，各概尊二。衆星十二次，各散尊二。凡尊各設於神座之左而右向，皆有坫，有勺，加冪，冪之繪以雲，惟設而不酌者無勺。

三曰籩豆登俎。昊天上帝、皇地祇及配帝，籩豆皆十二，登三，簠二，簋二，俎八，皆有匕筯，玉幣篚二，匏爵一，有坫，沙池一，青蕘牲盤一。從祀九位，籩豆皆八，簠一，簋一，登一，俎一，匏爵一，有坫，沙池一，玉幣篚一。內官位五十四，籩豆皆二，簠一，簋一，登一，俎一，匏爵有坫，沙池，幣篚，十二次各一。中官百五十八，皆籩一，豆一，簠一，簋一，俎一，匏爵有坫，沙池，幣篚，十二次各一。外官位一百六，皆籩一，豆一，簠一，簋一，俎一，匏爵，沙池，幣篚，十二次各一。衆星位三百六十，皆籩一，豆一，簠一，簋一，俎一，匏爵，沙池，幣篚，十二次各一。此籩、豆、簠、簋、登、爵、篚之數也。凡籩之設，居神位左，豆居右，登、簠、簋居中，俎居後，籩皆有巾，巾之繪以斧。

四曰酒齊。以太尊實泛齊，著尊實醴齊，犧尊實盎齊，山罍實三酒，皆有上尊。馬湩設于尊罍之前，注于器而冪之。設而不酌者，以象尊實醴齊，壺尊實沈齊，山罍二實三酒，皆有上尊，以祀昊天上帝。皇地祇亦如之。以著尊實泛齊，犧尊實醴齊，象尊實盎齊，山罍實清酒，皆有上尊。馬湩如前設之。設而不酌者，以犧尊實醍齊，壺尊實沈齊，山罍三實清酒，皆有上尊，以祀配帝。以太尊實泛齊，以著尊實醍齊，皆有上尊，九位同，以祀五帝、日月、北極、天皇大帝。以象尊實醴齊，有上尊，十二次同，以祀內官。以壺尊實沈齊，有上尊，十二次同，以祀中官。以概尊實清酒，有上尊，十二次同，以祀外官。以散尊實昔酒，有上尊，十二次同，以祀衆星。凡五齊之上尊，必皆實明水；山罍之上尊，必皆實玄酒；散尊之上尊，亦實明水。

五曰牲齊庶器。昊天上帝蒼犢，皇地祇黃犢，配位蒼犢，大明青犢，夜明白犢，天皇大帝蒼犢，北極玄犢皆一，馬純色一，鹿十有八，羊十有八，野豕十有八，兔十有二，蓋參以國禮。割牲爲七體：左肩臂臑兼代脅、長脅爲一體，右肩臂臑、代脅、長脅爲一體，〔左髀肫胳爲一體〕，右髀肫胳爲一體，〔一四〕脊連背膂短脅爲一體，膺骨臍腹爲一體，項脊爲一體，馬首報陽升烟則用之。毛血盛以豆，或青甆盤，饌未入置俎上，饌入徹去之。籩之實，魚鱐、糗餌、粉餈、棗、乾䕩、形鹽、鹿脯、榛、桃、菱、芡、栗。豆之實，芹菹、韭菹、菁菹、筍菹、脾析菹、酏食、魚醢、〔兔醢〕、豚拍、鹿臡、醓醢、糝食。〔一五〕凡籩之用八者，無糗餌、粉餈、菱、栗。豆之用八者，無脾析菹、酏食、兔醢、糝食。用皆二者，籩以鹿脯、乾棗，豆以鹿臡、菁菹。用皆一者，籩以鹿脯，豆以鹿臡。凡簠、簋用皆二者，簋以黍、稷，簠以稻、粱；用皆一者，簋以稷，簠以黍。實登以大羹。

六曰香祝。洗位正位香鼎一，香合一，食案一，祝案一，皆有衣，拜褥一，盥爵洗位一，罍一，洗一，白羅巾一，親祀匜二，盤二。地祇配位咸如之。香用龍腦沉香。祝版長各二尺四寸，闊一尺二寸，厚三分，木用楸柏。從祀九位，香鼎、香合、香案、綾拜褥皆九，褥各隨其方之色，盥爵洗位二，罍二，洗二，巾二。第二等，盥爵洗位二，罍二，洗二，巾二。第三等亦如之。內壝內，盥爵洗位一，罍一，洗一，巾一。內壝外亦如之。凡巾，皆有篚。從祀而下，香用沈檀降眞，鼎用陶瓦。第二等十二次而下，皆紫綾拜褥十有二。親祀御版位一，飲福位及大小次盥洗爵洗版位各一，皆青質金書。亞獻、終獻飲福版位一，黑質黃書。御拜褥八，亞終獻飲福位拜褥一，黃道裀褥寶案二，黃羅銷金案衣，水火鑑。

七曰燭燎。天壇椽燭四，皆銷金絳紗籠。自天壇至內壝外及樂縣南北通道，絳燭三百五十，素燭四百四十，皆絳紗籠。御位椽，燭六，銷金絳紗籠。獻官椽燭四，雜用燭八百，羓盆二百二十，有架。黃桑條去膚一車，束之置燎壇，以焚牲首。

八曰獻攝執事。亞獻官一，終獻官一，攝司徒一，助奠官二，大禮使一，侍中二，門下侍郎二，禮儀使二，殿中監二，尚輦官二，太僕卿二，控馬官六，近侍官八，導駕官二十有四，典寶官四，侍儀官五，太常卿丞八，光祿卿丞二，刑部尙書二，禮部尙書二，奉玉幣官一，定撰祝文官一，書讀祝册官二，舉祝册官二，太史令一，御奉爵官一，奉匜盤官二，御爵洗官二，執巾官二，割牲官二，溫酒官一，太官令一，太官丞一，良醖令丞二，廩犧令丞二，糾儀御史四，太常博士二，郊祀令丞二，太樂令一，太樂丞一，司尊罍二，亞終獻盥洗官二，爵洗官二，巾篚官二，奉爵官二，祝史四，太祝十有五，奉禮郎四，協律郞二，翦燭官四，禮直官管勾一，禮部點視儀衞官二，兵部淸道官二，拱衞使二，大都兵馬使二，齋郞百，司天生二，看守粇盆軍官一百二十。

校勘記

〔一〕夏四月（乙）〔己〕亥躬祀天于舊桓州之西北　從道光本改。按王惲中堂事記述此事繫四月八日己亥。中統二年四月壬辰朔，無乙亥日，四月八日正是己亥。

〔二〕〔至元〕十二年十二月以受尊號　按中統紀元止于四年，此「十二年」以及下文「十三年」、「三十一年」，係世祖改元至元以後事。本書卷八世祖紀繫上皇帝尊號事于至元十二年十二月戊申，證「十二年」三字之上脫「至元」二字，今補。考異已校。

〔三〕以迄後漢（晉魏）〔魏晉〕　按此處倒誤，今改正。

〔四〕至大二年冬十月乙酉　按是年十月庚戌朔，無乙酉日。本書卷二三武宗紀繫此次議禮儀事于是年十一月乙酉。十一月庚辰朔，乙酉爲初六日。

〔五〕戴冕〔璪〕十有二旒　道光本與禮記郊特牲合，從補。

〔六〕王旅上帝張氈案皇邸　按周禮天官作「王大旅上帝則張氈案，設皇邸」，此處疑脫「設」字。

〔七〕百五十〔八〕〔九〕位　從道光本改。其考證云：「考集禮作九，核之志中所載星名，實係百五十九位，謹據改。」

〔八〕虛宿〔女宿〕牛宿　道光本與永樂大典卷五四五三所錄太常集禮合，從補。按此處有女宿方足十七之數。

〔九〕天（尊）〔罇〕　據永樂大典卷五四五三所錄太常集禮改。按天尊星在紫微垣，天罇星在井宿。此上連井宿，下接五諸侯，自是天罇。

〔一〇〕婁宿〔奎宿〕壁宿居前行　道光本與永樂大典卷五四五三所錄太常集禮合，從補。按上文所列十二星位，婁宿與壁宿之間有奎宿，此脫。

〔一一〕（車）騎〔陣〕將軍　據永樂大典卷五四五三所錄太常集禮改。

〔一二〕頡頏　按古星名無「頡頏」，頓頑與折威星、陽門星并屬亢宿。疑此處「頡」「頓」形近致誤。

〔一三〕（關）〔闕〕丘　從道光本改。按古星名無「關丘」。

〔一四〕〔左髀肫胳爲一體〕　按此言割牲爲七體，而所列體數僅六，則右髀肫胳之上顯有脫文。今從王圻續通考補。

〔一五〕豆之實芹菹韭菹菁菹筍菹脾析菹酏食魚醢〔兔醢〕豚拍鹿臡醓醢糝食　從道光本補。其考證云：「按魚醢下原文無兔醢。考籩豆之數皆用十二，下文云豆之用八者無兔醢，則十二豆者當有兔醢。原文脫佚無疑，謹據元郊壇陳設圖增。」

元史卷七十三

志第二十四

祭祀二

郊祀下

儀注之節，其目有十：

一曰齋戒。祀前七日，皇帝散齋四日於別殿，致齋三日，其二日於大明殿，一日於大次，有司停奏刑罰文字。致齋前一日，尚舍監設御幄於大明殿西序，東向。致齋之日質明，諸衞勒所部屯門列仗。晝漏上水一刻，通事舍人引侍享執事文武四品以上官，俱公服詣別殿奉迎。晝漏上水二刻，侍中版奏請中嚴，皇帝服通天冠、絳紗袍。晝漏上水三刻，侍中版奏外辦，皇帝結佩出別殿，乘輿華蓋傘扇侍衞如常儀，奉引至大明殿御幄，東向坐，侍臣夾侍如常。一刻頃，侍中前跪奏「臣某言，請降就齋」，俛伏興。皇帝降座入室，解嚴。侍享執事官各還本司，宿衞者如常。凡侍祠官受誓戒于中書省，散齋四日，致齋三日。守壝門兵衞與大樂工人，俱淸齋一宿。光祿卿以陽燧取明火供爨，以方諸取明水實尊。

二曰告配。祀前二日，攝太尉與太常禮儀院官恭詣太廟，以一獻禮奏告太祖法天啓運聖武皇帝之室。寅刻，太尉以下公服自南神門東偏門入，至橫街南，北向立定。奉禮郎贊曰「拜」，禮直官承傳曰「鞠躬」，曰「拜」，曰「興」，曰「拜」，曰「興」，曰「平立」。又贊曰「各就位」。禮直官詣太尉前曰「請詣盥洗位」，引太尉至盥洗位，曰「盥手」，曰「帨手」，曰「詣爵洗位」，曰「滌爵」，曰「拭爵」，曰「請詣酒尊所」，曰「酌酒」，曰「請詣神座前」，曰「北向立」，曰「稍前」，曰「搢笏」，曰「跪」，曰「上香」，曰「再上香」，曰「三上香」，曰「授幣」，曰「奠幣」，曰「執爵」，曰「祭酒」，曰「祭酒」，曰「三祭酒」。祭酒於沙池訖，曰「讀祝」。舉祝官搢笏，跪對舉祝版。讀祝官跪讀祝文畢，舉祝官奠祝版於案，執笏興，讀祝官俛伏興。禮直官贊曰「出笏」，曰「俛伏興」，曰「拜」，曰「興」，曰「拜」，曰「興」，曰「平立」，曰「復位」，司尊彝、良醞令從降復位，北向立。奉禮郎贊曰「拜」，禮直官承傳再拜畢，太祝捧祝幣降自太階，詣望瘞位。太尉以下俱詣坎位焚瘞訖，自南神門東偏門以次出。

三曰車駕出宮。祀前一日，所司備儀從內外仗，侍祠官兩行序立於崇天門外，太僕卿控御馬立於大明門外，諸侍臣及導駕官二十有四人，俱於齋殿前左右分班立俟。通事舍人引侍中，奏請中嚴，俛伏興。皇帝服通天冠、絳紗袍。少頃，侍中版奏外辦，皇帝出齋室，郎御座。羣臣起居訖，尚輦進輿，侍中奏請皇帝升輿，華蓋傘扇侍衞如常儀。導駕官導至大明門外，侍中進當輿前，跪奏請降輿乘馬，導駕官分左右步導。門下侍郎跪奏請進發，俛伏興，前稱警蹕。至崇天門外，門下侍郎奏請權停，敕衆官上馬，侍中承旨稱「制可」，門下侍郎傳制稱「衆官上馬」，贊者承傳「衆官出櫺星門外上馬」。門下侍郎奏請進發，前稱警蹕。華蓋傘扇儀仗與衆官分左右前引，敎坊樂鼓吹不作。至郊壇南櫺星門外，侍中傳制「衆官下馬」，贊者承傳「衆官下馬」。下馬訖，自卑而尊，與儀仗倒卷而北，兩行駐立。駕至櫺星門，侍中奏請皇帝降馬，步入櫺星門，由西偏門稍西。侍中奏請升輿。尚輦奉輿，華蓋傘扇如常儀。導駕官前導皇帝乘輿至大次前，侍中奏請降輿。皇帝降輿入就次，簾降，侍衞如式。通事舍人承旨，敕衆官各還齋次。尚食進饍訖，禮儀使以祝册奏請御署訖，奉出，郊祀令受之，各奠於坫。

四曰陳設。祀前三日，尚舍監陳大次於外壝西門之〔外〕道北，南向。〔一〕設小次於內壝西門之外道南，東向。設黃道裀褥，自大次至於小次，版位及壇上皆設之。所司設兵衞，各具器服，守衞壝門，每門兵官二員。外垣東西南櫺星門外，設蹕街清路諸軍，諸軍旗服各隨其方之色。去壇二百步，禁止行人。祀前一日，郊祀令率其屬掃除壇之上下。大樂令率其屬設登歌樂於壇上，稍南，北向；設宮縣二舞，位於壇南內壝南門之外，如式。奉禮郎設御版位於小次之前，東向；設御飲福位於壇上，午陛之西，亞終獻飲福位於午陛之東，皆北向。又設亞終獻、助奠、門下侍郎以下版位壇下御版位之後，稍南東向，異位重行，以北為上。又設司徒太常卿以下位於其東，相對北上，皆如常儀。又分設糾儀御史位於其東西二壝門之外，相向而立。又設御盥洗、爵洗位於內壝南門之內道西，北向。又設亞終獻、盥洗、爵洗位於內壝南門之外道西，北向。又設省牲饌等位，如常儀。未後二刻，郊祀令同太史令俱公服，升設昊天上帝位於壇上北方，南向，席以藁秸，加神席褥座。又設配位於壇上西方，東向，席以蒲越，加神席褥座。禮神蒼璧置於繅藉，青幣設于篚，正位之幣加燎玉，置尊所。俟告潔畢，權徹。(畢)祀日丑前重設。〔三〕執事者實柴于燎壇，及設籩豆、簠簋、尊罍、匏爵、俎坫等事，如常儀。

五曰省牲器。祀前一日未後二刻，郊祀令率其屬又掃除壇之上下，司尊罍、奉禮郎率祠祭局以祭器入設于位。郊祀令率執事者以禮神之玉，置於神位前。未後三刻，廩犧令與諸太祝、祝史以牲就位，禮直官分引太常卿、光祿卿丞、監祭、監禮官、太官令丞等詣省牲位，立定。禮直官引太常卿、監祭、監禮由東壝北偏門入，自卯陛陞壇，視滌濯。司尊罍跪舉冪曰「潔」。告潔畢，俱復位。禮直官稍前曰「請省牲」。太常卿稍前，省牲畢，退復位。

次引廪犠令巡牲一匝，西向折身曰「充」。告充畢，復位。諸太祝俱巡牲一匝，復位。上一員出班，西向折身曰「腯」。告腯畢，復位。禮直官引太常卿、光祿卿丞、太官令丞、監祭、監禮詣省饌位，東西相向立。禮直官請太常卿省饌畢，退還齋所。廩犧令與諸太祝、祝史以次牽牲詣厨，授太官令。次引光祿卿、監祭、監禮等詣厨，省鼎鑊，視滌溉畢，還齋所。晡後一刻，太官令率宰人以鸞刀割牲，祝史各取血及左耳毛實於豆，仍取牲首貯於盤，用馬首。俱置于饌殿，遂烹牲。刑部尚書涖之，監實水納烹之事。

六曰習儀。祀前一日未後三刻，獻官諸執事各服其服，習儀于外壝西南隙地。其陳設、樂架、禮器等物，並如行事之儀。

七曰奠玉幣。祀日丑前五刻，太常卿設燭於神座，太史令、郊祀令各服其服，升設昊天上帝及配位神座，執事者陳玉幣於篚，置尊所。禮部尚書設祝册于案。光祿卿率其屬，入實籩豆、簠簋、尊罍如式。祝史以牲首盤設于壇，大樂令率工人二舞入就位。禮直官分引監祭禮、郊祀令及諸執事官、齋郎入就位。禮直官引監祭禮按視壇之上下，退復位。奉禮贊再拜。禮直官承傳，監祭禮以下皆再拜訖，又贊各就位。太官令率齋郎出詣饌殿，俟于門外；禮直官分引攝太尉及司徒等官入就位；符寶郎奉寶陳於宮縣之側，隨地之宜。太尉之將入也，禮直官引博士，博士引禮儀使，對立於大次前。侍中版奏請中嚴，皇帝服大裘衮冕。侍中奏外辦，禮儀使跪奏禮儀使臣某請皇帝行禮，俛伏興。凡奏二人皆跪，一人贊之。簾捲出次，禮儀使前導，華蓋傘扇如常儀。至西壝門外，殿中監進大圭，禮儀使奏請執大圭，皇帝執圭。華蓋傘扇停於門外。近侍官與大禮使皆後從皇帝入門，宮縣樂作。請就小次，釋圭，樂止。禮儀使以下分立左右。少頃，禮儀使奏有司謹具，請行事。降神樂作，天成之曲六成。太常卿率祝史捧馬首，詣燎壇升烟訖，復位。禮儀使跪奏請就版位，俛伏興。皇帝出次，請執大圭，至位東向立，再拜。皇帝再拜，奉禮贊衆官皆再拜訖，奉玉幣官跪取玉幣於篚，立於尊所。禮儀使奏請行事，遂前導，宮縣樂作，由南壝西偏門入，詣盥洗位，北向立，樂止。搢大圭，盥手。奉匜官奉匜沃水，奉盤官奉盤承水，執巾官奉巾以進。盥帨手訖，執大圭，樂作，至午陛，樂止。升階，登歌樂作，至壇上，樂止。宮縣欽成之樂作，殿中監進鎮圭，殿中監二員，一員執大圭，一員執鎮圭。禮儀使奏請搢大圭，執鎮圭，請詣昊天上帝神位前，北向立。內侍先設繅席於地，禮儀使奏請跪奠鎮圭於繅席。奉玉幣官加玉於幣以授侍中，侍中西向跪進，禮儀使奏請奠玉幣。皇帝受奠訖，禮儀使奏請執大圭，俛伏興，少退再拜。皇帝再拜興，平立。內侍取鎮圭授殿中監，又取繅藉置配位前。禮儀使前導，請詣太祖皇帝神位前，西向立，奠鎮圭及幣並如上儀。樂止。禮儀使前導，請還版位。登歌樂作，降階，樂止。宮縣樂作，殿中監取鎮圭、繅藉以授有司。皇帝至版位，東向立，樂止。請還小次，釋大圭。祝史奉毛血豆，升自午陛，以進正位，升自卯陛，以進配位。太祝各迎奠于神座前，俱退立尊所。

八日進饌。皇帝奠玉幣還位，祝史取毛血豆以降，禮直官引司徒、太官令率齋郎奉饌入自正門，升殿如常儀。禮儀使跪奏請行禮，俛伏興。皇帝出次，宮縣樂作。請執大圭，前導由正門西偏門入，詣盥洗位，北向立，樂止。搢圭盥手如前儀。執圭，詣爵洗位，北向立，搢圭。奉爵官跪取匏爵於篚，以授侍中，侍中以進皇帝，受爵。執罍官酌水洗爵，執巾官授巾拭爵訖，侍中受之，以授捧爵官。執圭，樂作，至午陛，樂止；升階，登歌樂作，至壇上，樂止。詣正位酒尊所，東向立，搢圭。捧爵官進爵，皇帝受爵。司尊者舉冪，侍中贊酌太尊之泛齊。以爵授捧爵官，執圭。宮縣樂作，奏明成之曲。請詣昊天上帝神座前北向立，搢圭跪，三上香，侍中以爵跪進皇帝。執爵，三祭酒，以爵授侍中。太官丞注馬湩於爵，以授侍中，侍中跪進皇帝。執爵，亦三祭之，今有蒲萄酒與尙醞馬湩各祭一爵，爲三爵。以爵授侍中，執圭，俛伏興，少退立。讀祝，舉祝官搢笏跪舉祝册，讀祝官西向跪讀祝文，讀訖，俛伏興。舉祝官奠祝於案，奏請再拜。皇帝再拜興，平立。請詣配位酒尊所，西向立。司尊者舉冪，侍中贊酌著尊之泛齊。以爵授捧爵官，執圭。請詣太祖皇帝神位前西向立。宮縣樂作。侍中贊搢圭跪，三上香，三祭酒及馬湩訖，贊執圭，俛伏興，少退立。舉祝官舉祝，讀祝官北向跪讀祝文，讀訖，俛伏興。奠祝版訖，奏請再拜。皇帝再拜興，平立。樂止。請詣飲福位北向立。登歌樂作。太祝各以爵酌上尊福酒，合置一爵以授侍中，侍中西向以進。禮儀使奏請再拜，皇帝再拜興。奏請搢圭、跪受爵。祭酒啐酒以爵授侍中，侍中再以溫酒跪進。禮儀使奏請受爵。皇帝飲福酒訖，侍中受虛爵興，以授太祝。太祝又減神前胙肉加於俎，以授司徒。司徒以俎西向跪進皇帝，受以授左右。奏請執圭，俛伏興，平立，少退。奏請再拜，皇帝再拜訖，樂止。禮儀使前導，還版位。登歌樂作，降自午陛，樂止。宮縣樂作，至位，東向立，樂止。請還小次，至次釋圭。文舞退，武舞進，宮縣樂作，奏和成之曲，樂止。禮直官引亞終獻官陞自卯陛，行禮如常儀，惟不讀祝，皆飲福而無胙俎。降自卯陛，復位。禮直官贊太祝徹籩豆。登歌樂作，奏寧成之曲，卒徹，樂止。奉禮贊賜胙，衆官再拜，在位者皆再拜。禮儀使奏請詣版位，出次執圭，至位東向立，再拜。皇帝再拜。奉禮贊曰「再拜」，贊者承傳「在位者皆再拜」。送神樂作，天成之曲一成，止。禮儀使奏禮畢，遂前導皇帝還大次。宮縣樂作，出門樂止，至大次釋圭。

九曰望燎。皇帝既還大次，禮直官引攝太尉以下監祭禮詣望燎位，太祝各捧篚詣神位前，進取燔玉、祝幣、牲俎并黍稷、飯籩、爵酒，各由其陛降詣燎壇，以祝幣、饌物置柴上，禮直官贊「可燎半柴」，又贊「禮畢」，攝太尉以下皆出。禮直官引監祭禮、祝史、太祝以下從壇南，北向立定，奉禮贊曰「再拜」，監祭禮以下皆再拜訖，遂出。

十日車駕還宮。皇帝既還大次，侍中奏請解嚴。皇帝釋袞冕，停大次。五刻頃，所司備法駕，序立於櫺星門外，以北爲上。侍中版奏請中嚴，皇帝改服通天冠、絳紗袍。少頃，侍中版奏外辦，皇帝出次升輿，導駕官前導，華蓋傘扇如常儀。至櫺星門外，太僕卿進御馬如式。侍中前奏請皇帝降輿乘馬訖，太僕卿執御，門下侍郎奏請車駕進發，俛伏興退。車駕動，稱警蹕。至櫺星門外，門下侍郎跪奏曰「請權停，敕衆官上馬。」侍中承旨曰「制可」，門下侍郎傳制，贊者承傳。衆官上馬畢，導駕官及華蓋傘扇分左右前導。門下侍郎跪請車駕進發，俛伏興。車駕動，稱警蹕。敎坊樂鼓吹振作。駕至崇天門櫺星門外，門下侍郎跪奏曰「請權停，敕衆官下馬」，侍中承旨曰「制可」，門下侍郎俛伏興，退傳制，贊者承傳。衆官下馬畢，左右前引入內，與儀仗倒卷而北駐立。駕入崇天門至大明門外，降馬升輿以入。駕既入，通事舍人承旨敕衆官皆退，宿衞官率衞士宿衞如式。

攝祀之儀，其目有九：

一曰齋戒。祀前五日質明，奉禮郎率儀鸞局，設獻官諸執事版位於中書省。獻官諸執事位俱藉以席，仍加紫綾褥。初獻攝太尉設位於前堂階上，稍西，東南向。監察御史二位，一位在甬道上，西稍北，東向；一位在甬道上，東稍北，西向。監禮博士二位，各次御史，以北爲上。次亞獻官、終獻官、攝司徒位于其南。次助奠官，次太常太卿、太常卿、光祿卿，次太史令、禮部尚書、刑部尚書，次奉璧官、奉幣官、讀祝官、太常少卿、拱衞直都指揮使，次太常丞、光祿丞、太官令、良醞令、司尊罍，次廩犧令、舉祝官、奉爵官，次太官丞、盥洗官、爵洗官、巾篚官，次爇燭官，次與祭官。其禮直官分直于左右，東西相向。西設版位四列，皆北向，以東爲上：郊祀令、太樂令、太祝、祝史，次齋郎。東設版位四列，皆北向，以西爲上：郊祀丞、太樂丞、協律郎、奉禮郎，次齋郎、司天生。禮直官引獻官諸執事各就位。獻官諸執事俱公服，五品以上就服其服，六品以下皆借紫服。禮直局管勾進立于太尉之右，宣讀誓文曰：「某年某月某日，祀昊天上帝于圜丘，各揚其職，其或不敬，國有常刑。」散齋三日宿於正寢，致齋二日於祀所。散齋日治事如故，不吊喪問疾，不作樂，不判署刑殺文字，不決罰罪人，不與穢惡事。致齋日惟祀事得行，其餘悉禁。凡與祀之官已齋而闕者，通攝行事。讀畢，稍前唱曰「七品以下官先退」，復贊曰「對拜」，太尉與餘官皆再拜乃退。凡與祭者，致齋之宿，官給酒饌。守壝門兵衞及大樂工人，皆清齋一宿。

二日告配。祀前二日，初獻官與太常禮儀院官恭詣太廟，奏告太祖皇帝本室，即還齋次。

三曰迎香。祝祀前二日，翰林學士赴禮部書寫祝文，太常禮儀院官亦會焉。書畢，於公廨嚴潔安置。祀前一日質明，獻官以下諸執事皆公服，禮部尚書率其屬捧祝版，同太常禮儀院官俱詣闕廷，以祝版授太尉，進請御署訖，同香酒迎出崇天門外。香置于輿，祝置香案，御酒置輦樓，俱用金覆覆之。太尉以下官比上馬，清道官率京官行于儀衞之先，兵馬司巡兵執矛幟夾道次之，金鼓又次之，京尹儀從左右成列前導，諸執事官東西二班行于儀仗之外，次儀鳳司奏樂，禮部官點視成列，太常禮儀院官導于香輿之前，然後控鶴舁輿案行，太尉等官從行至祀所。輿案由南櫺星門入，諸執事官由左右偏門入，奉安御香、祝版于香殿。

四曰陳設。祀前三日，樞密院設兵衞各具器服守衞壝門，每門兵官二員，及外垣東西南櫺星門外，設蹕街淸路諸軍，諸軍旗服，各隨其方色。去壇二百步，禁止行人。祀前一日，郊祀令率其屬掃除壇上下。大樂令率其屬設登歌樂于壇上，稍南，北向。編磬一簴在西，編鐘一簴在東。擊鐘磬者，皆有坐杌。大樂令位在鐘簴東，西向。協律郎位在磬簴西，東向。執麾者立於後。柷一，在鐘簴北，稍東。敔一，在磬簴北，稍西。搏拊二，一在柷北，一在敔北。歌工八人，分列于午陛左右，東西相向坐，以北爲上，凡坐者皆藉以席加氊。琴一絃、三絃、五絃、七絃、九絃者，各二。瑟四，籥二，篪二，笛二，簫二，巢笙四，和笙四，閏餘匏一，九曜匏一，七星匏一，塤二，各分立於午陛東西樂榻上。琴瑟者分列于北，皆北向坐。匏竹者分立于琴瑟之後，爲二列重行，皆北向相對爲首。又設圜宮懸樂於壇南，內壝南門之外。東方西方，編磬起北，編鐘次之。南方北方，編磬起西，編鐘次之。又設十二鎛鐘於編懸之間，各依辰位，每辰編磬在左，編鐘在右，謂之一肆。每面三辰，共九架，四面三十六架。設晉鼓於懸內通街之東，稍南，北向。置雷鼓、單鼗、雙鼗各二柄於北懸之內，通街之左右，植四楹雷鼓於四隅，皆左鼙右應。北懸之內，歌工四列。內二列在通街之東，二列於通街之西。每列八人，共三十二人，東西相向坐，以北爲上。柷一在東，敔一在西，皆在歌工之南。大樂丞位在北懸之外，通街之東，西向。協律郎位於通街之西，東向。執麾者立于後，舉節樂正立于東，副正立于西，並在歌工之北。樂師二員，對立于歌工之南。運譜二人，對立于樂師之南。照燭二人，對立于運譜之南，祀日分立于壇之上下，掌樂作樂止之標準。琴二十七，設于東西懸內：一絃者三，東一，西二，俱爲第一列；三絃、五絃、七絃、九絃者各六，東西各四列，每列三人，皆北向坐。瑟十二，東西各六，共爲列，在琴之後坐。巢笙十、簫十、閏餘匏一、九曜匏一、七星匏一，皆在竽笙之側。竽笙十、籥十、篪十、塤八、笛十，每色爲一列，各分立于通街之東西，皆北向。又設文舞位于北懸之前，植四表于通街之東，舞位行綴之間。導文舞執衙仗舞師二員，執旌二人，分立于舞者行綴之外。舞者八佾，每佾八人，共六十四人，左手執籥，右手秉翟，各分四佾，立于通街之東西，皆北向。又設武舞，俟立位于東西縣外。導武舞執衙仗舞師二員，執纛二人，執器二十人，內單鼗二、單鐸二、雙鐸二、金鐃二、鉦二、金錞二，執扃者四人，扶錞二、相鼓二、雅鼓二，分立于東西縣外。舞者如文舞之數，左手執干，右手執戚，各分四佾，立于執器之外。俟文舞自外退，則武舞自內進，就立文舞之位，惟執器者分立于舞人之外。文舞亦退于武舞俟立之位。太史令、郊祀令各公服，率其屬升設昊天上帝神座於壇上，北方，南向；席以藁秸，加褥座，置璧於繅藉，設幣於篚，置酌尊所。皇地祇神座，壇上稍東，北方，南向；席以藁秸，加褥座，置玉於繅藉，設幣於篚，置酌尊所。配位神座，壇上東方，西向；席以蒲越，加褥座，置璧於繅藉，設幣於篚，置酌尊所。設五方五帝、日、月、天皇大帝、北極等九位，在壇之第一等；席以莞，各設玉幣於神座前。設內官五十四位於圜壇第二等，設中官一百五十九位於圜壇第三等，設外官一百六位於內壝內，設衆星三百六十位於內壝外；席皆以莞，各設青幣于神座之首，皆內向。候告潔畢，權徹第一等玉幣，至祀日丑前重設。執事者實柴于燎壇，仍設葦炬于東西。執炬者東西各二人，皆紫服。奉禮郞率儀鸞局，設獻官以下及諸執事官版位，設三獻官版位於內壝西門之外道南，東向，以北爲上。次助奠位稍却，次第一等至第三等分獻官，第四等、第五等分奠官，次郊祀令、太官令、良醞令、廩犧令、司尊罍，次郊祀丞、讀祝官、舉祝官、奉璧官、奉幣官、奉爵官、太祝、盥洗官、爵洗官、巾篚官、祝史，次齋郎，位于其後。每等異位重行，俱東向，北上。攝司徒位于內壝東門之外道南，與亞獻相對。次太常禮儀使、光祿卿、同知太常禮儀院事、太史令、分獻分奠官、僉太常禮儀院事、（供）〔拱〕衞直都指揮使、〔三〕太常禮儀院同僉院判、光祿丞，位於其南，皆西向，北上。監察御史二位，一位在內壝西門之外道北，東向；一位在內壝東門之外道北，西向。博士二位，各次御史，以北爲上。設奉禮郎位于壇上稍南，午陛之東，西向；司尊罍位于尊所，北向。又設望燎位于燎壇之北，南向。設牲榜于外壝東門之外，稍南，西向；太祝、祝史位于牲後，俱西向。設省牲位于牲北；太常禮儀使、光祿卿、太官令、光祿丞、太官丞位于其北，太官令以下位皆少却。監祭、監禮位在太常禮儀使之西，稍却，南向。廩犧令位于牲西南，北向。又設省饌位于牲位之北，饌殿之南。太常禮儀使、光祿卿丞、太官令丞位在東，西向；監祭、監禮位在西，東向；俱北上。祠祭局設正配三位，各左十有二籩，右十有二豆，俱爲四行。登三，鉶三，簠、簋各二，在籩豆間。登居神前，鉶又居前，簠左、簋右，居鉶前，皆藉以席。設牲首俎一，居中；牛羊豕俎七，次之。香案一，沙池、爵坫各一，居俎前。祝案一，設於神座之右。又設天地二位各太尊二、著尊二、犧尊二、山罍二於壇上東南，俱北向，西上。又設配位著尊二、犧尊二、象尊二、山罍二，在二尊所之東，皆有坫，加勺冪，惟玄酒有冪無勺，以北爲上。馬湩三器，各設於尊所之首，加冪勺。又設玉幣篚二於尊所西，以北爲上。又設正位象尊二、壺尊二、山罍四于壇下午陛之西。又設地祇尊罍，與正位同，於午陛之東，皆北向，西上。又設配位犧尊二、壺尊二、山罍四在酉陛之北，東向，北上，皆有坫、冪，不加勺，設而不酌。又設第一等九位各左八籩，右八豆，登一，在籩豆間，簠、簋各一，在登前，俎一，爵、坫各一，在簠、簋前。每位太尊二、著尊二，於神之左，皆有坫，加勺、冪，沙池、玉幣篚各一。又設第二等諸神每位籩二、豆二，簠、簋各一，登一，俎一，於神座前。每陛間象尊二，爵、坫、沙池、幣篚各一，於神中央之座首。又設第三等諸神，每位籩、豆、簠、簋各一，俎一，於神座前。每陛間設壺尊二，爵尊二，爵、坫、沙池、幣篚各一，於神中央之座首。又設內壝內諸神，每位籩、豆各一，簠、簋各一，於神座前。每道間概尊二，爵、坫、沙池、幣篚各一，於神中央之座首。又設內壝外衆星三百六十位，每位籩、豆、簠、簋、俎各一，於神座前。每道間散尊二，爵、坫、沙池、幣篚各一，於神中央之座前。自第一等以下，皆用匏爵先滌訖，置於坫上。又設正配位各籩一，豆一，簠一，簋一，俎四，及毛血豆各一，牲首盤一。幷第一等神位，每位俎二，於饌殿內。又設盥洗、爵洗於壇下，卯階之東，北向，罍在洗東加勺，篚在洗西南肆，實以巾，爵洗之篚實以匏，爵加坫。又設第一等分獻官盥洗、爵洗位，第二等以下分獻官盥洗位，各於陛道之左，罍在洗左，篚在洗右，俱內向。凡司尊罍篚位，各于其後。

五曰省牲器，見親祀儀。

六曰習儀，見親祀儀。

七曰奠玉幣。祀日丑前五刻，太常卿率其屬，設椽燭於神座四隅，仍明壇上下燭、內外秈燎。太史令、郊祀令各服其服陞，設昊天上帝神座，藁秸、席褥如前。執事者陳玉幣於篚，置於尊所。禮部尙書設祝版於案。光祿卿率其屬入實籩、豆、簠、簋。籩四行，以右爲上。第一行魚鱐在前，糗餌、粉餈次之。第二行乾棗在前，乾橑形鹽次之。第三行鹿脯在前，榛實、乾桃次之。第四行菱在前，芡、栗次之。豆四行，以左爲上。第一行芹菹在前，筍菹、葵菹次之。第二行菁菹在前，韭菹、飽食次之。第三行魚醢在前，兎醢、豚拍次之。第四行鹿臡在前，醓醢、糝食次之。簠實以稻、粱，簋實以黍、稷，登實以大羹。良醞令率其屬入實尊、罍。太尊實以泛齊，著尊醴齊，犧尊盎齊，象尊醍齊，壺尊沈齊；山罍爲下尊，實以玄酒；其酒、齊皆以尙醞酒代之。太官丞設革囊馬湩于尊所。祠祭局以銀盒貯香，同瓦鼎設于案。司香官一員立于壇上。祝史以牲首盤，設于壇上。獻官以下執事官，各服其服，就次所，會于齊班幕。拱衞直都指揮使率控鶴，各服其服，擎執儀仗，分立于外壝內東西，諸執事位之後；拱衞使亦就位。大樂令率工人二舞，自南壝東偏門以次入，就壇上下位。奉禮郞先入就位。禮直官分引監祭御史、監禮博士、郊祀令、太官令、良醞令、廩犧令、司尊罍、太官丞、讀祝官、舉祝官、奉玉幣官、太祝、祝史、奉爵官、盥爵洗官、巾篚官、齋郎，自南壝東偏門入，就位。禮直官引監祭、監禮，按視壇之上下祭器，糾察不如儀者。及其按視也，太祝先徹去蓋冪，按視訖，禮直官引監祭、監禮退復位。奉禮郎贊「再拜」，禮直官承傳曰「拜」，監祭禮以下皆再拜。奉禮郎贊曰「各就位」，太官令率齋郎以次出詣饌殿，俟立于南壝門外。禮直官分引三獻官、司徒、助奠官、太常禮儀院使、光祿卿、太史令、太常禮儀院同知僉院、同僉院判、光祿丞，自南壝東偏門，經樂縣內入就位。禮直官進太尉之左，贊曰「有司謹具，請行事」，退復位。宮縣樂作降神天成之曲六成，內圜鐘宮三成，黃鐘角、太簇徵、姑洗羽各一成。文舞崇德之舞。初樂作，協律郎跪，俛伏舉麾興，工鼓柷，偃麾，戞敔而樂止。凡樂作、樂止，皆倣此。禮直官引太常禮儀院使率祝史，自卯陛陞壇，奉牲首降自午陛，由南壝正門經宮縣內，詣燎壇北，南向立。祝史奉牲首陞自南陛，置於戶內柴上。東西執炬者以火燎柴，升烟燔牲首訖，禮直官引太常禮儀院使祝史捧盤血，詣坎位瘞之。禮直官引太常禮儀院使、祝史，各復位。奉禮郎贊「再拜」，禮直官承傳曰「拜」，太尉以下皆再拜訖，其先拜者不拜。執事者取玉幣於篚，立於尊所。禮直官引太尉詣盥洗位，宮縣樂奏黃鐘宮隆成之曲，至位北向立，樂止。搢笏、盥手、帨手訖，執笏詣壇，陞自午陛，登歌樂作大呂宮隆成之曲，至壇上，樂止。詣正位神座前，北向立，宮縣樂奏黃鐘宮欽成之曲，搢笏跪，三上香。執事者加璧於幣，西向跪，以授太尉，太尉受玉幣奠於正位神座前，執笏，俛伏興，少退立，再拜訖，樂止。次詣皇地祇位，奠獻如上儀。次詣配位神主前，奠幣（於）〔如〕上儀。〔四〕降自午陛，登歌樂作如陞壇之曲，至位樂止。祝史奉毛血豆，入自南壝門詣壇，陞自午陛。諸太祝迎取於壇上，俱跪奠於神座前，執笏，俛伏興，退立于尊所。

至大三年大祀，奠玉幣儀與前少異，今存之以備互考。祀日丑前五刻，設壇上及第一等神位，陳其玉幣及明燭，實籩、豆、尊、罍。樂工各入就位畢，奉禮郎先入就位。禮直官分引分獻官、監祭御史、監禮博士、諸執事、太祝、祝史、齋郎，入自中壝東偏門，當壇南重行西上，北向立定。奉禮郎贊曰「再拜」，分獻官以下皆再拜訖，奉禮贊曰「各就位」。禮直官引子丑寅卯辰巳陛道分獻官，詣版位，西向立，北上；午未申酉戌亥陛道分獻官，詣版位，東向立，北上。禮直官分引監祭禮點視陳設，按視壇之上下，糾察不如儀者，退復位。太史令率齋郎出俟。禮直官引三獻官幷助奠等官入就位，東向立；司徒西向立。禮直官贊曰「有司謹具，請行事」，降神六成樂止。太常禮儀使率祝史二員，捧馬首詣燎壇，升烟訖，復位。奉禮郎贊曰「再拜，三獻」，司徒等皆再拜訖，奉禮郎贊曰「諸執事者各就位」，立定。禮直官請初獻官詣盥洗位，樂作，至位，樂止。盥畢詣壇，樂作，陞自卯陛，至壇，樂止。詣正位神座前，北向立，樂作，搢笏跪，太祝加玉於幣，西向跪以授初獻，初獻受玉幣奠訖，執笏俛伏興，再拜訖，樂止。次詣配位神座前立，樂作，奠玉幣如上儀，樂止。降自卯陛，樂作，復位，樂止。初獻將奠正位之幣，禮直官分引第一等分獻官詣盥洗位，盥畢，執笏各由其陛陞，詣各神位前，搢笏跪，太祝以玉幣授分獻官，奠訖，俛伏興，再拜訖，還位。初第一等分獻官將陞，禮直官分引第二等內壝內、內壝外分獻官盥畢，洗盥官俱從至酌尊所立定，各由其陛道詣各神首位前奠，並如上儀。退立酌尊所，伺候終獻酌奠，詣各神首位前酌奠。祝史奉正位毛血豆由午陛陞，配位毛血豆由卯陛陞，太祝迎於壇上，進奠於正配位神座前，太祝與祝史俱退於尊所。

八曰進熟。太尉既陞奠玉幣，太官令丞率進饌齋郎詣厨，以牲體設於盤，馬牛羊豕鹿各五盤，宰割體段，並用國禮。各對舉以行至饌殿，俟光祿卿出實籩、豆、簠、簋。籩以粉餈，豆以糝食，簠以粱，簋以稷。齋郎上四員，奉籩、豆、簠、簋者前行，舉盤者次之。各奉正配位之饌，以序立於南壝門之外，俟禮直官引司徒出詣饌殿，齋郎各奉以序從司徒入自南壝正門。配位之饌，入自偏門。宮縣樂奏黃鐘宮寧成之曲，至壇下，俟祝史進徹毛血豆訖，降自卯陛以出。司徒引齋郎奉正位饌詣壇，陞自午陛，太官令丞率齋郎奉配位及第一等之饌，陞自卯陛，立定。奉禮贊諸太祝迎饌，諸太祝迎于壇陛之間，齋郎各跪奠于神座前。設籩于糗餌之前，豆於醓醢之前，簠於稻前，簋於黍前。又奠牲體盤于俎上，齋郎出笏，俛伏興，退立定，樂止。禮直官引司徒降自卯陛，太官令率齋郎從司徒亦降自卯陛，各復位。其第二等至內壝外之饌，有司陳設。禮直官贊，太祝搢笏，立茅苴于沙池，出笏，俛伏興，退立于本位。禮直官引太尉詣盥洗位，宮縣樂作，奏黃鐘宮隆成之曲，至位北向立，樂止。搢笏，盥手，帨手訖，出笏詣爵洗位，北向立。搢笏，執事者奉匏爵以授太尉，太尉洗爵，拭爵訖，以爵授執事者。太尉出笏，詣壇，陞自午陛，一作卯陛。登歌樂作，奏黃鐘宮明成之曲，至壇上，樂止。詣酌尊所，西向立，搢笏，執事者以爵授太尉，太尉執爵，司尊罍舉冪，良醞令酌太尊之泛齊，凡舉冪、酌酒，皆跪。〔三〕以爵授執事者。太尉出笏，詣正位神座前，北向立，宮縣樂作，奏黃鐘宮明成之曲，文舞崇德之舞。太尉搢笏跪，三上香。執事者以爵授太尉，太尉執爵三祭酒于茅苴，以爵授執事者，執事者奉爵退，詣尊所。太官丞傾馬湩于爵，跪授太尉，亦三祭于茅苴，復以爵授執事者，執事者受虛爵以興。太尉出笏，俛伏興，少退，北向立，樂止。舉祝官搢笏跪，對舉祝版，讀祝官搢笏跪，讀祝文。讀訖，舉祝官奠版于案，出笏興，讀祝官出笏，俛伏興，宮縣樂奏如前曲。舉祝、讀祝官俱先詣皇地祇位前，北向立。太尉再拜訖，樂止。次詣皇地祇位，並如上儀，惟樂奏大呂宮。次詣配位，並如上儀，惟樂奏黃鐘宮。降自午陛，一作卯陛。登歌樂作如前降神之曲，至位，樂止。讀祝、舉祝官降自卯陛，復位。文舞退，武舞進，宮縣樂作，奏黃鐘宮和成之曲，立定，樂止。禮直官引亞獻官詣盥洗位，北向立。搢笏、盥手、帨手訖，出笏詣爵洗位，北向立。搢笏、執爵、洗爵、拭爵，以爵授執事者。出笏詣壇，陞自卯陛，至壇上酌尊所，東向一作西向。立。搢笏授爵執爵，司尊罍舉冪，良醞令酌著尊之醴齊，以爵授執事者。出笏，詣正位神座前，北向立。宮縣樂奏黃鐘宮熙成之曲，武舞定功之舞。搢笏跪，三上香，授爵執爵，三祭酒于茅苴，復祭馬湩如前儀，以爵授執事者。出笏，俛伏興，少退立，再拜訖，次詣皇地祇位、配位，並如上儀訖，樂止，降自卯陛，復位。禮直官引終獻官詣盥洗位，盥手、帨手訖，詣爵洗位，授爵執爵，洗爵拭爵，以爵授執事者。出笏，陞自卯陛，至酌尊所，搢笏授爵執爵，良醞令酌犧尊之盎齊，以爵授執事者。出笏，詣正位神座前，北向立。宮縣樂作，奏黃鐘宮熙成之曲，武舞定功之舞。上香、祭酒、馬湩，並如亞獻之儀，降自卯陛。初終獻將陞壇時，禮直官分引第一等分獻官詣盥洗位，搢笏、盥手、帨手、滌爵、拭爵訖，以爵授執事者。出笏，各由其陛詣酌尊所，搢笏，執事者以爵授分獻官，執爵，酌太尊之泛齊，以爵授執事者。各詣諸神位前，搢笏跪，三上香、三祭酒訖，出笏，俛伏興，少退，再拜興，降復位。第一等分獻官將陞壇時，禮直官引第二等、第三等、內壝內、內壝外衆星位分獻官，各詣盥洗位，搢笏、盥手、帨手，酌奠如上儀訖，禮直官各引獻官復位，諸執事者皆退復位。禮直官贊太祝徹籩豆。登歌樂作大呂宮寧成之曲，太祝跪以籩豆各一少移故處，卒徹，出笏，俛伏興，樂止。奉禮郎贊曰「賜胙」，衆官再拜，禮直官承傳曰「拜」，在位者皆再拜，平，立定。送神宮縣樂作，奏圜鐘宮天成之曲一成止。

九曰望燎。禮直官引太尉，亞獻助奠一員，太常禮儀院使，監祭、監禮各一員等，詣望燎位。又引司徒，終獻助奠、監祭、監禮各一員，及太常禮儀院使等官，詣望瘞位。樂作，奏黃鐘宮隆成之曲，至位，南向立，樂止。上下諸執事各執篚進神座前，取燔玉及幣祝版。日月已上，齋郎以俎載牲體黍稷，各由其陛降，南行，經宮縣樂，出東，詣燎壇。陞自南陛，以玉幣、祝版、饌食致於柴上戶內。諸執事又以內官以下之禮幣，皆從燎。禮直官贊曰「可燎」，東西執炬者以炬燎火半柴。執事者亦以地祇之玉幣、祝版、牲體、黍稷詣瘞坎。焚瘞畢，禮直官引太尉以下官以次由南壝東偏門出，禮直官引監祭、監禮、奉玉幣官、太祝、祝史、齋郎俱復壇南，北向立。奉禮郎贊曰「再拜」，禮直官承傳曰「拜」，監祭、監禮以下皆再拜訖，各退出。太樂令率工人二舞以次出。禮直官引太尉以下諸執事官至齊班幕前立，禮直官贊曰「禮畢」，衆官圓揖畢，各退于次。太尉等官、太常禮儀院使、監祭、監禮展視胙肉酒醴，奉進闕庭，餘官各退。

祭告三獻儀，大德十一年所定。告前三日，三獻官、諸執事官，具公服赴中書省受誓戒。前一日未正二刻，省牲器。告日質明，三獻官以下諸執事官，各具法服。禮直官引監祭禮以下諸執事官，先入就位，立定。監祭禮點視陳設畢，復位，立定。太官令率齋郎出，禮直官引三獻司徒、太常禮儀院使、光祿卿入就位，立定。禮直官贊曰「有司謹具，請行事」，降神樂作六成止。太常禮儀院使燔牲首，復位，立定。奉禮贊三獻以下皆再拜，就位。禮直官引初獻詣盥洗位，盥手訖，陞壇詣昊天上帝位前，北向立。搢笏跪，三上香，奠玉幣，出笏，俛伏興，再拜訖，降復位。禮直官引初獻詣盥洗位，盥手訖，詣爵洗位，洗拭爵訖，詣酒尊所，酌酒訖，請詣昊天上帝神位前，北向，搢笏跪，三上香，執爵三祭酒於茅苴，出笏，俛伏興，俟讀祝訖，再拜，平立。請詣皇地祇酒尊所，酌獻並如上儀，俱畢，復位。禮直官引亞獻，並如初獻之儀，惟不讀祝，降復位。禮直官引終獻，並如亞獻之儀，降復位。奉禮贊「賜胙」，衆官再拜，在位者皆再拜。禮直官引三獻司徒、太常卿、光祿卿、監祭、監禮等官，請詣望燎位，南向立定，俟燎玉幣祝版。禮直官贊「可燎」，禮畢。

祭告一獻儀，至元十二年所定。告前二日，郊祀令掃除壇壝內外，翰林國史院學士撰寫祝文。前一日，告官等各公服捧祝版，進請御署訖，同御香上尊酒如常儀，迎至祠所齋宿。告日質明前三刻，禮直官引郊祀令帥其屬詣壇，鋪筵陳設如儀。禮直官二員引告官等各具紫服，以次就位，東向立定。禮直官稍前曰「有司謹具，請行事」，贊者曰「鞠躬」，曰「拜」，曰「興」，曰「拜」，曰「興」，曰「平身」。禮直官先引執事官各就位，次詣告官前曰「請詣盥爵洗位」。至位，北向立，曰「搢笏」，曰「盥手」，曰「帨手」，曰「洗爵」，曰「拭爵」，曰「出笏」，曰「詣酒尊所」，曰「搢笏」，曰「執爵」，曰「司尊者舉冪」，曰「酌酒」。良醖令酌酒，曰「以爵授執事者」，告官以爵授執事者。曰「出笏」，曰「詣昊天上帝、皇地祇神位前，北向立」，曰「稍前」，曰「搢笏」，曰「跪」，曰「上香」，曰「上香」，曰「三上香」，曰「祭酒」，曰「祭酒」，曰「三祭酒」，曰「以爵授捧爵官」，曰「出笏」，曰「俛伏興」，曰「舉祝官跪」，曰「舉祝」，曰「讀祝官跪」，曰「讀祝」。讀訖，曰「舉祝官奠祝版於案」，曰「俛伏興」。告官再拜，曰「鞠躬」，曰「拜」，曰「興」，曰「拜」，曰「興」，曰「平身」，引告官以下降復位。禮直官贊曰「再拜」，曰「鞠躬」，曰「拜」，曰「興」，曰「拜」，曰「興」，曰「平身」，曰「詣望燎位」，燔祝版半燎，告官以下皆退。瘞之其坎於祭所壬地，方深足以容物。

校勘記

〔一〕尙舍監陳大次於外壝西門之〔外〕道北南向　按本書本卷及卷七二文例，凡言陳設于某門者，均書明在門之內或門之外，以表明陳設之方位。此脫「外」字，今從古今圖書集成經濟彙編禮儀典補。

〔二〕俟告潔畢權徹(畢)祀日丑前重設　從道光本刪。

〔三〕(供)〔拱〕衞直都指揮使　從道光本改。

〔四〕奠幣(於)〔如〕上儀　從北監本改。

〔五〕凡舉冪酌酒皆跪　道光本考證云：「按舉冪酌酒句原本作正文，與上下文氣不甚相屬。考攝祀之儀一篇，皆太常集禮泰定四年之文，此句本係小注，志誤入正文耳。謹改。」從改作注。

元史卷七十四

志第二十五

祭祀三

宗廟上

其祖宗祭享之禮，割牲、奠馬湩，以蒙古巫祝致辭，蓋國俗也。世祖〔中統〕元年秋七月丁丑，設神位于中書省，〔一〕用登歌樂，遣必闍赤致祭焉。必闍赤，譯言典書記者。十二月，初命製太廟祭器、法服。二年九月庚申朔，徙中書署，奉遷神主于聖安寺。辛巳，藏于瑞像殿。三年十二月癸亥，卽中書省備三獻官，大禮使司徒攝祀事。禮畢，神主復藏瑞像殿。四年三月癸卯，詔建太廟于燕京。十一月丙戌，仍寓祀事中書，以親王合丹、塔察兒、王（盤）〔磐〕、〔二〕張文謙攝事。

至元元年冬十月，奉安神主于太廟，初定太廟七室之制。皇祖、皇祖妣第一室，皇伯考、伯妣第二室，皇考、皇妣第三室，皇伯考、伯妣第四室，皇伯考、伯妣第五室，皇兄、皇后第六室，皇兄、皇后第七室。凡室以西爲上，以次而東。二年九月，初命滌養犧牲，取大樂工于東平，習禮儀。冬十月己卯，享于太廟，尊皇祖爲太祖。三年秋九月，始作八室神主，設祏室。

冬十月，太廟成。丞相安童、伯顏言：「祖宗世數、尊諡廟號、配享功臣、增祀四世、各廟神主、七祀神位、法服祭器等事，皆宜以時定。」乃命平章政事趙璧等集議，製尊諡廟號，定爲八室。烈祖神元皇帝、皇曾祖妣宣懿皇后第一室，太祖聖武皇帝、皇祖妣光獻皇后第二室，太宗英文皇帝、皇伯妣昭慈皇后第三室，皇伯〔考〕朮赤、〔三〕皇伯妣別土出迷失第四室，皇伯考察合帶、皇伯妣也速倫第五室，皇考睿宗景襄皇帝、皇妣莊聖皇后第六室，定宗簡平皇帝、欽淑皇后第七室，憲宗桓肅皇帝、貞節皇后第八室。十一月戊申，奉安神主于祏室，歲用冬祀，如初禮。

四年二月，初定一歲十二月薦新時物。六年冬，時享畢，十二月，命國師僧薦佛事于太廟七晝夜，始造木質金表牌位十有六，設大榻金椅奉安祏室前，爲太廟薦佛事之始。七年十月癸酉，敕宗廟祝文書以國字。八年（八）〔九〕月，太廟柱朽。從張易言，告于列室而後修，奉遷栗主金牌位與舊神主于饌幕殿，工畢安奉。自是修廟皆如之。丙子，敕冬享毋

用犧牛。〔四〕

十二年五月，檢討張謙呈：「昔者因修太廟，奉遷金牌位於饌幕殿，設以金椅，其栗主𨚫與舊主牌位各貯箱內，安置金椅下，禮有非宜。今擬合以金牌位遷于八室內，其祏室栗主宜用綵輿遷納，舊主并牌位安置于箱爲宜。」九月丁丑，敕太廟牲復用牛。十月己未，遷金牌位于八室內。太祝兼奉禮郎申屠致遠言：「竊見木主既成，又有金牌位，其日月山神主及中統初中書設祭神主，安奉無所。」博士議曰：「合存祏室栗主，舊置神主牌位，俱可隨時埋瘞，不致神有二歸。」太常少卿以聞，制曰：「其與張仲謙諸老臣議行之。」十三年九月丙申，薦佛事于太廟，命卽佛事處便大祭。己亥，享于太廟，加薦羊鹿野豕。是歲，改作金主，太祖主題曰「成吉思皇帝」，睿宗題曰「太上皇也可那顏」，皇后皆題名諱。

十四年八月乙丑，詔建太廟于大都。博士言：「古者廟制率都宮別殿，西漢亦各立廟，東都以中興崇儉，故七室同堂，後世遂不能革。」十五年五月九日，太常卿還自上都，爲議廟制，據博士言同堂異室非禮，以古今廟制畫圖貼說，令博士李天麟齎往上都，分（寺）〔議〕可否以聞。〔五〕

一曰都宮別殿，七廟、九廟之制。祭法曰：「天子立七廟，三昭三穆與太祖之廟而七，諸侯、大夫、士降殺以兩。」晉博士孫毓以謂外爲都宮，內各有寢廟，別有門垣。太祖在北，左昭右穆，以次而南是也。前廟後寢者，以象人君之居，前有朝而後有寢也。廟以藏主，以四時祭；寢有衣冠几杖象生之具，以薦新物。天子太祖百世不遷，宗亦百世不遷，高祖以上，親盡則遞遷。昭常爲昭，穆常爲穆，同爲都宮，則昭常在左，穆常在右，而外有以不失其序。一世自爲一廟，則昭不見穆，穆不見昭，而內有以各全其尊，必祫享而會于太祖之廟，然後序其尊卑之次。蓋父子異宮，祖禰異廟，所以盡事亡如事存之義。然漢儒論七廟、九廟之數，其說有二。韋玄成等以謂周之所以七廟者，以后稷始封，文王、武王受命而王，是以三廟不毀，與親廟四而七也。如劉歆之說，則周自武王克商，以后稷爲太祖，卽增立高圉、亞圉二廟於公叔、太王、王季、文王二昭二穆之上，已爲七廟矣。至懿王時始立文世室於三穆之上，至孝王時始立武世室於三昭之上，是爲九廟矣。然先儒多是劉歆之說。

二曰同堂異室之制。後漢明帝遵儉自抑，遺詔無起寢廟，但藏其主於光武廟中更衣別室。其後章帝又復如之，後世遂不敢加。而公私之廟，皆用同堂異室之制。先儒朱熹以謂至使太祖之位，下同孫子，而更僻處於一隅，無以見爲七廟之尊；羣廟之神，則又上厭祖考，不得自爲一廟之主。以人情論之，生居九重，窮極壯麗，而設祭一室，不過尋丈，甚或無地以容鼎俎，而陰損其數，子孫之心，於此宜亦有所不安矣。且如命士以上，其父子婦姑，猶且異處，謹尊卑之序，不相褻瀆。況天子貴爲一人，富有四海，而祖宗神位數世同處一堂，有失人子事亡如事存之意矣。

十六年八月丁酉，以江南所獲玉爵及坫，凡四十九事，納于太廟。十七年十二月甲申，告遷于太廟。癸巳，承旨和禮霍孫，太常卿太出、禿忽思等，以祏室內栗主八位并日月山版位、聖安寺木主俱遷。甲午，和禮霍孫、太常卿撒里蠻率百官奉太祖、睿宗二室金主於新廟安奉，遂大享焉。乙未，毁舊廟。

十八年二月，博士李時衍等議：「歷代廟制，俱各不同。欲尊祖宗，當從都宮別殿之制；欲崇儉約，當從同堂異室之制。」三月十一日，尙書段那海及太常禮官奏曰：「始議七廟，除正殿、寢殿、正門、東西門已建外，東西六廟不須更造，餘依太常寺新圖建之。」遂爲前廟、後寢，廟分七室。二十一年三月丁卯，太廟正殿成，奉安神主。九月，廟室掛鍊網釘壍籠門告成。

二十二年十二月丁未，皇太子薨。太常博士議曰：「前代太子薨，梁武帝謚統曰昭明，齊武帝謚長懋曰文惠，唐憲宗謚寧曰惠昭，金世宗謚允恭曰宣孝，又建別廟以奉神主，准中祀以陳登歌，例設令丞，歲供洒掃。斯皆累代之典，莫不追美洪休。」時中書、翰林諸老臣，亦議宜加謚，立別廟奉祀。遂謚曰明孝太子，作主用金。二十五年冬享，制送白馬一。三十年十月朔，皇太子祔于太廟。

三十一年，成宗卽位，追尊皇考爲皇帝，廟號裕宗。元貞元年冬十月癸卯，有事于太廟。中書省臣言：「去歲世祖、皇后、裕宗祔廟，以綾代玉册。今玉册、玉寶成，請納諸各室。」帝曰：「親饗之禮，祖宗未嘗行之。其奉册以來，朕躬祝之。」命獻官迎導入廟。大德元年十一月，太保月赤察兒等奏請廟享增用馬，制可。二年正月，特祭太廟，用馬一，牛一，羊鹿野豕天鵝各七，餘品如舊，爲特祭之始。四年八月，以皇妣、皇后祔。六年五月戊申，太廟寢殿災。

十一年，武宗卽位，追尊皇考爲皇帝，廟號順宗。太祖室居中，睿宗西第一室，世祖西第二室，裕宗西第三室，順宗東第一室，成宗東第二室。追尊先元妃爲皇后，祔成宗室。至大二年春正月乙未，以受尊號，恭謝太廟，爲親祀之始。十月，以將加謚太祖、睿宗，擇日請太祖、睿宗尊謚於天，擇日請光獻皇后、莊聖皇后尊謚於廟，改制金表神主，題寫尊謚廟號。十二月乙卯，親享太廟，奉玉册、玉寶。加上太祖聖武皇帝尊謚曰法天啓運，廟號太祖，光獻皇后曰翼聖。加上睿宗景襄皇帝曰仁聖，廟號睿宗，莊聖皇后曰顯懿。其舊制金表神主，以櫝貯兩旁，自是主皆範金作之，如金表之製。

延祐七年，仁宗升祔，增置廟室。太常禮儀院下博士檢討歷代典故，移書禮部、中書集議曰：「古者天子祭七代，兄弟同爲一代，廟室皆有神主，增置廟室。」又議：「大行皇帝升祔太廟，七室皆有神主，增室不及。依前代典故，權於廟內止設幄座，面南安奉。今相視得第七室近南對室地位，東西一丈五尺，除設幄座外，餘五尺，不妨行禮。」乃結綵爲殿，置武宗室南，權奉神主。

十月戊子，英宗將以四時躬祀太廟，命太常禮官與中書、翰林、集賢等官集議其禮制，曰：「此追遠報本之道也，毋以朕勞而有所損焉，其一遵典禮。」丙寅，中書以躬謝太廟儀注進。十一月丙子朔，帝御齋宮。丁丑，備法駕儀衞，躬謝太廟，至櫺星門駕止，有司進輦不御，步至大次，服袞冕端拱以俟。禮儀使請署祝，帝降御座正立書名。及讀祝，敕高贊御名。至仁宗室，輒歔欷流涕，左右莫不感動。退至西神門，殿中監受圭，出降沒階乃授。甲辰，太常進時享太廟儀式。

至治元年正月乙酉，始命於太廟垣西北建大次殿。丙戌，始以四孟月時享，親祀太室。禮成，坐大次謂羣臣曰：「朕纘承祖宗丕緒，夙夜祗慄，無以報稱，歲惟四祀，使人代之，不能致如在之誠，實所未安。自今以始，歲必親祀，以終朕身。」

五月，中書省臣言：「以廟制事，集御史臺、翰林院、太常院臣議。謹按前代廟室，多寡不同。晉則兄弟同爲一室，正室增爲十四間，東西各一間。唐九廟，後增爲十一室。宋增室至十八，東西夾室各一間，以藏祧主。今太廟雖分八室，然兄弟爲世，止六世而已。世祖所建前廟後寢，往歲寢殿災。請以今殿爲寢，別作前廟十五間，中三間通爲一室，以奉太祖神主，餘以次爲室，庶幾情文得宜。謹上太常廟制。」制曰：「善，期以來歲營之。」

二年春正月丁丑，始陳鹵簿，親享太廟。三月二十三日，以新作太廟正殿，夏秋二祭權止。秋八月丙辰，太皇太后崩，太常院官奏：「國哀以日易月，旬有二日外，乃舉祀事。有司以十月戊辰，有事于太廟，取聖裁。」制曰：「太廟禮不可廢，迎香去樂可也。」又言：「太廟與工未畢，有妨陳宮縣樂，請止用登歌。」從之。

三年春三月戊申，祔昭獻元聖皇后于順宗室。夏四月六日，上都分省參議速速，以都堂旨，太廟夾室未有制度，再約臺院等官議定。博士議曰：「按爾雅曰『室有東西廂曰廟』，注『夾室前堂』。同禮曰『西夾南向』，〔六〕注曰『西廂夾室』。此東西夾室之正文也。賈公彥曰，室有東西廂曰廟，其夾皆在序。是則夾者，猶今耳房之類也。然其制度，則未之聞。東晉太廟正室一十六間，東西儲各一間，共十有八。所謂儲者，非夾室與？唐貞觀故事，遷廟之主，藏於夾室西壁，南北三間。又宋哲宗亦嘗於東夾室奉安，後雖增建一室，其夾室仍舊。是唐、宋夾室，與諸室制度無大異也。五帝不相沿樂，三王不相襲禮。今廟制皆不合古，權宜一時。宜取今廟一十五間，南北六間，東西兩頭二間，準唐南北三間之制，壘至棟爲三間，壁以紅泥，以準東西序，南向爲門，如今室戶之制，虛前以準廂，所謂夾室前堂也。雖未盡合於古，於今事爲宜。」六月，上都中書省以聞，制若曰「可」。壬申，敕以太廟前殿十有五間，東西二間爲夾室，南向。秋七月辛卯，太廟落成。

俄，國有大故，晉王卽皇帝位。十二月戊辰，追尊皇考晉王爲皇帝，廟號顯宗，皇妣晉王妃爲皇后。庚午，盜入太廟，失仁宗及慈聖皇后神主。壬申，重作仁廟二金主。丙午，御史趙成慶言：「太廟失神主，乃古今莫大之變。由太常禮官不恭厥職，宜正其罪，以謝宗廟，以安神靈。」制命中書定罪。泰定元年春正月甲午，奉安仁宗及慈聖皇后二神主。丁丑，御史宋本、趙成慶、李嘉賓言：「太廟失神主，已得旨，命中書定太常失守之罪。中書以爲事在太廟署令，而太常官屬居位如故。昔唐陵廟皆隸宗正。盜斫景陵門戟架，旣貶陵令丞，而宗正卿亦皆貶黜。且神門戟架比之太廟神主，孰爲輕重。宜定其罪名，顯示黜罰，以懲不恪。」不報。

先是，博士劉致建議曰：

竊以禮莫大於宗廟。宗廟者天下國家之本，禮樂刑政之所自出也。唐、虞、三代而下，靡不由之。聖元龍興朔陲，積德累功，百有餘年，而宗廟未有一定之制。方聖天子繼統之初，定一代不刊之典，爲萬世法程，正在今日。

周制，天子七廟，三昭三穆，昭處於東，穆處於西，所以別父子親疏之序，而使不亂也。聖朝取唐、宋之制，定爲九世，遂以舊廟八室而爲六世，昭穆不分，父子並坐，不合禮經。新廟之制，一十五間，東西二間爲夾室，太祖室既居中，則唐、宋之制不可依，惟當以昭穆列之。父爲昭，子爲穆，則睿宗當居太祖之東，爲昭之第一世，世祖居西，爲穆之第一世。裕宗居東，爲昭之第二世。兄弟共爲一世，則成宗、順宗、顯宗三室皆當居西，爲穆之第二世。武宗、仁宗二室皆當居東，爲昭之第三世。〔英宗居西，爲穆之第三世。〕〔七〕昭之后居左，穆之后居右，西以左爲上，東以右爲上也。苟或如此，則昭穆分明，秩然有序，不違禮經，可爲萬世法。

若以累朝定制，依室次於新廟遷安，則顯宗躋順宗之上，順宗躋成宗之上。以禮言之，春秋閔公無子，庶兄僖公代立，其子文公遂躋僖公於閔公之上，史稱逆祀。及定公正其序，書曰「從（事）〔祀〕先公」。〔八〕然僖公猶是有位之君，尚不可居故君之上，況未嘗正位者乎。

國家雖曰以右爲尊，然古人所尙，或左或右，初無定制。古人右社稷而左宗廟，國家宗廟亦居東方。豈有建宗廟之方位既依禮經，而宗廟之昭穆反不應禮經乎。且如今朝賀或祭祀，宰相獻官分班而立，居西則尙左，居東則尙右。及行禮就位，則西者復尙右，東者復尙左矣。

致職居博士，宗廟之事所宜建明，然事大體重，宜從使院移書集議取旨。

四月辛巳，中書省臣言：「（始）〔世〕祖皇帝始建太廟。〔九〕太祖皇帝居中南向，睿宗、世祖、裕宗神主以次祔西室，順宗、成宗、武宗、仁宗以次祔東室。邇者集賢、翰林、太常諸臣言，國朝建太廟遵古制。古尙左，今尊者居右爲少屈，非所以示後世。太祖皇帝居中南向，宜奉睿宗皇帝神主祔左一室，世祖祔右一室，裕宗祔睿宗室之左。顯宗、順宗、成宗兄弟也，以次祔世祖室之右，武宗、仁宗亦兄弟也，以祔裕宗室之左，英宗祔成宗室之右。臣等以其議近是，謹繪室次爲圖以獻，惟陛下裁擇。」從之。五月戊戌，祔顯宗、英宗凡十室。

四年夏四月辛未，盜入太廟，失武宗神位及祭器。壬申，重作武宗金主及祭器。甲午，奉安武宗神主。天曆元年冬十月丁亥，毀顯宗室。重改至元之六年六月，詔毀文宗室。其宗廟之事，本末因革，大槪如此。

凡大祭祀，尤貴馬湩。將有事，敕太僕（司）〔寺〕挏馬官，〔一〇〕奉尙飲者革囊盛送焉。其馬牲旣與三牲同登于俎，而割奠之饌，復與籩豆俱設。將奠牲盤酹馬湩，則蒙古太祝升詣第一座，呼帝后神諱，以致祭年月日數、牲齊品物，致其祝語。以次詣列室，皆如之。禮畢，則以割奠之餘，撒於南櫺星門外，名曰拋撒茶飯。蓋以國禮行事，尤其所重也。始至元初，金太祝魏友諒者仕於朝，詣中書言太常寺奉祀宗廟禮不備者數事。禮部移太常考前代典禮，以勘友諒所言，皆非是，由是禮官代有討論。割奠之禮，初惟太常卿設之。桑哥爲初獻，乃有三獻等官同設之儀。博士議曰：「凡陳設祭品、實罇罍等事，獻官皆不與也，獨此親設之，然後再升殿，恐非誠慤專一之道。且大禮使等官，尤非其職。」大樂署長言：「割奠之禮，宜別撰樂章。」博士議曰：「三獻之禮，實依古制。若割肉，奠葡萄酒，馬湩，別撰樂章，是又成一獻也。」又議：「燔膋膟與今燒飯禮合，不可廢。形鹽、糗餌、粉餈、酏食、糝食非古。雷鼓、路鼓，與播鼗之制不同。攝祀大禮使終夕堅立，無其義。」知禮者皆有取於其言。英宗之初，博士又言：「今冬祭卽烝也。天子親祼太室，功臣宜配享。」事亦弗果行。

廟制：至元十七年，新作于大都。前廟後寢。正殿東西七間，南北五間，內分七室。殿陛二成三階，中曰泰階，西曰西階，東曰阼階。寢殿東西五間，南北三間。環以宮城，四隅重屋，號角樓。正南、正東、正西宮門三，門各五門，皆號神門。殿下道直東西神門曰橫街，直南門曰通街，甓之。通街兩旁井二，皆覆以亭。宮城外，繚以崇垣。饌幕殿七間，在宮城南門之東，南向。齊班廳五間，在宮城之東南，西向。省饌殿一間，在(東)〔宮〕城東門少北，南向。〔二〕初獻齋室，在宮城之東，東垣門內少北，西向。其南爲亞終獻、司徒、大禮使、助奠、七祀獻官等齋室，皆西向。雅樂庫在宮城西南，東向。法物庫、儀鸞庫在宮城之東北，皆南向。都監局在其東少南，西向。東垣之內，環築牆垣爲別院。內神廚局五間，在北，南向。井在神廚之東北，有亭。酒庫三間，在井亭南，西向。祠祭局三間，對神廚局，北向。院門西向。百官廚五間，在神廚院南，西向。宮城之南，復爲門，與中神門相值，左右連屋六十餘間，東掩齊班廳，西值雅樂庫，爲諸執事齋房。築崇墉以環其外，東西南開櫺星門三，門外馳道，抵齊化門之通衢。

至治元年，詔議增廣廟制。三年，別建大殿一十五間於今廟前，用今廟爲寢殿，中三間通爲一室，餘十間各爲一室，東西兩旁際牆各留一間，以爲夾室。室皆東西橫闊二丈，南北入深六間，每間二丈。宮城南展後，鑿新井二于殿南，作亭。東南隅、西南隅角樓，南神門、東西神門，饌幕殿、省饌殿、獻官百執事齋室，中南門、齊班廳、雅樂庫、神廚、祠祭等局，皆南徙。建大次殿三間於宮城之西北，東西櫺星門亦南徙。東西櫺星門之內，鹵簿房四所，通五十間。

神主：至元三年，始命太保劉秉（中）〔忠〕考古制爲之。〔一二〕高一尺二寸，上頂圜徑二寸八分，四廂合剡一寸一分。上下四方穿，中央通孔，徑九分，以光漆題尊謚於背上。匱趺底蓋俱方。底自下而上，蓋從上而下。底齊趺，方一尺，厚三寸。皆準元祐古尺圖。主及匱趺皆用栗木，匱趺並用玄漆，設祏室以安奉。帝主用曲几，黃羅帕覆之。后主用直几，紅羅帕覆之。祏室，每室紅錦厚褥一，紫錦薄褥一，黃羅複帳一，龜背紅簾一，緣以黃羅帶飾。六年十二月十八日，國師奉旨造木質金表牌位十有六，亦號神主。設大榻金椅位，置祏室前。帝位於右，后位於左，題號其面，籠以銷金絳紗，其制如櫝。

祝有二：祝册，親祀用之。製以竹，每副二十有四簡，貫以紅絨絛。面用膠粉塗飾，背飾以絳金綺。藏以楠木縷金雲龍匣。塗金鎖鑰，韜以紅錦囊，蒙以銷金雲龍絳羅覆。擬撰祝文、書祝、讀祝，皆翰林詞臣掌之。至大二年親祀，竹册長一尺二寸，廣一寸二分，厚三分。至治二年正月親祀，竹册八副，每册二十有四簡，長一尺一寸，廣一寸，厚一分二釐。祝版，攝祀用之，制以楸木，長二尺四寸，廣一尺二寸，厚一分。其面背飾以精潔楮紙。

祝文，至元時，享於太祖室，稱孝孫嗣皇帝臣某；睿宗室，稱孝子嗣皇帝臣某。天曆時，享自太祖至裕宗四室，皆稱孝曾孫嗣皇帝臣某；順宗室，稱孝孫嗣皇帝臣某；成宗至英宗三室，皆稱嗣皇帝臣某；武宗室，稱孝子嗣皇帝臣某。

幣：以白繒爲之，每段長一丈八尺。

牲齊庶品：大祀，馬一，用色純者，有副；牛一，其角握，其色赤，有副；羊，其色白；豕，其色黑；鹿。凡馬、牛、羊、豕、鹿牲體，每室七盤，單室五盤。太羹，每室三登；和羹，每室三鉶。籩之實，每室十有二品；豆之實，每室十有二品。凡祀，先期命貴臣率獵師取鮮獐鹿兔，以供脯䐹醓醢。稻粱爲飯，每室二簠；黍稷爲飯，每室二簋。彝尊之實，每室十有一。明水玄酒，用陰鑑取水于月，與井水同，鬯用鬱金爲之。五齊三酒，醞於光祿寺。膟膋蕭蒿，至元十八年五月弗用，後遂廢。茅香以縮酒，至元十七年，始用沅州麻陽縣包茅。天鵝、野馬、塔剌不花、其狀如獾。野雞、鶬、黃羊、胡寨兒、其狀如鳩。湩乳、葡萄酒，以國禮割奠，皆列室用之。羊一，豕一，籩之實二栗、鹿脯，豆之實二菁菹、鹿䐹，簠之實黍，簋之實稷，爵尊之實酒，皆七祀位各用之。薦新鮪、野彘，孟春用之。雁、天鵝，仲春用之。葑韭、鴨雞卵，季春用之。冰、羔羊，孟夏用之。櫻桃、竹筍，蒲筍、羊，仲夏用之。瓜、豚、大麥飯、小麥麪，季夏用之。雛雞，孟秋用之。菱芡、栗、黃鼠，仲秋用之。梨、棗、黍、粱、鶩老，季秋用之。芝麻、兔、鹿、稻米飯，孟冬用之。麢、野馬，仲冬用之。鯉、黃羊、塔剌不花，季冬用之。至大元年春正月，皇太子言薦新增用影堂品物，羊羔、炙魚、饅頭、餅子、西域湯餅、圓米粥、砂糖飯羹，每月用以配薦。

祭器：籩十有二，冪以青巾，巾繪綵雲。豆十有四，一實毛血，一實膟膋。登三，鉶三，有柶。簠二，簋二，有匕箸。俎七，以載牲體，皆有鼎。後以盤貯牲體，盤置俎上，鼎不用。香案一，銷金絳羅衣。銀香鼎一，銀香奩一，茅苴盤一，實以沙。已上並陳室內。燎爐一，實以炭。篚一，實以蕭蒿黍稷。祝案一，紫羅衣，置祝文于上，銷金絳羅覆之。雞彝一，有舟；鳥彝一，有舟，加勺；春夏用之。斝彝一，有舟；黃彝一，有舟，加勺；秋冬用之。虎彝一，有舟；蜼彝一，有舟，加勺；特祭用之。凡鷄彝、斝彝、虎彝以實明水，鳥彝、黃彝、蜼彝以實鬯。犧尊二，象尊二，春夏用之。著尊二，壺尊二，秋冬用之。太尊二，山尊二，特祭用之。尊皆有坫勺，冪以白布巾，巾繪黼文。著尊二，山罍二，皆有坫加冪。已上並陳室外。壺尊二，太尊二，山罍四，皆有坫加冪，藉以莞席，並陳殿下，北向西上，設而不酌，每室皆同。通廊御香案一，銷金黃羅衣，銀香奩一，貯御祝香，銷金帕覆之，並陳殿中央。罍洗所罍二，洗二，一以供爵滌，一以供盥潔。篚二，實以璋瓚巾、塗金銀爵。七祀神位，籩二，豆二，簠一，簋一，俎一，爵一有坫，香案一，沙池一，壺尊二有坫加冪，七祀皆同。罍一、洗一、篚一，中統以來，雜金、宋祭器而用之。至治初，始造新器於江浙行省，其舊器悉置几閣。

親祀時享儀，其目有八：

一曰齋戒。前祀七日，皇帝散齋四日於別殿，治事如故，不作樂，停奏刑名事，不行刑罰。致齋三日，惟專心祀事，其二日於大明殿，一日於大次。致齋前一日，尚舍監設御幄於大明殿西序，東向。致齋之日質明，諸衞勒所部屯列。晝漏下一刻，通事舍人引侍享執事文武四品以上官，俱公服詣別殿奉迎。二刻，侍中版奏請中嚴，皇帝服通天冠、絳紗袍。三刻，侍中版奏外辦，皇帝結佩出別殿，乘輿，華蓋傘扇侍衞如常儀，奉引至大明殿御幄，東向坐，侍臣夾侍如常。一刻頃，侍中前跪奏言請降就齋，俛伏興。皇帝降座入室，侍享執事官各還所司，宿衞者如常。凡應祀官受誓戒於中書省。散齋四日，致齋三日。光祿卿鑑取明水、火。〔一三〕火以供爨，水以實尊。

二曰陳設。祀前三日，尚舍監陳大次於西神門外道北，南向。設小次於西階西，東向。設版位於西神門內，橫街南，東向。設飲福位於太室尊彝所，稍東，西向。設黃道裀褥於大次前，至西神門，至小次版位西階及殿門之外。設御洗位於御版位東，稍北，北向。設亞終獻位於西神門內御版位稍南，東向，以北爲上，罍洗在其東北。設亞終獻飲福位於御飲

福位後，稍南，西向。陳設八寶黃羅案於西階西，隨地之宜。設享官宮縣樂、省牲位、諸執

事公卿御史位，並如常儀。殿上下及各室，設簠、簋、籩、豆、尊、罍、彝、斝等器，並如常儀。

三曰車駕出宮。祀前一日，所司備法駕鹵簿於崇天門外。太僕卿率其屬備玉輅於大明門外。千牛將軍執刀於輅前，北向。其日質明，諸侍享執事官，先詣太廟祀所。諸侍臣直衞及導駕官於致齋殿前，左右分班立。通事舍人引侍中跪奏請中嚴，俛伏興。皇帝服通天冠、絳紗袍。少頃，侍中版奏外辦，皇帝出齋室，卽御座。羣臣起居訖，尙輦進輿，侍中奏請皇帝升輿。皇帝升輿，華蓋傘扇侍衞如常儀。導駕官前導至大明門外，侍中進當輿前，跪奏請皇帝降輿升輅。皇帝升輅，太僕執御，導駕官分左右步導。門下侍郎進當輅前，跪奏請車駕進發。車駕動，稱警蹕。千牛將軍夾而趨至崇天門外，門下侍郎跪奏請車駕少駐，敕衆官上馬。侍中承旨退，稱曰「制可」。門下侍郎退，傳制稱衆官上馬。贊者承傳敕衆官上馬。上馬訖，門下侍郎奏請敕車右升，侍中前承制，退稱曰「制可」。千牛將軍升訖，門下侍郎奏請車駕進發。車駕動，稱警蹕。符寶郎奉八寶與殿中監部從在黃鉞內，教坊樂前引，鼓吹不振作。將至太廟，禮直官引諸侍享執事官於廟門外，左右立班，奉迎駕至廟門，回輅南向。將軍降立於輅左，侍中於輅前奏稱侍中臣某請皇帝降輅，步入廟門。皇帝降輅，

導駕官前導，皇帝步入廟門稍西。侍中奏請皇帝升輿，尚輦奉輿，華蓋傘扇如常儀。皇帝乘輿至大次，侍中奏請皇帝降輿入就大次。皇帝入就次，簾降，宿衞如式。尚食進饍如儀。禮儀使以祝版奏御署訖，奉出，太廟令受之，各奠於坫，置各室祝案上。通事舍人承旨，敕衆官各還齋次。

四曰省牲器。祀前一日未後三刻，廩犧令丞、太官令丞、太祝以牲就位。禮直官引太常卿、光祿卿丞、監祭禮等官就位。禮直官請太常、監祭、監禮由東神門北偏門入，升自東階。每位視滌祭器，司尊彝舉冪曰「潔」。俱畢，降自東階，由東神門北偏門出，復位，立定。禮直官稍前曰「請省牲」，引太常卿視牲，退復位。次引廩犧令出班，巡牲一匝，西向折身曰「充」。諸太祝巡牲一匝，上一員出班西向折身曰「腯」畢，俱復位。蒙古巫祝致詞訖，禮直官稍前曰「請詣省饌位」，引太常卿、光祿卿、監祭、監禮、光祿丞、太官令丞詣省饌位，東西相向立定，以北為上。禮直官引太常卿詣饌殿內省饌。視饌訖，禮直官引太常卿還齋所。次引廩犧令丞、諸太祝以次牽牲詣廚，授太官令。次引光祿卿丞、監祭、監禮詣廚省鼎鑊，視滌溉訖，各還齋所。太官令帥宰人以鸞刀割牲，祝史各取毛血，每位共實一豆，以肝洗於鬱鬯及取膟膋，每位共實一豆，置於各位。饌室內，庖人烹牲。

五曰晨祼。祀日丑前五刻，諸享陪位官各服其服。光祿卿、良醞令、太官令入，實籩、豆、籩、簠、尊、罍，各如常儀。太樂令率工人二舞，以次入。奉禮郎贊者先入就位，禮直官引御史、博士及執事者以次各入，就位，並如常儀。禮直官引司徒以下官升殿，分香設酒，如常儀。禮直官引太常官、御史、博士升殿，視陳設，就位。復與太廟令、太祝、宮闈令升殿。太祝出帝主，宮闈令出后主訖，御史及以上升殿官於當陛近西，北向立。奉禮於殿上贊奉神主訖，奉禮曰「再拜」，贊者承傳，諸官及執事者皆再拜，各就位。禮直官引亞終獻等官，由南神門東偏門入，就位，立定。禮直官贊有司謹具，請行事。協律郎俛伏興，舉麾(興)，工鼓柷，〔一四〕宮縣樂作思成之曲，以黃鐘爲宮，大呂爲角，太簇爲徵，應鐘爲羽，作文舞九成止。樂奏將終，通事舍人引侍中版奏請中嚴。皇帝服袞冕，坐少頃，禮直官引博士，博士引禮儀使，對立於大次門外，當門北向。侍中奏外辦，禮儀使跪奏請皇帝行禮，俛伏興，簾捲。符寶郎奉寶陳於西陛之西黃羅案上。皇帝出大次，博士、禮儀使前導，華蓋傘扇如儀，大禮使後從。至西神門外，殿中監跪進鎮圭，皇帝執圭，華蓋傘扇停於門外，近侍從入門。協律郎跪俛伏興，舉麾，工鼓柷，宮縣順成之樂作。至版位東向，協律郎偃麾，工戛敔，樂止。引禮官分左右侍立，禮儀使前奏請再拜，皇帝再拜。奉禮曰「衆官再拜」，贊者承傳，凡在位者皆再拜。禮儀使奏請皇帝詣盥洗位，宮縣(作樂)〔樂作〕，〔一五〕至洗位，樂止。內侍跪取匜，興，沃水。又內侍跪取盤，興，承水。禮儀使奏請搢鎮圭，皇帝搢圭，盥手訖，內侍跪取巾於篚，興，以進，帨手訖，皇帝詣爵洗位，奉瓚官以瓚跪進，皇帝受瓚，內侍奉匜沃水。又內侍跪，奉盤承水，洗瓚訖，內侍奉巾以進，皇帝拭瓚訖，內侍奠盤匜，又奠巾於篚，奉瓚官跪受瓚。禮儀使奏請執鎮圭，前導皇帝升殿，宮縣樂作，至西階下，樂止。皇帝升自西階，登歌樂作，禮儀使前導皇帝詣太祖室尊彝所，東向立，樂止。奉瓚官以瓚莅鬯，司尊者舉冪，侍中跪酌鬱鬯訖，禮儀使前導，入詣太祖神座前，北向立。禮儀使奏請搢鎮圭跪，奉瓚官西向立，以瓚跪進。禮儀使奏請執瓚、以鬯祼地，皇帝執瓚以鬯祼地，以瓚授奉瓚官。禮儀使奏請執鎮圭、俛伏興。皇帝俛伏興，禮儀使前導出戶外褥位。禮儀使奏請再拜。皇帝再拜訖，禮儀使前導詣第二室以下，祼鬯並如上儀。祼訖，禮儀使奏請還版位。登歌樂作，皇帝降自西階，樂止。宮縣樂作，至版位東向立，樂止。禮儀使奏請還小次，前導皇帝行，宮縣樂作。將至小次，禮儀使奏請釋鎮圭，殿中監跪受，皇帝入小次，簾降，樂止。

六曰進饌。皇帝祼將畢，光祿卿詣饌殿視饌，復位。太官令率齋郎詣饌幕，以牲體設於盤，各對舉以行，自南神門入。司徒出迎饌，宮縣樂作，奏無射宮嘉成之曲。禮直官引司徒、齋郎奉饌升自太階，由正門入。諸太祝迎於階上，各跪奠於神座前。齋郎執笏俛伏興，徧奠訖，樂止。禮直官引司徒、太官令率齋郎降自東階，各復位。饌之升殿也，太官丞率七祀齋郎奉饌，以序跪奠于七祀神座前，退從殿上齋郎以次復位。諸太官令率割牲官詣各室，進割牲體置俎上，皆退。

七日酌獻。禮直官於殿上贊太祝立茅苴，禮儀使奏請詣盥洗位。簾捲，出次，宮縣樂作。殿中監跪進鎮圭，皇帝執鎮圭至盥洗位，樂止，北向立。禮儀使奏請搢鎮圭，執事者跪取匜，興，沃水，又跪取盤，承水。禮儀使奏請皇帝盥手，執事者跪取巾於篚，興，進。帨手訖，禮儀使奏請執鎮圭，請詣爵洗位，北向立。禮儀使奏請搢鎮圭，奉爵官以爵跪進。皇帝受爵，執事者奉匜沃水，奉盤承水。皇帝洗爵訖，執事者奉巾跪進。皇帝拭爵，執事者奠盤匜，又奠巾於篚，奉爵官受爵。禮儀使奏請執鎮圭，升殿。宮縣樂作，至西階下，樂止。升自西階，登歌樂作，禮儀使前導詣太祖室尊彝所，東向立，樂止。禮儀使奏請搢鎮圭執爵，奉爵官以爵跪進。皇帝受爵，司尊者舉冪，良醞令跪酌犧尊之泛齊，以爵授執事者。禮儀使奏請執鎮圭，皇帝執圭，入詣太祖神位前，北向立。宮縣樂作，奏開成之曲。禮儀使跪奏請搢鎮圭跪，又奏請三上香。三上香訖，奉爵官以爵授進酒官，進酒官東向以爵跪進。禮儀使奏請執爵，三祭酒於茅苴，以虛爵授進酒官，進酒官以授奉爵官，奉爵官退立尊彝所。進酒官進取神案上所奠玉爵馬湩，東向跪進，禮儀使奏請執爵祭馬湩。祭訖，以虛爵授進酒官，進酒官進奠神案上，退。禮儀使奏請執圭，俛伏興，司徒搢笏跪於俎前，奉牲西向以進。禮儀使奏請搢鎮圭，皇帝搢圭，俯受牲盤，北向跪奠神案上。蒙古祝史致辭訖，禮儀使奏請執鎮圭興，前導，出戶外褥位，北向立，樂止。舉祝官搢笏跪，對舉祝版，讀祝官北向跪，讀祝文訖，俛伏興，舉祝官奠祝版訖，先詣次室。禮儀使奏請再拜。拜訖，禮儀使前導詣各室，各奏本室之樂。其酌獻、進牲、祭馬湩，並如第一室之儀。既畢，禮儀使奏請詣飲福位。登歌樂作，至位，西向立，樂止。登歌釐成之樂作，禮直官引司徒立於飲福位側，太祝以爵酌上尊飲福酒，合置一爵，以奉侍中，侍中受爵，奉以立。禮儀使奏請皇帝再拜。拜訖，奏請搢鎮圭跪。侍中東向以爵跪進，禮儀使奏請執爵，三祭酒，又奏請啐酒。啐酒訖，以爵授侍中。禮儀使奏請受胙，太祝以黍稷飯籩授司徒，司徒東向跪進。皇帝受，以授左右。太祝又以胙肉俎跪授司徒，司徒跪進。皇帝受，以授左右。禮直官引司徒退立。侍中再以爵酒跪進，禮儀使奏請皇帝受爵飲福。飲福訖，侍中受虛爵，興，以授太祝。禮儀使奏請執鎮圭，俛伏興，又奏請再拜。拜訖，樂止。禮儀使前導還版位，登歌樂作，降自西階，樂止。宮縣樂作，至位樂止。禮儀使奏請還小次。宮縣樂作。將至小次，禮儀使奏請釋鎮圭，殿中監跪受。入小次，簾降，樂止。文舞退，武舞進。先是皇帝酌獻訖，將至小次，禮直官引亞獻官詣盥洗位。盥洗訖，升自阼階，酌獻並如常儀。酌獻訖，禮直官引亞獻官詣東序，西向立。諸太祝各以(酌罍)〔罍酌〕福酒，〔一六〕合置一爵，一太祝捧爵進亞獻之左，北向立。亞獻再拜受爵，跪祭酒，遂啐飲。太祝進受爵，退，復於坫上。亞獻興再拜，禮直官引亞獻官降復位。終獻如亞獻之儀。初終獻既升，禮直官引七祀獻官各詣盥洗位，搢笏盥帨訖，執笏詣神位，搢笏跪執爵，三祭酒，奠爵執笏，俛伏興，再拜訖，詣次位，如上儀。終獻畢，贊者唱「太祝徹籩豆」。諸太祝進徹籩豆，登歌豐成之樂作，卒徹樂止。奉禮曰「賜胙」，贊者唱「衆官再拜」，在位者皆再拜。禮儀使奏請詣版位。簾捲，出次，殿中監跪進鎮圭。皇帝執圭行，宮縣樂作，至位樂止。送神保成之樂作，一成止。禮儀使奏請皇帝再拜，贊者承傳，凡在位者皆再拜。禮儀使前奏禮畢，前導皇帝還大次。宮縣昌寧之樂作，出門樂止。禮儀使奏請釋鎮圭，殿中監跪受，華蓋傘扇引導如常儀。入大次，簾降。禮直官引太常卿、御史、太廟令、太祝、宮闈令升殿納神主，降就拜位，奉禮贊升納神主訖，再拜，御史以下諸執事者皆再拜，以次出。禮直官各引享官以次出，太樂令率工人二舞以次出，太廟令闔戶以降乃退。祝册藏於匱。

八曰車駕還宮。皇帝既還大次，侍中奏請解嚴。皇帝釋袞冕，停大次。五刻頃，尚食進膳。所司備法駕鹵簿，與侍祠官序立於太廟欞星門外，以北爲上。侍中版奏請中嚴，皇帝改服通天冠、絳紗袍。少頃，侍中版奏皇帝出次升輿，導駕官前導，華蓋傘扇如儀。至廟門外，太僕卿率其屬進金輅如式。侍中前奏請皇帝降輿升輅。升輅訖，太僕御。門下侍郎奏請車駕進發，俛伏興，退。車駕動，稱警蹕。至欞星門外，門下侍郎奏請車駕權停，敕衆官上馬。侍中承旨退稱曰「制可」。門下侍郎退傳制，贊者承傳。衆官上馬畢，門下侍郎奏請敕車右升。侍中承旨退稱「制可」，千牛將軍升訖，導駕官分左右前導，門下侍郎奏請車駕進發。車駕動，稱警蹕。符寶郎奉八寶與殿中監從，教坊樂鼓吹振作。駕至崇天門外垣櫺星門外，門下侍郎奏請車駕權停，敕衆官下馬。贊者承傳，衆官下馬。車駕動，衆官前引入內石橋，與儀仗倒捲而北，駐立。駕入崇天門，至大明門外降駕，升輿以入。駕既入，通事舍人承旨敕衆官皆退，宿衞官率衞士宿衞如式。

校勘記

〔一〕世祖〔中統〕元年秋七月丁丑設神位于中書省　據元文類卷四一經世大典序錄禮典總序補。考異已校。

〔二〕王（盤）〔磐〕　見卷五校勘記〔一八〕。

〔三〕皇伯〔考〕朮赤　從道光本補。

〔四〕八年（八）〔九〕月太廟柱朽至丙子敕冬享毋用犧牛　從道光本改。按是年八月壬辰朔，無丙子日。丙子爲九月十五日。

〔五〕分（寺）〔議〕可否以聞　從北監本改。

〔六〕同禮曰西夾南向　「同禮曰」，不詞。「西夾南向」，語出尚書周書顧命。五禮通考「同禮」作「周書」。

〔七〕武宗仁宗二室皆當居東爲昭之第三世〔英宗居西爲穆之第三世〕　據元文類卷一五劉致太廟室次議補。按三昭三穆制，志文僅書三昭二穆，顯脫穆之第三世。

〔八〕書曰從(事)〔祀〕先公　據元文類卷一五劉致太廟室次議改。

〔九〕(始)〔世〕祖皇帝始建太廟　從道光本改。按上文及本書卷五世祖紀中統四年三月癸卯條，始建太廟者爲世祖。

〔一〇〕敕太僕(司)〔寺〕揃馬官　據本書卷九十百官志改。新元史已校。

〔一一〕省饌殿一間在(東)〔宮〕城東門少北南向　按此言廟制，「東城」不通。據上下文改。清續通考已校。

〔一二〕太保劉秉(中)〔忠〕　據本書卷一五七劉秉忠傳改。王圻續通考已校。

〔一三〕光祿卿鑑取明水火　按盛水之鑑不可取火。周禮秋官，司烜「掌以夫遂取明火于日，以鑑取明水于月」。此處「明水」下當脫「燧取明」三字，王圻續通考已校。

〔一四〕協律郎俛伏興舉麾(興)工鼓柷　從道光本删。

〔一五〕宮縣(作樂)〔樂作〕　從道光本改正。

〔一六〕諸太祝各以（酌罍）〔罍酌〕福酒　從道光本改正。

元史卷七十五

志第二十六

祭祀四

宗廟下

親謝儀，其目有八：

一曰齋戒。前享三日，皇帝散齋二日於別殿，致齋一日於大次。應享官員受誓戒於中書省，如常儀。

二曰陳設，如前親祀儀。

三曰車駕出宮。前享一日，所司備儀從、內外仗，與應享之官兩行序立於崇天門外，太僕卿控御馬立於大明門外，諸侍臣及導駕官二十四人，俱於齋殿前左右分班立俟。通事舍人引侍中跪奏請中嚴，俛伏興。少頃，侍中版奏外辦，皇帝卽御座。四品以上應享執事官起居訖，侍中奏請升輿。皇帝出齋殿，降自正階，乘輿，華蓋繖扇如常儀。導駕官前導至大明門外，侍中進當輿前，奏請降輿，乘馬訖，導駕官分左右步導。門下侍郎跪奏請進發，俛伏興，前稱警蹕。至崇天門，門下侍郎奏請權停，敕衆官上馬。侍中承旨退，稱制可，門下侍郎退傳制，稱衆官上馬，贊者承傳，衆官出櫺星門外，上馬訖，門下侍郎奏請進發，前稱警蹕，華蓋繖扇儀仗與衆官左右前引，教坊樂鼓吹不振作。至太廟櫺星門外，紅橋南，贊者承傳衆官下馬。下馬訖，自卑而尊與儀仗倒卷而北，兩行駐立。駕至廟門，侍中奏請皇帝下馬，步入廟門。入廟門訖，侍中奏請升輿，尚輦奉輿，華蓋繖扇如常儀。導駕官前導，皇帝乘輿至大次前，侍中奏請降輿。皇帝降輿入就位，簾降，侍衞如式。尚食進饍，如常儀。禮儀使以祝册奏御署訖，奉出，太廟令受之，各奠於坫，置各室祝案上。通事舍人承旨，敕衆官各還齋次。

四曰省牲器，見前親祀儀。

五曰晨祼。享日丑前五刻，光祿卿、良醞令、太官令入實籩豆簠簋尊罍，各如常儀。太樂令率工人二舞，以次入就位。禮直官引御史及執事者以次入就位。禮直官引太常卿、御史升殿點視陳設，退復位。禮直官引司徒等官詣各室，分香設酒如常儀。禮直官復引太常卿及御史、太廟令、太祝、宮闈令升殿，奉出帝后神主訖，各退降就拜位，立定。奉禮於殿上贊奉神主訖，奉禮贊曰「再拜」，贊者承傳，御史以下皆再拜訖，各就位。禮直官引攝太尉由南神門東偏門入就位，立定。協律郎跪俛伏，舉麾興，工鼓柷，宮縣樂作思成之曲，以黄鐘爲宮，大呂爲角，太簇爲徵，應鐘爲羽，作文舞九成止。太尉以下皆再拜訖，禮直官引太尉詣盥洗位，宮縣樂作肅寧之曲，至位樂止，北向立，搢笏，盥手、帨手，執笏詣爵洗位，北向立，搢笏、洗瓚、拭瓚，以瓚授執事者。執笏升殿，宮縣樂作，至阼階下，樂止。陞自阼階，登歌樂作，詣太祖尊彝所，西向立，樂止。執事者以瓚奉太尉，太尉搢笏執瓚。司尊者舉冪酌鬱鬯訖，太尉以瓚授執事者，執笏詣太祖神位前，搢笏跪，三上香。執事者以瓚奉太尉，太尉執瓚以鬯祼地訖，以虛瓚授執事者。執笏俛伏興，退出戶外，北向再拜訖，次詣各室，並如上儀。禮畢，降自阼階，復位。

六曰進饌。太尉祼將畢，進饌如前儀。

七曰酌獻。太尉既升祼，禮直官引博士，博士引禮儀使至大次前，北向立。通事舍人引侍中詣大次前，版奏請中嚴，皇帝服衮冕。坐少頃，侍中奏外辦，禮儀使跪奏請皇帝行禮，俛伏興。簾捲出次，禮儀使前導至西神門，華蓋繖扇停於門外，近侍從入，太禮使後從。殿中監跪進鎭圭，皇帝執圭入門，協律郎跪，俛伏興，舉麾，宮縣順成之樂作，至版位東向立，樂止。引禮官分左右侍立，禮儀使奏請皇帝再拜。奉禮曰「衆官再拜」，贊者承傳，凡在位者皆再拜。禮儀使奏請皇帝詣盥洗位，宮縣樂作，至位樂止。內侍跪取匜，興，沃水，又內侍跪取盤，承水。禮儀使奏請搢鎮圭，皇帝搢圭盥手。內侍跪取巾於篚，興，進。帨手訖，奉爵官以爵跪進。皇帝受爵，內侍奉匜沃水，又內侍奉盤承水。皇帝洗爵訖，內侍奉巾跪進。皇帝拭爵訖，內侍奠盤匜，又奠巾於篚，奉爵官受爵。禮儀使奏請執鎮圭，導升殿，宮縣樂作，至西階下樂止。升自西階，登歌樂作。禮儀使前導詣太祖室尊彝所，東向立，樂止。宮縣樂作，奏開成之曲。奉爵官以爵莅尊，執事者舉冪，侍中跪酌犧尊之泛齊，以爵授執事者。禮儀使前導，入詣太祖神位前，北向立。禮儀使奏請搢鎮圭，跪，又奏請三上香。上香訖，奉爵官以爵授進酒官，進酒官東向以爵跪進，禮儀使奏請執爵祭酒。執爵三祭酒於茅苴訖，以虛爵授進酒官，進酒官受爵以授奉爵官，退立尊彝所。進酒官進徹神案上所奠玉爵馬湩，東向跪進，禮儀使奏請執爵祭馬湩。祭訖以虛爵授進酒官，進酒官進奠神案上訖，退。禮儀使奏請執圭，俛伏興，司徒搢笏跪俎前，舉牲盤西向以進。禮儀使奏請搢鎮圭，皇帝搢圭，俯受牲盤，北向跪，奠神案上訖，禮儀使奏請執圭興，前導出戶外褥位，北向立，樂止。舉祝官搢笏跪，對舉祝版。讀祝官北向跪，讀祝文訖，俛伏興。舉祝官奠祝版訖，先詣次室。次蒙古祝史詣室前致祠訖，禮儀使奏請再拜。拜訖，禮儀使前導詣各室，奏各室之樂。其酌獻、進牲體、祭馬湩，並如第一室之儀。既畢，禮儀使奏請詣飲福位。登歌樂作，至位，西向立，樂止。宮縣釐成之樂作，禮直官引司徒立於飲福位側，太祝以爵酌上尊福酒，合置一爵，以奉侍中，侍中受爵奉以立。禮儀使奏請皇帝再拜。拜訖，奏搢鎮圭跪，侍中東向以爵跪進。禮儀使奏請執爵三祭酒，又奏請啐酒。啐訖，以爵授侍中。禮儀使奏請受胙，太祝以黍稷飯籩授司徒，司徒東向跪進，皇帝受，以授左右。太祝又以胙肉俎跪授司徒，司徒跪進，皇帝受，以授左右，禮直官引司徒退立。侍中再以爵酒跪進，禮儀使奏請皇帝受爵，飲福酒訖，侍中受虛爵興，以授太祝。禮儀使奏請執鎮圭，俛伏興，又奏請再拜。拜訖，樂止。禮儀使前導還版位。登歌樂作，降自西階，樂止。宮縣樂作，至位樂止。奉禮於殿上唱太祝徹籩豆。宮縣豐寧之樂作，卒徹，樂止。奉禮曰「賜胙」，贊者唱「衆官再拜」，在位者皆再拜。送神樂作，保成之曲作，一成止。禮儀使奏請皇帝再拜，贊者承傳，在位者皆再拜。拜訖，禮儀使前奏禮畢，皇帝還大次。宮縣昌寧之樂作，出門，樂止。禮儀使奏請釋鎮圭，殿中監跪受，華蓋繖扇如常儀。入次，簾降。禮直官引太常卿、御史、太廟令、太祝、宮闈令升殿納神主訖，各降就位。贊者於殿上唱升納神主訖，奉禮曰「再拜」，御史以下諸執事者皆再拜訖，以次出。通事舍人、禮直官各引享官以次出，太樂令率工人二舞以次出，太廟令闔戶以降乃退。祝版藏於匱。

八曰車駕還宮。皇帝既還大次，侍中奏請解嚴。皇帝釋衮冕，停大次。五刻頃，尚食進膳，如常儀。所司備儀從、內外仗，與從祀諸執事官兩行序立於太廟欞星門外。侍中版奏外辦，皇帝出次升輿，導駕官前導，華蓋繖扇如常儀。至廟門，太僕卿進御馬，侍中奏請皇帝降輿乘馬。乘馬訖，門下侍郎奏請進發，俛伏興退，前稱警蹕。至欞星門外，門下侍郎奏請權停，敕衆官上馬。侍中承旨退稱曰「制可」，門下侍郎退傳制，贊者承傳，衆官上馬畢，導駕官及華蓋繖扇分左右前導，稱警蹕，教坊樂鼓吹振作。至崇天門欞星門外，門下侍郎奏請權停，敕衆官下馬。贊者承傳，衆官下馬訖，左右前引入內石橋北，與儀仗倒捲而北，駐立。駕入崇天門，至大明門外降馬，升輿以入。駕既入，通事舍人承旨敕衆官皆退，宿衞官率衞士宿衞如式。

攝祀儀，其目有九：

一曰齋戒。享前三日，三獻官以下凡與祭員，皆公服受誓戒於中書省。是日質明，有司設金椅於省庭，一人執紅羅繖立於其左。奉禮郎率儀鸞局陳設版位，獻官諸執事位，俱藉以席，仍加紫綾褥。設初獻太尉位於省階少西，南向；大禮使位於其東，少南，西向；監祭御史位二，于通道之西，東向；監禮博士位二，于通道之東，西向；俱北上。設司徒亞終獻位於其南，北向，西上。次助奠七祀獻官，次太常卿、光祿卿、光祿丞、書祝官、讀祝官、太官令、良醞令、廩犧令、司尊彝、舉祝官、太官丞、廩犧丞、奉爵官、奉瓚官、盥爵官二、巾篚官、蒙古太祝、巫祝、點視儀衞、淸道官及與祭官，依品級陳設，皆異位重行。太廟令、太樂令、郊社令、太祝位於通道之西，北向，東上。太廟丞、太樂丞、郊社丞、奉禮郎、協律郎、司天生位於通道之東，北向，西上。齋郎位於其後。贊者引行事等官，各就位，立定。次引初獻官立定。禮直官搢笏，讀誓文曰「某年某月某日，享于太廟，各揚其職，其或不敬，國有常刑」。散齋二日宿于正寢，致齋一日宿於祠所。散齋日治事如故，不弔喪問病，不作樂，不判署刑殺文字，不決罰罪人，不與穢惡事。致齋日惟享事得行，餘悉禁。凡與享之官，已齋而闕者，通攝行事。七品以下官先退，餘官再拜。禮直官贊「鞠躬」、「拜」、「興」、「拜」、「興」、「平立」，「禮畢」。守廟兵衞與太樂工人，俱淸齋一宿。赴祀所之日，官給酒饌。

二曰陳設。享前二日，所司設兵衞於廟門，禁斷行人。儀鸞局設幄幔於饌殿，所司設三獻官以下行事執事官次於齋房之所。前一日，太樂令率其屬設宮縣之樂於庭中。東方西方磬簴起北，鐘簴次之；南方北方磬簴起西，鐘簴次之。設十二鎛鐘於編縣之間。各依辰位，樹建鼓於四隅，置柷敔於北縣之內。柷一在道東，敔一在道西。路鼓一在柷之東南，晉鼓一在其後，又路鼓一在柷之西南。諸工人各於其後。東方西方，以北爲上；南方北方，以西爲上。文舞在北，武舞在南，立舞表於酇綴之間。又設登歌之樂於殿上前楹間。玉磬爲首。

一簴在西，金鐘一簴在東，柷一在金鐘北稍西，敔一在玉磬北稍東。搏拊二，〔一〕一在柷北，一在敔北，東西相向。〔二〕歌工次之，餘工各位於縣後。其匏竹者立於階間，重行北向，相對爲首。

享前一日，太廟令率其屬掃除廟庭之內外；樞密院軍官一員，率軍人剗除草穢，平治道路。又設七祀燎柴於廟門之外。又於室內鋪設神位於北牖下，當戶南向。每位設黼扆一，紫綾厚褥一，薄褥一，莞席一，繅席二，虎皮次席二。時暄則用桃枝竹席，几在筵上。又設三獻官拜跪褥位二，一在室內，一在室外。學士院定撰祝册訖，書祝官於饌幕具公服書祝訖，請初獻官署御名訖，以授太廟令。又設祝案於室戶外之右。又設三獻官位於殿下橫街之南，稍西，東向；亞獻終獻位稍却，助奠七祀獻官又於其南；書祝官、讀祝官、舉祝官、太廟令、太官令、良醞令、廩犧令、太廟丞、太官丞位，又於其南；司尊彝、奉瓚官、奉爵官、盥洗巾篚、爵洗巾篚、蒙古太祝、蒙古巫祝、太祝、宮闈令及七祀司尊彝、盥洗巾篚，以次而南。又設齋郎位於其後。每等異位，重行，東向，北上。又設大禮使位於南神門東偏門稍北，北向。又設司徒、太常卿等位於橫街之南，稍東，西向，與亞終獻相對，司徒位在北，太常卿稍却；太常同知、光祿卿、僉院、同僉、院判、光祿丞、拱衞使，以次而南。又設監祭御史位二、監禮博士位二于橫街之北，西向，以北爲上。又設協律郎位在宮縣樂簴西北，東向，太樂丞在樂簴之間。又設太樂令、協律郎位於登歌樂簴之間。又設牲榜于東神門外，南向。設太常卿位於牲位，南向。監祭御史位在太常卿之左，太官令次之，光祿丞、太官丞又次之，廩犧令位在牲西南，廩犧丞稍却，俱北向，以右爲上。又設諸太祝位於牲東，西向，以北爲上。又設蒙古巫祝位於牲東南，北向。又設省饌位於省饌殿前，太常卿、光祿卿、光祿丞、太官令位於東，西向；監祭、監禮位於西，東向；皆北上。太廟令陳祝版於室右之祝案，又率祠祭局設籩豆簠簋。每室左十有二籩，右十有二豆，俱爲四行。登三在籩豆之間，鉶三次之，簠二、簋二又次之，簠左簋右，俎七在簠簋之南，香案一次之，沙池又次之。又設每室尊罍于通廊，斝彝、黃彝各一，春夏用雞彝、鳥彝、犧尊二、象尊二，秋冬用著尊、壺尊、（著）〔太〕尊二、山罍二，〔三〕以次在本室南之左，皆加勺冪。爲酌尊所，北向，西上。彝有舟坫冪。又設壺尊二、太尊二、山罍四，在殿下階間，俱北向，望室戶之左，皆有坫加冪，設而不酌。凡祭器，皆藉以席。又設七祀位於橫階之南道東，西向，以北爲上。席皆以莞。設神版位，各於座首。又設祭器，每位左二籩，右二豆，簠一、簋一在籩豆間，俎一在籩前，爵坫一次之，壺尊二在神位之西，東向，以北爲上，皆有坫勺冪。又設三獻盥洗、爵洗在通街之西，橫街之南，北向。罍在洗西加勺，篚在洗東，皆實以巾。爵洗仍實以瓚，爵加盤坫。執罍篚者各位于後。又設七祀獻官盥洗位於七祀神位前，稍北。罍在洗西，篚在洗東，實以巾。又實爵於坫。執罍篚者各位於後。

三曰習儀。享前二日，三獻以下諸執事官員赴太廟習儀。次日早，各具公服乘馬赴東華門，迎接御香至廟省牲。

四曰迎香。享前一日，有司告諭坊市，灑掃經行衢路，祗備香案。享前一日質明，三獻官以下及諸執事官，各具公服，六品以下官皆借紫服，詣崇天門下。太常禮儀院官一員奉御香，一員奉酒，二員奉馬湩，自內出；監祭、監禮、奉禮郎、太祝，分兩班前導；控鶴五人，一人執繖，從者四人，執儀仗在前行。至大明門，由正門出，教坊大樂作。至崇天門外，奉香、酒、馬湩者安置腰輿，導引如前。行至外垣欞星門外，百官上馬，分兩班行於儀仗之外，清道官行於儀衞之先，兵馬司巡兵夾道次之，金鼓又次之，京尹儀從又次之，教坊大樂爲一隊次之。控鶴弩手各服其服，執儀仗左右成列次之，拱衞使居其中，儀鳳司細樂又次之。太常卿與博士、御史導於輿前，獻官、司徒、大禮使、助奠官從於輿後。至廟，入自南門。至神門外，百官及儀衞皆止。太常卿、博士、御史導輿，三獻、司徒、大禮使、助奠官從入至殿下，獻官奉香酒馬湩陞自太階，入殿內通廊正位安置。禮直官引獻官降自東階，由東神門北偏門出，釋服。

五曰省牲器，見親祀儀。

六曰晨祼。祀日丑前五刻，太常卿、光祿卿、太廟令率其屬設燭於神位，遂同三獻官、司徒、大禮使等每室一人，分設御香酒醴，以金玉爵斝，酌馬湩、蒲萄尚醞酒奠於神案。又陳籩豆之實。籩四行，以右爲上。第一行，魚鱐在前，糗餌、粉餈次之。第二行，乾䕩在前，乾棗、形鹽次之。第三行，鹿脯在前，榛實、乾桃次之。第四行，菱在前，芡、栗次之。豆四行，以左爲上。第一行，芹菹在前，筍菹、葵菹次之。第二行，菁菹在前，韭菹、酏食次之。第三行，魚醢在前，兔醢、豚拍次之。第四行，鹿臡在前，醓醢、糝食次之。簠實以稻粱，簋實以黍稷，登實以大羹，鉶實以和羹，尊彝、斝彝實以明水，黃彝實以鬱鬯，犧尊實以泛齊，象尊實以醴齊，著尊實以盎齊，山罍實以三酒，壺尊實以醍齊，太尊實以沈齊。凡齊之上尊實以明水，酒之上尊實以玄酒，其酒齊皆以上醞代之。又實七祀之祭器，每位左二籩，栗在前，鹿脯次之；右二豆，菁菹在前，鹿臡次之。簠實以黍，簋實以稷，壺尊實以醍齊，其酒齊亦以上醞代之。陳設訖，獻官以下行事執事官，各服其服，會於齊班廳。禮直官引太常卿、監祭、監禮、太廟令、太祝、宮闈令、諸執事官、齋郎，自南神門東偏門入就位，東西相向立定。俟監祭、監禮按視殿之上下，徹去蓋冪，糾察不如儀者，退復位。禮直官引太常卿、監祭、監禮、太廟令、太祝、宮闈令陞自東階，詣太祖室。蒙古太祝起帝主神冪，宮闈令起后主神冪。次詣每室，並如常儀畢，禮直官引太常卿以下諸執事官，當橫街間，重行，以西爲上，北向立定。奉禮郎贊曰「奉神主訖，再拜」。禮直承傳，太常卿以下皆再拜訖，奉禮郎又贊曰「各就位」。禮直官引諸執事官各就位，次引太官令率齋郎由南神門東偏門以次出。贊者引三獻官、司徒、大禮使、七祀獻官、諸行事官，由南神門東偏門入，各就位，立定。禮直官進於初獻官之左，贊曰「有司謹具，請行事」，退復位。協律郎跪，俛伏興，舉麾(興)，〔三〕工鼓柷，宮縣樂奏思成之曲九成，文舞九變。奉禮郎贊再拜，在位者皆再拜。奉禮又贊諸執事者各就位，禮直官引奉瓚、奉爵、盥爵、洗巾篚執事官各就位，立定。禮直官引初獻官詣盥洗位，宮縣樂作無射宮肅寧之曲，至位北向立定；搢笏、盥手、帨手，執笏詣爵洗位，至位北向立定；搢笏、執瓚、洗瓚、拭瓚，以瓚授執事者，執笏，樂止。登歌樂作，奏夾鍾宮肅寧之曲，升自東階，樂止。詣太祖酌尊所，西向立，搢笏，執事者以瓚授初獻官，執瓚。司尊彝跪舉冪，良醞令跪酌黃彝鬱鬯，初獻以瓚授執事者，執笏詣太祖神位前，北向立，搢笏跪，三上香。執事者以瓚授初獻，初獻執瓚以鬯灌於沙池，以瓚授執事者，執笏，俛伏興，出室戶外，北向立。再拜訖，詣每室祼鬯如上儀。俱畢，禮直官引初獻降自東階，登歌樂作，奏夾鍾宮肅寧之曲。復位，樂止。

七曰饋食。初獻既祼，如前進饌儀。

八曰酌獻。太祝立茅苴于盤。禮直官引初獻詣盥洗位，宮縣樂作，奏無射宮肅寧之曲，至位北向立；搢笏、盥手、帨手，執笏詣爵洗位；至位，搢笏、執爵、洗爵、拭爵，以爵授執事者，執笏，樂止。登歌樂作，奏夾鐘宮肅寧之曲。陞自東階，樂止。詣太祖酒尊所，西向立，搢笏執爵。司尊彝搢笏跪舉冪，良醞令搢笏跪酌犧尊之泛齊，以爵授執事者，執笏。宮縣樂作，奏無射宮開成之曲。詣太祖神座前，北向立，稍前，搢笏跪，三上香。執爵，三祭酒于茅苴，以爵授執事者，執笏，俛伏興，平立。請出室戶外，北向立，樂止，俟讀祝。舉祝官搢笏跪，對舉祝版，讀祝官跪讀祝文。讀訖，舉祝官奠祝版于案，執笏興，讀祝官俛伏興。禮直官贊再拜訖，次詣每室，酌獻如上儀，各奏本室之樂。獻畢，宮縣樂止。降自東階，登歌樂作，奏夾鐘宮肅寧之曲。初獻復位，立定。文舞退，武舞進，宮縣樂作，奏無射宮肅寧之曲。舞者立定，樂止。禮直官引亞獻詣盥洗位，至位北向立，搢笏、執爵、洗爵、拭爵，以爵授執事者。陞自東階，詣太祖酌尊所，西向立，搢笏，執爵。司尊彝搢笏跪舉冪，良醞令搢笏跪酌象尊之醴齊，以爵授執事者，執笏。宮縣樂作，奏無射宮肅寧之曲。詣太祖神座前，北向立，稍前，搢笏跪，三上香，執爵三祭酒于茅苴，以爵授執事者，執笏俛伏興，平立，請出室戶外，北向立。再拜訖，次詣每室，酌獻並如上儀。獻畢，樂止。降自東階，復位立定。禮直官引終獻，如亞獻之儀，唯酌著尊之盎齊。禮畢，降復位。初終獻將行，贊者引七祀獻官詣盥洗位，搢笏、盥手、帨手訖，執笏詣酒尊所，搢笏、執爵、酌酒，以爵授執事者，執笏詣首位神座前，東向立，稍前，搢笏跪執爵，三祭酒于沙池，奠爵于案，執笏俛伏興，少退立，再拜訖，每位並如上儀。俱畢，七祀獻官俟終獻官降復位，立定。

九曰祭馬湩。終獻酌獻將畢，禮直官分引初獻亞獻官、司徒、大禮使、助奠官、七祀獻官、太常卿、監祭、監禮、太廟令丞、蒙古庖人、巫祝等陞殿。每室獻官一員各立於戶外，太常卿、監祭、監禮以下立於其後。禮直官引獻官詣神座前，蒙古庖人割牲體以授獻官。獻官搢笏跪奠于帝主神位前，次奠于后主神位前訖，出笏退就拜位，搢笏跪。太廟令取案上先設金玉爵斝馬湩、蒲萄尚醞酒，以次授獻官，獻官皆祭于沙池。蒙古巫祝致詞訖，宮縣樂作同進饌之曲。初獻出笏就拜興，請出室戶外，北向立。俟衆獻官畢立，禮直官通贊曰「拜」，「興」，凡四拜。監祭、監禮以下從拜。皆作本朝跪禮。拜訖退，登歌樂作，降階，樂止。太祝徹籩豆，登歌樂作，奏夾鐘宮豐寧之曲。奉禮贊賜胙，贊者承傳，衆官再拜興。送神樂作，奏黃鐘宮保成之曲，一成而止。太祝各奉每室祝版，降自太階望瘞位，禮直官引三獻、司徒、大禮使、助奠、七祀獻官、太常卿、光祿卿、監祭、監禮視燔祝版，至位坎北南向跪，以祝版奠于柴，就拜興。俟半燎，禮直官贊可瘞。禮直官引三獻以下及諸執事者齋郎等，由南神門東偏門出至揖位，圓揖。樂工二舞以次從出。三獻之出也，禮直官分引太常卿、太廟令、監祭、監禮、蒙古太祝、宮闈令及各室太祝，陞自東階，詣太祖神座前，陞納神主，每室如儀。俱畢，降自東階，至橫街南，北向西上立定。奉禮贊曰「陞納神主訖，再拜」，贊者承傳，再拜訖，以次出。禮畢，三獻官、司徒、大禮使、太常禮儀院使、光祿卿等官，奉胙進于闕庭。駕幸上都，則以驛赴奉進。

攝行告謝儀：告前三日，三獻官以下諸執事官，各具公服赴中書省受誓戒。告前一日未正二刻，省牲器。至期質明，三獻官以下諸執事者各服法服，禮直官引太常卿、監祭御史、監禮博士、五令諸執事官先入就位。禮直官引監祭、監禮點視陳設畢，復位。禮直官引太常卿、監祭、監禮、太廟令、太祝、宮闈令奉遷各室神主訖，降自橫街，〔四〕北向立定。奉禮郎贊再拜，在位官皆再拜訖，奉禮郎贊各就位訖，太官令、齋郎出。禮直官引三獻、司徒、光祿卿、捧瓚、爵盥、爵洗官入就位，立定。禮直官贊「有司謹具，請行事」，降神樂作，九成止。奉禮郎贊再拜，三獻以下再拜訖，奉禮郎贊諸執事者各就位，立定。禮直官引初獻詣盥洗位，盥手，詣爵洗位，洗瓚。詣第一室酒尊所，酌鬱鬯。詣神座前北向跪，搢笏三上香，奠幣執瓚，以鬯灌於沙池，執笏俛伏興。出室戶外，再拜訖，次詣各室，並如上儀。俱畢，降復位。司徒率齋郎進饌，如常儀。奠畢，降復位。禮直官引初獻詣盥洗位，盥手，詣爵洗位，洗爵。詣第一室酒尊所，酌酒。詣神座前，北向搢笏跪，三上香，執爵三祭酒於茅苴，以爵授執事者，執笏俛伏興，出室戶外，北向立。俟讀祝官讀祝文訖，再拜。詣每室，並如上儀。俱畢，降復位。禮直官引亞獻官盥手、洗爵、酌獻，並如初獻儀，惟不讀祝。俱畢，降復位。禮直官引終獻，並如亞獻儀。俱畢，復位。太祝徹籩豆，奉禮郎贊賜胙，衆官再拜。在位官皆再拜訖，禮直官引三獻官、司徒、太常卿、監祭、監禮視焚祝版幣帛，禮直官贊可瘞。禮畢，太常卿、監祭、監禮升納神主訖，降自橫階。奉禮郎贊再拜，在位官皆再拜訖，退。

薦新儀：至日質明，太常禮儀院官屬赴廟所，皆公服俟于次。太廟令率其屬升殿，開室戶，不出神主，設籩豆俎、酒醴、馬湩及室戶內外褥位。又設盥洗位于階下，少東，西向。奉禮郎率儀鸞局設席褥版位于橫街南，又設盥盆巾帨二所于齊班幕前。凡與祭執事官皆盥手訖，太常官詣神厨點視神饌。執事者奉所薦饌物，各陳饌幕內。太常官以下入就位，東西重行，北向立定。禮直官贊「皆再拜」，「鞠躬」，「拜」，「興」，「拜」，「興」，「平立」，「各就位」。禮直官引太常次官一員，率執事者出詣饌所，奉饌入自正門，升自太階，奠各室神位前。執事者進時食，院官搢笏受而奠之。禮直官引太常禮儀使詣盥洗位，盥手帨手。升殿詣第一室神位前，搢笏，執事者注酒于杯，三祭酒，又注馬湩于杯，亦三祭之，奠杯于案。出笏，就拜興，出室戶外，北向立，再拜。每室俱畢，降復位，執事者皆降。禮直官贊「再拜」，「鞠躬」，

「拜」，「興」，「拜」，「興」，「平立」。餘官率執事者升徹饌，出殿闔戶。禮直官引太常官以下俱出東神門外，圓揖。

神御殿

神御殿，舊稱影堂。所奉祖宗御容，皆紋綺局織錦爲之。影堂所在：世祖帝后大聖壽萬安寺，裕宗帝后亦在焉；順宗帝后大普慶寺，仁宗帝后亦在焉；成宗帝后大天壽萬寧寺；武宗及二后大崇恩福元寺，爲東西二殿；明宗帝后大天源延聖寺；英宗帝后大永福寺；也可皇后大護國仁王寺。世祖、武宗影堂，皆藏玉册十有二牒，玉寶一鈕。仁宗影堂，藏皇太子玉册十有二牒，皇后玉册十有二牒，玉寶一鈕。英宗影堂，藏皇帝玉册十有二牒，玉寶一鈕，皇太子玉册十有二牒。凡帝后册寶，以匣匱金鎖鑰藏於太廟，此其分置者。

其祭器，則黃金缾斝盤盂之屬以十數，黃金塗銀香合椀楪之屬以百數，銀壺釜盃匜之屬稱是。玉器、水晶、瑪瑙之器爲數不同，有玻瓈瓶、琥珀勺。世祖影堂有眞珠簾，又皆有珊瑚樹、碧甸子山之屬。

其祭之日，常祭每月初一日、初八日、十五日、二十三日，節祭元日、清明、蕤賓、重陽、冬至、忌辰。其祭物，常祭以蔬果，節祭忌辰用牲。祭官便服，行三獻禮。加薦用羊羔、炙魚、饅頭、餜子、西域湯餅、圜米粥、砂糖飯羹。

泰定二年，亦作顯宗影堂于大天源延聖寺，天曆元年廢。舊有崇福、殊祥二院，奉影堂祀事，乃改爲泰禧院。二年，又改爲太禧宗禋院，秩二品。既而，復以祖宗所御殿尙稱影堂，更號神御殿。殿皆製名以冠之：世祖曰元壽，昭睿順聖皇后曰睿壽，南必皇后曰懿壽，裕宗曰明壽，成宗曰廣壽，順宗曰衍壽，武宗曰仁壽，文獻昭聖皇后曰昭壽，仁宗曰文壽，英宗曰宣壽，明宗曰景壽。且命學士擬其祭祀儀注，今闕。

又有玉華宮孝思殿在眞定，世祖所立。以忌日享祀太上皇、皇太后御容。本路官吏祭奠，太常博士按宋會要定其儀。所司前期置辦茶食、香果。質明，禮直官、引獻官與陪位官以下，並公服入廟庭，西向立。俱再拜訖，引獻官詣殿正階下再拜，升階至案前褥位，三上香，三奠酒訖，就拜興。又再拜訖，引獻官復位，與陪位官以下俱再拜，退。仁宗皇慶二年秋八月庚辰，命大司徒田忠良詣眞定致祭，依歲例給御香酒幷犧牲祭物錢中統鈔壹百錠。延祐四年，始用登歌樂，行三獻禮。七年，太常博士言影堂用太常禮樂非是，制罷之，歲時本處依舊禮致祭。

其太祖、太宗、睿宗御容在翰林者，至元十五年十一月，命承旨和禮霍孫寫太祖御容。二十六年二月，復命寫太上皇御容，與太宗舊御容，俱置翰林院，院官春秋致祭。二十四年二月，翰林院言舊院屋敝，新院屋纔六間，三朝御容宜於太常寺安奉，後仍遷新院。至大四年，翰林院移署舊尙書省，有旨月祭。中書平章完澤等言：「祭祀非小事，太廟歲一祭，執事諸臣受戒誓三日乃行事，今此輕易非宜。舊置翰林院御容，春秋二祭，不必增益。」制若曰「可」。至治三年遷置普慶寺，祀禮廢。泰定二年八月，中書省臣言當祭如故，乃命承旨斡赤齎香酒至大都，同省臣祭于寺。四年，造影堂於石佛寺，未及遷。至順元年七月，卽普慶寺祭如故事。二年，復祀于翰林國史院。重改至元之六年，翰林院言三朝御容祭所甚隘，兼歲久屋漏，於石佛寺新影堂奉安爲宜。中書省臣奏，此世祖定制，當仍其舊，制可。

校勘記

〔一〕搏拊二〔一在柷北〕一在敔北東西相向　按此言宗廟祭祀攝祀儀注之陳設。既言搏拊有二，而下文僅書其一之陳設位置。本書卷七三祭祀志有「搏拊二，一在柷北，一在敔北」。據補。

〔二〕秋冬用著尊壺尊（著）〔太〕尊二山罍二　按「著尊」重出，顯有舛訛。下文述晨祼儀注言：「著尊實以盎齊，山罍實以三酒，壺尊實以醍齊，太尊實以沈齊。」此處第二「著尊」乃「太尊」之誤，今改。

〔三〕俛伏興舉麾（興）　從道光本删。

〔四〕降自横街　按本書卷七四祭祀志有「殿下道直東西神門曰横街，直南門曰通街」。自横街不能再降，「降自横街」不可解。下文有「降自横階」，此處「街」字當係「階」字之誤。

元史卷七十六

志第二十七

祭祀五

太社太稷

至元七年十二月，有詔歲祀太社太稷。三十年正月，始用御史中丞崔彧言，於和義門內少南，得地四十畝，爲壝垣，近南爲二壇，壇高五丈，方廣如之。〔一〕社東稷西，相去約五丈。社壇土用青赤白黑四色，依方位築之，中間實以常土，上以黃土覆之。築必堅實，依方面以五色泥飾之。四面當中，各設一陛道。其廣一丈，亦各依方色。稷壇一如社壇之制，惟土不用五色，其上四周純用一色黃土。壇皆北向，立北墉於社壇之北，以磚爲之，飾以黃泥；瘞坎二於稷壇之北，少西，深足容物。

二壇周圍壝垣，以磚爲之，高五丈，廣三十丈，四隅連飾。內壝垣欞星門四所，外垣欞星門二所，每所門三，列戟二十有四。外壝內北垣下屋七間，南望二壇，以備風雨，曰望祀堂。堂東屋五間，連厦三間，曰齊班廳。廳之南，西向屋八間，曰獻官幕。又南，西向屋三間，曰院官齋所。又其南，屋十間，自北而南，曰祠祭局，曰儀鸞庫，曰法物庫，曰都監庫，曰雅樂庫。又其南，北向屋三間，曰百官厨。外垣南門西壝垣西南，北向屋三間，曰太樂署。其西，東向屋三間，曰樂工房。又其北，北向屋一間，曰饌幕殿。又北，南向屋三間，曰饌幕。〔三〕又北稍東，南向門一間。院內南，南向屋三間，曰神厨。東向屋三間，曰酒庫。近北少却，東向屋三間，曰犧牲房。井有亭。望祀堂後自西而東，南向屋九間，曰執事齋郎房。自北折而南，西向屋九間，曰監祭執事房。此壇壝次舍之所也。

社主用白石，長五尺，廣二尺，剡其上如鍾。於社壇近南，北向，埋其半於土中。稷不用主。后土氏配社，后稷氏配稷。神位版二，用栗，素質黑書。社樹以松，於社稷二壇之南各一株。此作主樹木之法也。

祝版四，以楸木爲之，各長二尺四寸，闊一尺二寸，厚一分。文曰：「維年月日，嗣天子敬遣某官某，敢昭告于太社之神。」配位曰后土之神。稷曰太稷之神，配位曰后稷之神。玉幣，社稷皆黝圭一，繅藉，瘞玉一，以黝石代之，玄幣一。配位皆玄幣一，各長一丈八尺。此祝文玉幣之式也。

牛一，其色黝，其角握，有副。羊四，野豕四。籩之實皆十，無糗餌、粉餈。豆之實亦十，無飽食、糝食。簠簋之實皆四，鉶之實和羹五，齊皆以尚醞代之。香用沉龍涎。神席一，緣以黑綾，黑綾褥方七尺四寸。太尊、著尊、犧尊、山罍各二，有坫，加勺冪。象尊、壺尊、山罍各二，有坫冪，設而不酌。籩豆各十有一，其一設於饌幕。鉶三，簠三，簋三，其一設於饌幕。俎八，其三設於饌幕。盤一，毛血豆一，爵一，有坫。沙池一，玉幣篚一，木柶一，勺一，香鼎一，香盒一，香案一，祝案一，皆有衣。紅髹器一，以盛馬湩。盥洗位二，罍二，洗二。白羅巾四，實以篚。朱漆盤五。已上，社稷皆同。配位有象尊，無太尊。設而不酌者，無象尊，餘皆與正位同。此牲齊祭器之等也。

饌幕、省饌殿、香殿，黃羅幕三，黃羅額四，黃絹帷一百九十五幅，獻攝版位三十有五，紫綾拜褥百，蒲、葦席各二百，木燈籠四十，絳羅燈衣百一十，紅挑燈十，剪燭刀二，鐵杴盆三十有架，黃燭二百，雜用燭二百，麻杴三百，松明、清油各百斤。此饌幕版位燭燎之用也。

初獻官一，亞獻官一，終獻官一，攝司徒一，助奠官二，太常卿一，光祿卿一，廩犧令一，太官令一，巾篚官四，祝史四，監祭御史二，監禮博士二，司天監二，良醞令一，奉爵官一，司尊罍二，盥洗官二，爵洗官二，太社令一，太社丞一，太樂令一，太樂丞一，協律郎二，奉禮郎二，讀祝官一，舉祝官二，奉幣官四，剪燭官二，太祝七，齋郎四十有八，贊者一，禮直官三，與祭官無定員。此獻攝執事之人也。

凡祭之日，以春秋二仲月上戊。延祐六年改用中戊。其儀注之節有六：

一曰迎香。前一日，有司告諭坊市，灑掃經行衢路，設香案。至日質明，有司具香酒樓轝，三獻官以下及諸執事官各具公服，五品以下官、齋郎等皆借紫，詣崇天門。三獻官及太常禮儀院官入，(奏)〔奉〕祝及御香、尙尊酒、馬湩自內出。〔三〕監祭御史、監禮博士、奉禮郎、太祝分左右兩班前導。控鶴五人，一人執繖，四人執儀仗，由大明門正門出。教坊大樂作。至崇天門外，奉香酒、馬湩者各安置於轝，導引如儀。至紅門外，百官乘馬分班行於儀仗之外，清道官行於儀衞之先，兵馬司巡兵夾道次之，金鼓又次之，京尹儀從左右成列又次之，教坊大樂一隊次之。控鶴弩手各服其服，執儀仗左右成列次之。拱衞使行其中，儀鳳司細樂又次之。太常卿與博士御史導於轝前，獻官、司徒、助奠官從於轝後。若駕幸上都，三獻官以下及諸執事官則詣健德門外，皆具公服於香轝前北向立，異位重行。俟奉香酒官驛至，太常官受而奉之，各置於轝。禮直官贊「班齊」，「鞠躬」，「再拜興」，「平立」。班首稍前搢笏跪，衆官皆跪，三上香，出笏就拜興，平立退復位，北向立，鞠躬，再拜興，平立。衆官上馬，分班前導如儀。至社稷壇北神門外皆下馬，分左右入自北門，序立如儀。太常卿、博士、御史前導，獻官、司徒、助奠等官後從。至望祀堂下，三獻奉香、酒、馬湩陞階，置於堂中黃羅幕下。禮直官引三獻官以次而出，各詣齋次，釋服。

二曰齋戒。前期三日質明，有司設三獻官以下行事執事官位於中書省。太尉南向，監祭御史位二於其西，東向，監禮博士位二於其東，西向，俱北上。司徒、亞獻、終獻位於其南，北向。次助奠，稍却。次太常卿、光祿卿、太官令、司尊彝、良醞令、太社令、廩犧令、光祿丞、太樂令、太社丞。次讀祝官、奉爵官、太祝、祝史、奉禮郎、協律郎、司天生、諸執事齋郎。每等異位重行，俱北向，西上。贊者引行事執事官各就位，立定。禮直官引太尉、初獻就位，讀誓曰：「某年某月某日上戊日，祭於太社太稷，各揚其職，其或不敬，國有常刑。」散齋二日，宿於正寢，致齋一日於祠所。散齋日治事如故，不弔喪問疾，不作樂，不判署刑殺文字，不決罰罪人，不與穢惡事。致齋日，惟祭事得行，其餘悉禁。凡與祭之官已齋而闕者，通攝行事。七品以下官先退，餘官對拜。守壝門兵衞與大樂工人，俱清齋一日。行禮官，前期習儀於祠所。

三曰陳設。前期三日，所司設三獻以下行事執事官次於齋房之內，又設饌幕四於西神門之外，稍南，西向，北上。今有饌幕殿在西壝門外，近北，南向。陳設如儀。前祭二日，所司設兵衞，各以其方色器服守衞壝門，每門二人，每隅一人。太樂令帥其屬設登歌之樂於兩壇上，稍北，南向。磬簴在東，鐘簴在西，柷一在鐘簴南稍東，敔一在磬簴南稍西。搏拊二，一在柷南，一在敔南，東西相向。歌工次之，餘工位在縣後。其匏竹者位於壇下，重行南向，相對爲首。太社令帥其屬掃除壇之上下，爲瘞坎二於壬地，方深足以容物，南出陛。前祭一日，司天監、太社令帥其屬升，設太社、太稷神座各於壇上，近南，北向。設后土神座於太社神座之左，后稷神座於太稷神座之左，俱東向。席皆以莞，裀褥如幣之色，設神位版各於座首。奉禮郎設三獻官位於西神門之內道南，亞獻、終獻位稍却。司徒位道北，太常卿、光祿卿次之，稍却。司天監、光祿丞又次之。太社令、太官令、良醞令、廩犧令、太社丞、讀祝官、奉爵官、太祝以次位於其北，諸執事者及祝史、齋郎位於其後。每等異位重行，俱東向，南上。又設監祭御史位二，監禮博士位二，於太社壇子陛之東北，俱西向，南上。設奉禮郎位於稷壇之西北隅，贊者位於北稍却，俱東向。協律郎位二，於各壇上樂簴東北，俱西向。太樂令位於兩壇樂簴之間南向，司尊彝位於酌尊所，俱南向。設望瘞位於坎之南，北向。又設牲榜於西神門外，東向。諸太祝位於牲西，祝史次之，東向。太常卿、光祿卿、太官令位在南，北向，東上。監祭、監禮位於太常卿之東稍却，俱北向，東上。廩犧令位於牲東北，南向。又設禮饌於牲東，設省饌於禮饌之北，今有省饌殿設位於其北，東西相向，南上。太常卿、光祿卿、太官令位於西，東向，監祭、監禮位於東，西向，俱南上。禮部設版案各於神位之側，司尊彝、奉禮郎帥執事者設玉幣篚於酌尊所。次設籩豆之位，每位各籩十、豆十、簠二、簋二、鉶三、俎五、盤一。又各設籩一、豆一、簠一、簋一、俎三於饌幕內。毛血別置一豆。設尊罍之位，社稷正位各太尊二、著尊二、犧尊二、山罍二，于壇上酉陛之西北隅，南向，東上。設配位各著尊二、犧尊二、象尊二、山罍二，在正位酒尊之西，俱南向，東上。又設正位各象尊二、壺尊二、山罍二，于壇下子陛之東，南向，東上。配位各壺尊二、山罍二，在卯陛之南，西向，南上。又設洗位二，于各壇子陛之西北，南向。篚在洗東北肆，執罍篚者各位於其後。

祭日丑前五刻，司天監、太社令各服其服，帥其屬升，設正配位神位版於壇上。又陳玉幣，正位禮神之玉一，兩圭有邸，置於匣。正配位幣皆以玄，各長一丈八尺，陳於篚。太祝取瘞玉加於幣，實於篚，瘞玉以玉石爲之，及禮神之玉各置於神座前。光祿卿帥其屬，入實籩豆簠簋。每位籩三行，以右爲上。第一行，乾䕩在前，乾棗、形鹽、魚鱐次之。第二行，鹿脯在前，榛實、乾桃次之。第三行，菱在前，芡、栗次之。豆三行，以左爲上。第一行，芹菹在前，筍菹、葵菹、菁菹次之。第二行，韭菹在前，魚醢、兔醢次之。第三行，豚拍在前，鹿臡、醓醢次之。簠實以稻粱，簋實以黍稷，鉶實以羹。良醞令帥其屬，入實尊罍。正位太尊爲上，實以泛齊，著尊實以醴齊，犧尊實以盎齊，象尊實以醍齊，壺尊實以沈齊，山罍實以三酒。配位著尊爲上，實以泛齊，犧尊實以醴齊，象尊實以盎齊，壺尊實以醍齊，山罍實以三酒。凡齊之上尊實以明水，酒之上尊實以玄酒，酒齊皆以尚醞代之。太常卿設燭于神座前。

四曰省牲器。前期一日午後八刻，諸衞之屬禁止行人。未後二刻，太社令帥其屬，掃除壇之上下。司尊彝、奉禮郎帥執事者，以祭器入設於位。司天監、太社令升，設神位版及禮神之玉幣如儀。俟告潔畢，權徹，祭日重設。未後二刻，廩犧令與諸太祝、祝史以牲就位，禮直官、贊者分引太常卿、監祭、監禮、太官令於西神門外省牲位，立定。禮直官引太常卿，贊者引監祭、監禮，入自西神門，詣太社壇，自西陛升，視滌濯於上，執事者皆舉冪曰「潔」。次詣太稷壇，如太社之儀訖，降復位。禮直官稍前曰「告潔畢，請省牲」，引太常卿稍前省牲訖，退復位。次引廩犧令出班巡牲一匝，東向折身曰「充」，復位。諸太祝俱巡牲一匝，上一員出班東向折身曰「腯」，復位。禮直官稍前曰「省牲畢，請就省饌位」，引太常卿以下各就位，立定。省饌畢，還齋所。廩犧令與太祝、祝史以次牽牲詣廚，授太官令。次引光祿卿以下詣廚省鼎鑊，視滌溉畢，乃還齋所。晡後一刻，太官令帥宰人以鸞刀割牲，祝史以豆取〔毛〕血各置於饌幕。〔四〕祝史又取瘞血貯於盤，遂烹牲。

五曰奠玉幣。祭日丑前五刻，三獻官以下行事執事官，各服其服。有司設神位版，陳玉幣，實籩豆簠簋尊罍。俟監祭、監禮按視壇之上下，及徹去蓋冪。未明二刻，太樂令帥工人入，奉禮郎、贊者入就位，禮直官、贊者入就位。禮直官、贊者分引監祭、監禮、諸太祝、祝史、齋郎及諸執事官，自西神門南偏門入，當太社壇北墉下，重行南向立，以東爲上。奉禮曰「再拜」，贊者承傳，監祭、監禮以下皆再拜。次贊者分引各就壇上下位，祝史奉盤血，太祝奉玉幣，由西階升壇，各於尊所立。次引監祭、監禮按視壇之上下，糾察不如儀者，退復位。質明，禮直官、贊者各引三獻以下行禮執事官入就位，皆由西神門南偏門以入。禮直官進初獻之左，曰「有司謹具，請行事」，退復位。協律郎跪，俛伏舉麾興，工鼓柷，樂作八成，偃麾，戛敔樂止。禮直官引太常卿瘞血于坎訖，復位，祝史以盤還饌幕，以俟奉毛血豆。奉禮曰「衆官再拜」，在位者皆再拜。又贊諸執事者各就位，禮直官、贊者分引執事官各就壇上下位。諸太祝各取玉幣於篚，立於尊所。禮直官引初獻詣太社壇盥洗位，樂作，至位南向立，樂止。搢笏，盥手，帨手，執笏詣壇，樂作，升自北陛，至壇上，樂止。詣太社神座前，南向立，樂作，搢笏跪。太祝加玉於幣，東向跪以授初獻，初獻受玉幣奠訖，執笏俛伏興，少退，再拜訖，樂止。禮直官引初獻降自北陛，詣太稷壇盥洗位，樂作，至位樂止。盥洗訖，升壇奠玉幣，並如太社后土之儀。奠畢，降自北陛，樂作，復位樂止。初獻奠玉幣將畢，祝史各奉毛血豆立於西神門外，俟奠玉幣畢，樂止。祝史奉正位毛血入自中門，配位毛血入自偏門。至壇下，正位者升自北陛，配位者升自西陛，諸太祝迎取於壇上，各進奠於神位前，太祝、祝史俱退立於尊所。

六曰進熟。初獻既奠玉幣，有司先陳鼎八於神廚，各在於鑊右。太官令出，帥進饌者詣廚，以匕升羊豕於鑊，各實於一鼎，冪之。祝史以扃對舉鼎，有司執匕以從，各陳於饌幕內。俟光祿卿出，帥其屬實籩豆簠簋訖，乃去鼎之扃冪，匕加於鼎。太官令以匕升羊豕，各載於俎，俟初獻還位，樂止。禮直官引司徒出詣饌所，帥進饌者各奉正配位之饌，太官令引以次自西神門入。正位之饌入自中門，配位之饌入自偏門。饌初入門，樂作，饌至陛，樂止。祝史俱進，徹毛血豆，降自西陛以出。正位之饌升自北陛，配位之饌升自西陛，諸太祝迎取於壇上，各跪奠於神座前訖，俛伏興。禮直官引司徒、太官令及進饌者，自西陛各復位。諸太祝還尊所，贊者曰「太祝立茅苴於沙池」。禮直官引初獻官詣太社壇盥洗位，樂作，至位南向立，樂止。搢笏，盥手，帨手，執笏詣爵洗位，至位南向立，搢笏，洗爵，拭爵，以爵授執事者，執笏詣壇，樂作，升自北陛，至壇上，樂止。詣太社酌尊所，東向立，執事者以爵授初獻，初獻搢笏執爵，司尊者舉冪，良醞令跪酌太尊之泛齊，樂作。初獻以爵授執事者，執笏詣太社神座前，南向立，搢笏跪。執事者以爵授初獻，初獻執爵三祭酒，奠爵，執笏俛伏興，少退立，樂止。舉祝官跪，對舉祝版。讀祝官西向跪，讀祝文。讀訖，俛伏興，舉祝官奠祝版於案，興。初獻再拜訖，樂止。次詣后土氏酌尊所，東向立。執事者以爵授初獻，初獻搢笏執爵，司尊彝舉冪，良醞令跪酌著尊之泛齊，樂作。初獻以爵授執事者，執笏詣后土神座前，西向立，搢笏跪。執事者以爵授初獻，初獻執爵三祭酒，奠爵訖，執笏俛伏興，少退立，樂止。舉祝官跪，對舉祝版。讀祝官南向跪，讀祝文。讀訖，俛伏興，舉祝官奠祝版於案，興。初獻再拜訖，樂止。降自北陛，詣太稷壇盥洗位，樂作，至位樂止。盥洗升獻並如太社后土之儀。降自北陛，樂作，復位，樂止。讀祝、舉祝官亦降復位。亞獻詣兩壇盥洗升獻，並如初獻之儀。終獻盥洗升獻，並如亞獻之儀。終獻奠獻畢，降復位，樂止，執事者亦復位。太祝各進徹籩豆，樂作，卒徹樂止。奉禮曰「賜胙，衆官再拜」。贊者承傳，在位者皆再拜訖，送神樂作，一成止。禮直官進初獻之左，曰「請詣望瘞位」，御史、博士從，樂作，至位北向立，樂止。初在位官將拜，諸太祝各執篚進於神座前，取瘞玉及幣，齋郎以俎載牲體并黍稷爵酒，各由其陛降，置於坎訖，贊者曰「可瘞」，東西各二人置土半坎。禮直官進初獻之左，曰「禮畢」，禮直官各引獻官以次出。禮直官引監祭、太祝以下執事官，俱復於壇北壝下，南向立定。奉禮曰「再拜」，監祭以下皆再拜訖，出。祝史、齋郎及工人以次出。祝版燔於齋所。光祿卿、監祭、監禮展視酒胙訖，乃退。

其告祭儀，告前三日，三獻官以下諸執事官，各具公服，赴中書省受誓戒。告前一日，省牲器。告日質明，三獻官以下諸執事各服其服，禮直官引監祭、監禮以下諸執事官入自北墉下，南向立定。奉禮郎贊曰「再拜」。在位官皆再拜訖，奉禮郎贊曰「各就位」，「立定」。監祭、監禮視陳設畢，復位立定。禮直官引三獻、司徒、太常卿、光祿卿入就位，立定。禮直官贊「有司謹具，請行事」。降神樂作，八成止。太常卿瘞血，復位立定。奉禮郎贊「再拜」。皆再拜訖，禮直官引初獻官詣盥洗位，盥手訖，詣社壇正位神座前南〔向〕，〔五〕搢笏跪，三上香，奠玉幣，執笏俛伏興。再拜訖，詣配位神座前西向，搢笏跪，三上香，奠幣，執笏俛伏興。再拜訖，詣稷壇盥洗位，盥手訖，升壇，並如上儀。俱畢，降復位。司徒率齋郎進饌，奠訖，降復位。禮直官引初獻官詣盥洗位，盥手訖，詣爵洗位，洗爵訖，詣酒尊所酌酒訖，詣社壇神位座前，南向立，搢笏跪，三上香，執爵，三祭酒於茅苴，爵授執事者，執笏俛伏興。俟讀祝官讀祝文訖，再拜興，詣酒尊所酌酒訖，詣配位神座前，西向，搢笏跪，三上香，執爵，三祭酒於茅苴，爵授執事者，執笏俛伏興。俟讀祝文訖，再拜興，詣稷壇盥洗位，盥手，洗爵，酌獻，並如上儀。俱畢，降復位。禮直官引亞獻，並如初獻之儀，惟不讀祝。俱畢，降復位。禮直官引終獻，並如亞獻之儀。俱畢，降復位。太祝徹籩豆訖，奉禮郎贊「賜胙」。衆官再拜訖，禮直〔官〕引三獻、司徒、太常卿詣瘞坎位，〔六〕南向立定。禮直官贊「可瘞」，禮畢出。禮直官引監祭、監禮、太祝、齋郎至北墉下，南向立定。奉禮贊「再拜」，皆再拜訖，出。

先農

先農之祀，始自至元九年二月，命祭先農如祭社之儀。十四年二月戊辰，祀先農東郊。十五年二月戊午，祀先農，以蒙古胄子代耕籍田。二十一年二月丁亥，又命翰林學士承旨撒里蠻祀先農于籍田。武宗至大三年夏四月，從大司農請，建農、蠶二壇。博士議：「二壇之式與社稷同，縱廣一十步，高五尺，四出陛，外壝相去二十五步，每方有櫺星門；今先農、先蠶壇位在籍田內，若立外壝，恐妨千畝，其外壝勿築。」是歲命祀先農如社稷，禮樂用登歌，日用仲春上丁，後或用上辛或甲日。祝文曰：「維某年月日，皇帝敬遣某官，昭告于帝神農氏。」配神曰「于后稷氏」。

祀前一日未後，禮直官引三獻、監祭禮以下省牲饌如常儀。祀日丑前五刻，有司陳燈燭，設祝幣，太官令帥其屬入實籩豆尊罍。丑正，禮直官引先班入就位，立定，次引監祭禮按視壇之上下，糾察不如儀者。畢，退復位，東向立。奉禮曰「再拜」。贊者承傳再拜訖，奉禮又贊「諸執事者各就位」。禮直官各引執事官各就位，立定。次引三獻官并與祭等官以次入就位，西向立。禮直官於獻官之右，贊「請行事」，樂作三成止。奉禮贊「再拜」，在位者皆再拜。太祝跪取幣於篚，立於尊所。禮直官引初獻官詣盥洗位，北向立，盥手帨手畢，升自東階，詣神位前北向立，搢笏跪，三上香，受幣奠幣，執笏俛伏興，少退，再拜訖，降復位，立定。太官令率齋郎設饌於神位前畢，俛伏興，退復位。禮直官引初獻再詣盥洗位，北向立，盥手、帨手，詣爵洗位，洗爵拭爵，詣酒尊所酌酒畢，詣正位神位前，北向立。搢笏跪，三上香，三祭酒於沙池，爵授執事者，執笏俛伏興，北向立。俟讀祝畢，再拜興。次詣配位酒尊所，酌酒訖，詣神位前，東向立。搢笏跪，三上香，三祭酒於沙池，爵授執事者，執笏俛伏興，東向立。俟讀祝畢，再拜，退復位。次引亞終獻行禮，並如初獻之儀，惟不讀祝，退復位，立定。禮直官贊徹籩豆，樂作，卒徹，樂止。奉禮贊賜胙，衆官再拜。贊者承傳，在位者皆再拜訖，樂作送神之曲，一成止。禮直官引齋郎升自東階，太祝跪取幣祝，齋郎捧俎載牲體及籩豆簠簋，各由其階至坎位，北向立。俟三獻畢，至立定。各跪奠訖，執笏俛伏興。禮直官贊「可瘞」，乃瘞。焚瘞畢，三獻以次詣耕地所，耕訖而退。此其儀也。先蠶之祀未聞。

宣聖

宣聖廟，太祖始置于燕京。至元十年三月，中書省命春秋釋奠，執事官各公服如其品，陪位諸儒襴帶唐巾行禮。成宗始命建宣聖廟于京師。大德十年秋，廟成。至大元年秋七月，〔七〕詔加號先聖曰大成至聖文宣王。延祐三年秋七月，詔春秋釋奠于先聖，以顏子、曾子、子思、孟子配享。封孟子父爲邾國公，母爲邾國宣獻夫人。皇慶二年六月，〔八〕以許衡從祀，又以先儒周惇頤、程顥、程頤、張載、邵雍、司馬光、朱熹、張栻、呂祖謙從祀。至順元年，以漢儒董仲舒從祀。齊國公叔梁紇加封啓聖王，魯國太夫人顏氏啓聖王夫人；顏子，兖國復聖公；曾子，郕國宗聖公；子思，沂國述聖公；孟子，鄒國亞聖公；河南伯程顥，豫國公；伊(楊)〔陽〕伯程頤，〔九〕洛國公。

其祝幣之式，祝版三，各一尺二寸，廣八寸，木用楸梓柏，文曰：「維年月日，皇帝敬遣某官等，致祭于大成至聖文宣王。」於先師曰：「維年月日，某官等致祭于某國公。」幣三，用絹，各長一丈八尺。

其牲齊器皿之數，牲用牛一、羊五、豕五。以犧尊實泛齊，象尊實醴齊，皆三，有上尊，加冪有勺，設堂上。太尊實泛齊，山罍實醴齊，有上尊。著尊實盎齊，犧尊實醴齊，象尊實沈齊，壺尊實三酒，皆有上尊，設堂下。盥洗位，在阼階之東。以象尊實醴齊，有上尊，加冪有勺，設於兩廡近北。盥洗位，在階下近南。〔一〇〕籩十，豆十，簠二，簋二，登三，鉶三，俎三，有毛血豆，正配位同。籩豆皆二，簋一，簠一，俎一，從祀皆同。凡銅之器六百八十有一，宣和爵坫一，豆二百四十有八，簠簋各一百一十有五，登六，犧尊、象尊各六，山尊二，壺尊六，著尊、太尊各二，罍二，洗二，龍杓二十有七，坫二十有八，爵一百一十有八。竹木之器三百八十有四，籩二百四十有八，篚三，俎百三十有三。陶器三，瓶二，香爐一。籩巾二百四十有〔八〕，〔一〕簠簋巾二百四十有八，俎巾百三十有三，黄巾蒙單十。

其樂用登歌。其日用春秋二仲月上丁，有故改用中丁。

其釋奠之儀，省牲前期一日晡時，三獻官、監祭官各具公服，詣省牲所阼階，東西向立，以北爲上。少頃，引贊者引三獻官、監祭官巡牲一匝，北向立，以西爲上。（侍）〔俟〕禮牲者折身曰「充」，贊者曰「告充」畢，禮牲者又折身曰「腯」，贊〔者〕曰「告腯」畢，〔二〕贊者復引三獻官、監祭官詣神廚，視滌溉畢，還齋所，釋服。釋奠，是日丑前五刻，初獻官及兩廡分奠官二員，各具公服於幕次，諸執事者具儒服，先於神門外西序東向立，以北爲上。明贊、承傳贊先詣殿庭前再拜畢，明贊升露階東南隅西向立，承傳贊立於神門階東南隅西向立。掌儀先引諸執事者各司其事，引贊者引初獻官、兩廡分奠官點視陳設。引贊者進前曰「請點視陳設」。至階，曰「升階」，至殿簷下，曰「詣大成至聖文宣王神位前」，至位，曰「北向立」。點視畢，曰「詣兗國公神位前」。至位，曰「東向立」。點視畢，曰「詣鄒國公神位前」。至位，曰「西向立」。點視畢，曰「詣東從祀神位前」。至位，曰「東向立」。點視畢，曰「詣西從祀神位前」。至位，曰「西向立」。點視畢，曰「詣酒尊所」，曰「西向立」。點視畢，曰「詣三獻爵洗位」。至階，曰「降階」，至位，曰「北向立」。點視畢，曰「詣三獻官盥洗位」。至位，曰「北向立」。點視畢，曰「請就次」。

方初獻點視時，引贊二人各引東西廡分奠官曰「請詣東西廡神位前」，至位東曰東西曰西向立。點視畢，曰「詣先儒神位前」。至位，曰「南向立」。點視畢，曰「退詣酒尊所」。至酒尊所，東西向立。點視畢，曰「退詣分奠官爵洗位」。至位，曰「南向立」。點視畢，曰「請就次」。〔西〕〔兩〕廡分奠官點視畢，〔一三〕引贊曰「請詣望瘞位」。至位，曰「北向立」。點視畢，曰「請就次」。初獻官釋公服，司鐘者擊鐘，初獻已下各服其服，齊班於幕次。

掌儀點視班齊，詣明贊報知，引禮者引監祭官、監禮官就位。進前曰「請就位」。至位，曰「就位，西向立」。明贊唱曰「典樂官以樂工進，就位」。承傳贊曰「典樂官以樂工進，就位」。明贊唱曰「諸執事者就位」，承傳贊曰「諸執事者就位」。明贊唱曰「諸生就位」，承傳贊曰「諸生就位」，引班者引諸生就位。明贊唱曰「陪位官就位」，承傳贊曰「陪位官就位」，引班者引陪位官就位。明贊唱曰「獻官就位」，承傳贊曰「獻官就位」，引贊者進前曰「請就位」，至位，曰「西向立」。明贊唱曰「闢戶」，俟戶闢，迎神之曲九奏。

樂止，明贊唱曰「初獻官以下皆再拜」，〔承〕傳贊曰「鞠躬，拜，興，拜，興，平身」。〔一四〕明贊唱曰「諸執事者各司其事」。俟執事者立定，明贊唱曰「初獻官奠幣」。引贊者進前曰「請詣盥洗位」。盥洗之樂作，至位，曰「北向立」。搢笏，盥手，帨手，出笏，樂止。及階，曰「升階」。升殿之樂作。樂止，入門，曰「詣大成至聖文宣王神位前」。至位，曰「就位，北向立，稍前」。

奠幣之樂作。搢笏跪，三上香，奉幣者以幣授初獻，初獻受幣奠訖，出笏就拜興，平身少退，再拜，鞠躬，拜興，拜興，平身。曰「詣兗國公神位前」。至位，曰「就位，東向立」，奠幣如上儀。曰「詣鄒國公神位前」。至位，曰「就位，西向立」，奠幣如上儀。樂止，曰「退復位」。及階，降殿之樂作。樂止，至位，曰「就位，西向立」。

俟立定，明贊唱曰「禮饌官進俎」。奉俎之樂作，乃進俎，樂止，進俎畢。明贊唱曰「初獻官行禮」，引贊者進前曰「請詣盥洗位」。盥洗之樂作，至位，曰「北向立」。搢笏，盥手，帨手，出笏。請詣爵洗位，至位，曰「北向立」。搢笏，執爵，滌爵，拭爵，以爵授執事者，如是者三，出笏。樂止，曰「請詣酒尊所」。及階，升殿之樂作，曰「升階」。樂止，至酒尊所，曰「西向立」。搢笏，執爵舉冪，司尊者酌犧尊之泛齊，以爵授執事者，如是者三，出笏。曰「詣大成至聖文宣王神位前」。至位，曰「就位，北向立」。酌獻之樂作，稍前，搢笏跪，三上香，執爵三祭酒，奠爵，出笏，樂止。祝人東向跪讀祝，祝在獻官之左。讀畢興，先詣左配位，南向立。引贊曰「就拜興」，「平身」，「少退」，「再拜」，「鞠躬」，「拜，興」，「拜，興」，「平身」。曰「詣兗國公神位前」。至位曰「就位，東向立」，酌獻之樂作。樂止，讀祝如上儀。曰「詣鄒國公神位前」。至位，曰「就位，西向立」，酌獻之樂作。樂止，讀祝如上儀。曰「退，復位」。至階，降殿之樂作。樂止，至位，曰「就位，西向立」。

俟立定，明贊唱曰「亞獻官行禮」，引贊者進前曰「請詣盥洗位」。至位，曰「北向立」。搢笏，盥手，出笏。請詣爵洗位，至位，曰「北向立」。搢笏，執爵、滌爵、拭爵，以爵授執事者，如是者三，出笏。請詣酒尊所，曰「西向立」。搢笏，執爵舉冪，司尊者酌象尊之醴齊，以爵授執事者，如是者三，出笏。曰「詣大成至聖文宣王神位前」。至位，曰「就拜，北向立」。酌獻之樂作。稍前，搢笏跪，三上香，執爵三祭酒，奠爵出笏，就拜興，平身少退，鞠躬，拜興，拜興，平身。曰「詣兗國公神位前」。至位，曰「東向立」，酌獻如上儀。曰「詣鄒國公神位前」。至位，曰「西向立」。酌獻如上儀。樂止，曰「退，復位」。及階，曰「降階」，至位，曰「就位，西向立」。

明贊唱曰「終獻官行禮」，引贊者進前曰「請詣盥洗位」，至位，曰「北向立」。搢笏，盥手、帨手，出笏。請詣爵洗位，至位，曰「北向立」。搢笏，執爵、滌爵、拭爵，以爵授執事者，如是者三，出笏。請詣酒尊所，至階，曰「升階」，至酒尊所，曰「西向立」。搢笏，執爵舉冪，司尊者酌象尊之醴齊，以爵授執事者，如是者三，出笏。曰「詣大成至聖文宣王神位前」。至位曰「就位，北向立，稍前」。酌獻之樂作。搢笏跪，三上香，執爵三祭酒，奠爵，出笏，就拜興，平身少退，鞠躬，拜興，拜興，平身。曰「詣兗國公神位前」。至位，曰「東向立」，酌獻如上儀。曰「詣鄒國公神位前」。至位，曰「西向立」，酌獻如上儀。樂止，曰「退復位」。及階，曰「降階」，至位，曰「就位，西向立」。

俟終獻將升階，明贊唱曰「分獻官行禮」。引贊者分引東西從祀分獻官進前曰「詣盥洗位」。至位，曰「北向立」。搢笏，盥手、帨手，出笏，詣爵洗位，至位曰「北向立」。搢笏，執爵、滌爵、拭爵，以爵授執事者，出笏，詣酒尊所。至階，曰「升階」，至酒尊所，曰「西向立」。搢笏，執爵舉冪，司尊者酌象尊之醴齊，以爵授執事者，出笏，詣東從祀神位前。至位，曰「就位，東向立，稍前」。搢笏跪，三上香，執爵三祭酒，奠爵，出笏，就拜興，平身少退，鞠躬，拜興，拜興，平身，退復位。及階，曰「降階」，至位，曰「就位，西向立」。

引西從祀分獻官同上儀，唯至神位前東向立。俟十哲分獻官離位，明贊唱曰「兩廡分奠官行禮」。引贊者進前曰「詣盥洗位」，至位，曰「南向立」。搢笏，盥手、帨手，出笏，詣爵洗位。至位，曰「南向立」。搢笏，執爵、滌爵、拭爵，以爵授執事者，出笏。曰「詣東廡酒尊所」。及階，曰「升階」，至酒尊所，曰「北向立」。搢笏，執爵舉冪，酌象尊之醴齊，以爵授執事者，出笏，詣東廡神位前。至位，曰「東向立，稍前」。搢笏跪，三上香，執爵三祭酒，奠爵，出笏，就拜興，平身稍退，鞠躬，拜興，拜興，平身，退復位。至階，曰「降階」，至位，曰「就位，西向立」。

引西廡分奠官同上儀，唯至神位前，東向立作西向立。俟終獻十哲，兩廡分奠官同時復位。明贊唱曰「禮饌者徹籩豆」。徹豆之樂作，禮饌者跪，移先聖前籩豆，略離席，樂止。明贊唱曰「諸執事者退復位」。俟諸執事者至版位立定，送神之樂作。明贊唱曰「初獻官以下皆再拜」，承傳贊曰「鞠躬，拜，興，拜，興，平身」。樂止。明贊唱曰「祝人取祝，幣人取幣，詣瘞坎」。俟徹祝幣者出殿門，北向立。望瘞之樂作。明贊唱曰「三獻官詣望瘞位」，引贊者進前曰「請詣望瘞位」。至位，曰「就位北向立」，曰「可瘞」。埋畢，曰「退，復位」。至殿庭前，候樂止，明贊唱曰「典樂官以樂工出就位」，明贊唱曰「闔戶」。又唱曰「初獻官以下退詣圓揖位」，引贊者引獻官退詣圓揖位。至位，初獻在西，亞終獻及分獻已下在東，陪位官東班在東，西班在西。俟立定，明贊唱曰「圓揖」。禮畢，退復位，引贊者各引獻官詣幕次更衣。

其飲福受胙，除國學外，諸處仍依常制。

闕里之廟，始自太宗九年，令先聖五十一代孫襲封衍聖公元措修之，官給其費。而代祠之禮，則始於武宗。牲用太牢，禮物別給白金一百五十兩，綵幣表裏各十有三匹。四年冬，復遣祭酒劉賡往祀，牲禮如舊。延祐之末，泰定、天曆初載，皆循是典，錦幣雜綵有加焉。

嶽鎮海瀆

嶽鎮海瀆代祀，自中統二年始。凡十有九處，分五道。後乃以東嶽、東海、東鎮、北鎮爲東道，中嶽、淮瀆、濟瀆、北海、南嶽、南海、南鎮爲南道，北嶽、西嶽、后土、河瀆、中鎮、西海、西鎮、江瀆爲西道。既而，又以驛騎迂遠，復爲五道，道遣使二人，集賢院奏遣漢官，翰林院奏遣蒙古官，出璽書給驛以行。中統初，遣道士，或副以漢官。至元二十八年正月，帝謂中書省臣言曰：「五嶽四瀆祠事，朕宜親往，道遠不可。大臣如卿等又有國務，宜遣重臣代朕祠之，漢人選名儒及道士習祀事者。」

其禮物，則每處歲祀銀香合一重二十五兩，五嶽組金幡二、鈔五百貫，四瀆織金幡二、鈔二百五十貫，四海、五鎮銷金幡二、鈔二百五十貫，至則守臣奉詔使行禮。皇帝登寶位，遣官致祭，降香幡合如前禮，惟各加銀五十兩，五嶽各中統鈔五百貫，四瀆、四海、五鎮各中統鈔二百五十貫。或他有禱，禮亦如之。

其封號，至元二十八年春二月，加上東嶽爲天齊大生仁聖帝，南嶽司天大化昭聖帝，西嶽金天大利順聖帝，北嶽安天大貞玄聖帝，中嶽中天大寧崇聖帝。加封江瀆爲廣(元)〔源〕順濟王，〔三〕河瀆靈源弘濟王，淮瀆長源溥濟王，濟瀆淸源善濟王，東海廣德靈會王，南海廣利靈孚王，西海廣潤靈通王，北海廣澤靈祐王。成宗大德二年二月，加封東鎭沂山爲元德東安王，南鎭會稽山爲昭德順應王，西鎭吳山爲成德永靖王，北鎭醫巫閭山爲貞德廣寧王，中鎭霍山爲崇德應靈王，敕有司歲時與嶽瀆同祀。

郡縣社稷

至元十〔一〕年八月甲辰朔，〔一六〕頒諸路立社稷壇壝儀式。十六年春三月，中書省下太常禮官，定郡縣社稷壇壝、祭器制度、祀祭儀式，圖寫成書，名至元州郡通禮。元貞二年冬，復下太常，議置壇於城西南二壇，方廣視太社、太稷，殺其半。壺尊二，籩豆皆八，而無樂。牲用羊豕，餘皆與太社、太稷同。三獻官以州長貳爲之。

郡縣宣聖廟

中統二年夏六月，詔宣聖廟及所在書院有司，歲時致祭，月朔釋奠。八月丁酉，命開平守臣釋奠于宣聖廟。成宗卽位，詔曲阜林廟，上都、大都諸路府州縣邑廟學、書院，贍學土地及貢士莊〔田〕，〔一七〕以供春秋二丁、朔望祭祀，修完廟宇。自是天下郡邑廟學，無不完葺，釋奠悉如舊儀。

郡縣三皇廟

元貞元年，初命郡縣通祀三皇，如宣聖釋奠禮。太皞伏羲氏以勾芒氏之神配，炎帝神農氏以祝融氏之神配，軒轅黃帝氏以風后氏、力牧氏之神配。黃帝臣俞跗以下十人，姓名載于醫書者，從祀兩廡。有司歲春秋二季行事，而以醫師主之。

嶽鎭海瀆常祀

至元三年夏四月，定歲祀嶽鎭海瀆之制。正月東嶽、鎭、海瀆，土王日祀泰山於泰安州，沂山於益都府界，立春日祀東海於萊州界，大淮於唐州界。三月南嶽、鎭、海瀆，立夏日遙祭衡山，土王日遙祭會稽山，皆於河南府界，立夏日遙祭南海、大江於萊州界。六月中嶽、鎭，土王日祀嵩山於河南府界，霍山於平陽府界。七月西嶽、鎭、海瀆，土王日祀華山於華州界，吳山於隴縣界，立秋日遙祭西海、大河於河中府界。十月北嶽、鎭、海瀆，土王日祀恒山於曲陽縣界，醫巫閭於遼陽廣寧路界，立冬日遙祭北海於登州界，濟瀆於濟源縣。祀官，以所在守土官爲之。既有江南，乃罷遙祭。

風雨雷師

風、雨、雷師之祀，自至元七年十二月，大司農請於立春後丑日，祭風師於東北郊；立夏後申日，祭雷、雨師於西南郊。仁宗延祐五年，乃即二郊定立壇壝之制，其儀注闕。

武成王

武成王立廟於樞密院公堂之西，以孫武子、張良、管仲、樂毅、諸葛亮以下十人從祀。每歲春秋仲月上戊，以羊一、豕一、犧尊、象尊、籩、豆、俎、爵，樞密院遣官，行三獻禮。

古帝王廟

堯帝廟在平陽。舜帝廟，河東、山東濟南歷山、濮州、湖南道州皆有之。禹廟在河中龍門。至元元年七月，龍門禹廟成，命侍臣持香致敬，有祝文。十二年二月，立伏羲、女媧、舜、湯等廟于河中解州、洪洞、趙城。十五年四月，修會川縣盤古王祠，祀之。二十四年閏二月，敕春秋二仲丙日，祀帝堯廟。致和元年，禮部移太常送博士議，舜、禹之廟合依堯祠故事，每歲春秋仲月上旬卜日，有司蠲潔致祭，官給祭物。至順元年三月，從太常奉禮郎薛元德言，彰德路湯陰縣北故羑里城周文王祠，命有司奉祀如故事。

周公廟

周公廟在鳳翔府岐山之陽。天曆二年六月，以岐陽廟爲岐陽書院，設學官，春秋釋奠周文憲王如孔子廟儀。凡有司致祭先代聖君名臣，皆有牲無樂。

名山大川忠臣義士之祠

凡名山大川、忠臣義士在祀典者，所在有司主之。惟南海女神靈惠夫人，至元中，以護海運有奇應，加封天妃神號，積至十字，廟曰靈慈。直沽、平江、周涇、泉、福、興化等處，皆有廟。皇慶以來，歲遣使齎香遍祭，金幡一合，銀一鋌，付平江官漕司及本府官，用柔毛酒醴，便服行事。祝文云：「維年月日，皇帝特遣某官等，致祭于護國庇民廣濟福惠明著天妃。」

功臣祠

功（神）〔臣〕之祠，〔一六〕惟故淮安忠武王立廟于杭，春秋二仲月次戊，祀以少牢，用籩豆簠簋，行酌獻禮。若魏國文正公許衡廟在大名，順德忠獻王哈剌哈孫廟在順德、武昌者，皆歲時致祭。自古帝王而下，祭器不用籩豆簠簋，儀非酌奠者，有司便服行禮，三上香奠酒而已。

大臣家廟

大臣家廟，惟至治初右丞相拜住得立五廟，同堂異室，而牲器儀式未聞。

校勘記

〔一〕壇高五丈方廣如之　按下文述先農壇先蠶壇稱「博士議：二壇之式與社稷同，縱廣一十步，高五尺」。本書卷一七世祖紀至元二十九年七月壬申條有「建社稷壇和義門內，壇各方五丈，高五尺」。永樂大典卷二〇四二四錄太常集禮稱「壇之制，高五尺，方廣十之」。道光本作「壇高五尺，方廣十之」。

〔二〕又其北北向屋一間曰饌幕殿又北南向屋三間曰饌幕　按下文有饌幕殿與省饌殿，卷七二郊祀壇壝之制，卷七四宗廟廟制，亦有饌幕殿與省饌殿，均與此不合。永樂大典卷二〇四二四錄太常集禮稱「北向，曰省饌，設一間。又南，東向，曰樂工房，三間。門北，南向，曰饌幕殿，三間」。此處「饌幕殿」當作「省饌殿」，「饌幕」當作「饌幕殿」。

〔三〕（奏）〔奉〕祝及御香尚尊酒馬湩自內出　從道光本改。

〔四〕祝史以豆取〔毛〕血各置於饌幕　從道光本補。

〔五〕詣社壇正位神座前南〔向〕　從北監本補。

〔六〕禮直〔官〕引三獻司徒太常卿詣瘞坎位　從北監本補。

〔七〕至大元年秋七月　按本書卷二二武宗紀繫加號孔子事于大德十一年七月辛巳，寰宇訪碑錄所錄加封孔子制誥碑亦題大德十一年七月。此處史文有誤。考異已校。

〔八〕皇慶二年六月　按皇慶紀元在延祐紀元之前，皇慶二年紀事應在延祐三年紀事之前，志文倒置。考異已校。

〔九〕伊（楊）〔陽〕伯程頤　據本書卷三四文宗紀至順元年閏七月戊申條、宋史卷四二七程頤傳改。新編已校。

〔一〇〕盥洗位在階下近南　按上文既言盥洗位在阼階之東，此處又言在階下近南，前後矛盾，且「盥洗位」不應重出。此處史文有誤。清續通考作「爵洗位」。

〔一一〕籩市二百四十有〔八〕　王圻續通考作「二百四十有八」，從補。按上文有「籩二百四十有八」。

〔一二〕（侍）〔俟〕禮牲者折身曰充贊者曰告充畢禮牲者又折身曰腯贊〔者〕曰告腯畢　從道光本改、補。

〔一三〕（西）〔兩〕廡分奠官點視畢　從道光本改。

〔一四〕〔承〕傳贊曰　從北監本補。

〔一五〕加封江瀆爲廣（元）〔源〕順濟王　道光本與元文類卷九加封五嶽四瀆四海詔合，從改。按四瀆封號曰廣源，曰靈源，曰長源，曰清源，皆用「源」字。

〔一六〕至元十〔一〕年八月甲辰朔　本書卷八世祖紀繫頒諸路立社稷壇壝儀式于至元十一年八月甲辰朔。據補。按至元十年八月庚戌朔，無甲辰日，十一年八月甲辰適爲朔日。

〔一七〕贍學土地及貢士莊（田）〔〕　據通制條格卷五、元典章卷三一補。

〔一八〕功（神）〔臣〕之祠　從北監本改。

元史卷七十七

志第二十七下

祭祀六

至正親祀南郊

至正三年十月十七日，親祀昊天上帝于圜丘，以太祖皇帝配享，如舊行儀制。右丞相脫脫爲亞獻官，太尉、樞密知院阿魯禿爲終獻官，御史大夫伯撒里爲攝司徒，樞密知院汪家奴爲大禮使，中書平章也先帖木兒、鐵木兒達識二人爲侍中，御史大夫也先帖木兒、中書右丞太平二人爲門下侍郎，宣徽使達世帖睦爾、太常同知李好文二人爲禮儀使，宣徽院使也先帖木兒執劈正斧，其餘侍祀官依等第定擬。

前期八月初七日，太常禮儀院移關禮部，具呈都省，會集翰林、集賢、禮部等官，講究典禮。九月內，承奉班都知孫玉鉉具錄親祀南郊儀注云：致齋日停奏刑殺文字，應享執事官員涖誓於中書省。享前一日質明，所司備法駕儀仗暨侍享官分左右敍立於崇天門外，太僕卿控御馬立於大明門外，侍儀官、導駕官各具公服，備擎執，立於致齋殿前。通事舍人二員引門下侍郎、侍中入殿相向立。侍中跪奏請皇帝中嚴，就拜興，退出。少頃，引侍中跪奏外辦，就拜興。皇帝出致齋殿，侍中跪奏請皇帝升輿，侍儀官、導駕官引擎執前導，巡輦路至大明殿西陛下。侍中跪奏請皇帝降輿升殿，就拜興。皇帝入殿，卽御座。舍人引執事等官，敍於殿午陛下，相向立。通班舍人贊起居，引〔班〕贊鞠躬平身。〔一〕舍人引門下侍郎、侍中入殿至御座前，門下侍郎、侍中相向立。侍中跪奏請皇帝降殿升輿，就拜興。侍儀官前導，至大明殿門外，侍中跪奏請皇帝升輿，就拜興。至大明門外，侍中跪奏請皇帝降輿乘馬，門下侍郎跪奏請車駕進發，就拜興，動稱警蹕。至崇天門外，門下侍郎跪奏請車駕少駐，敕衆官上馬，就拜興。侍中承旨，退稱曰「制可」，門下侍郎退傳制，敕衆官上馬，贊者承傳，敕衆官於欞星門外上馬。少頃，門下侍郎跪奏請車駕進發，就拜興，動稱警蹕。華蓋繖扇儀仗百官左右前導，教坊樂鼓吹不作。至郊壇南欞星門外，門下侍郎跪奏請皇帝權停，敕衆官下馬。侍中傳制，敕衆官下馬，自卑而尊與儀仗倒捲而〔北〕，左右駐立。〔二〕駕至內欞星門，侍中跪奏請皇帝降馬，步入欞星門，由右偏門入。稍西，侍中跪奏請皇帝升輿，就拜興。侍儀官暨導駕官引擎執前導，至大次殿門前，侍中跪奏請皇帝降輿，入就大次殿，就拜興。

皇帝入就大次，簾降，宿衞如式。侍中入跪奏，敕衆官各退齋次，就拜興。通事舍人承旨，敕衆官各還齋次。尚食進膳訖，禮儀使以祝册奏御署訖，奉出，郊祀令受而奠於坫。

其享日丑時二刻，侍儀官備擎執，同導駕官列於大次殿前。通事舍人引侍中、門下侍郎入大次殿。侍中跪奏請皇帝中嚴，服衮冕，就拜興，退。少頃，舍人再拜引侍中跪版奏外辦，就拜興，退出。禮儀使入跪奏請皇帝行禮，就拜興。簾捲出大次，侍儀官備擎執，同導駕官前導。皇帝至西壝門，侍儀官、導駕官擎執止於壝門外，近侍官、代禮官皆後從入。〔三〕殿中監跪進大圭，禮儀使跪請皇帝執大圭，皇帝入行禮，禮節一如舊制。行禮畢，侍儀官備擎執，同導駕官前導，皇帝還至大次。通事舍人引侍中入跪奏，請皇帝解嚴，釋衮冕。停五刻頃，尚食進膳如儀。所司備法駕儀仗，同侍享等官分左右，敍立於郊南欞星門外，以北爲上。舍人引侍中入跪奏，請皇帝中嚴，就拜興，退。少頃，再引侍中跪版奏外辦，就拜興。皇帝出大次，侍中跪奏請皇帝升輿，侍儀官備擎執，同導駕官前導，至欞星門外，太僕卿進御馬，侍中跪奏請皇帝降輿乘馬，就拜興。門下侍郎跪奏請車駕進發，就拜興，動稱警蹕。至欞星門外，門下侍郎跪請皇帝少駐，敕衆官上馬，就拜興。侍中承旨退稱曰「制可」，門下侍郎傳制，敕衆官上馬，贊者承傳，敕衆官上馬。少頃，門下侍郎跪奏請車駕進發，就拜興。侍儀官備擎執，同導駕官前導，動稱警蹕，華蓋儀仗繖扇衆官左右前導，教坊樂鼓吹皆作。

至麗正門裏石橋北，引門下侍郎下馬，跪奏請皇帝權停，敕衆官下馬，贊者承傳，敕衆官下馬，舍人引衆官分左右，先入紅門內，倒捲而北駐立。引甲馬軍士於麗正門內石橋大北駐立，依次倒捲至櫺星門外，左右相向立。仗立於櫺星門內，倒捲亦如之。門下侍郎跪奏請車駕進發，侍儀官備擎執，導駕官導由崇天門入，至大明門外。引侍中跪奏請皇帝降馬升輿，就拜興。至大明殿，引衆官相向立於殿陛下。俟皇帝入殿升座，侍中跪奏請皇帝解嚴，敕衆官皆退，通事舍人承旨敕衆官皆退，郊祀禮成。

至正親祀太廟

至元六年六月，監察御史呈：「嘗聞五行傳曰，簡宗廟，廢祭祀，則水不潤下。近年雨澤愆期，四方多旱，而歲減祀事，變更成憲，原其所致，恐有感召。欽惟國家四海乂安，百有餘年，列聖相承，典禮具備，莫不以孝治天下。古者宗廟四時之祭，皆天子親享，莫敢使有司攝也。蓋天子之職，莫大於禮，禮莫大於孝，孝莫大於祭。世祖皇帝自新都城，首建太廟，可謂知所本矣。春秋之法，國君卽位，逾年改元，必行告廟之禮。伏自陛下卽位以來，于今七年，未嘗躬詣太廟，似爲闕典。方今政化更新，並遵舊制，告廟之典，理宜親享。」時帝在上都，臺臣以聞，奉旨若曰：「俟到大都，親自祭也。」

九月二十七日，中書省奏以十月初四日皇帝親祀太廟，制曰「可」。前期，告示以太師、右丞相馬扎兒台爲亞獻官，樞密知院阿魯禿爲終獻官，知院潑皮、翰林承旨老章爲助奠官，大司農愛牙赤爲七祀獻官，侍中二人，門下侍郎二人，大禮使一人，執劈正斧一人，禮儀使四人，餘各如故事。

有司具儀注云：享前一日質明，所司備法駕於崇天門外，侍儀官引擎執，同導駕官具公服，於致齋殿前左右分班侍立。承奉舍人引門下侍郎、侍中入殿門下，侍郎相向立，侍中跪奏臣某等官請皇帝中嚴，就拜興，退出。少頃，引侍中版奏外辦，就拜興，退。皇帝出齋室，侍中跪奏請皇帝升輿，巡輦路，由正門至大明殿酉陛下。侍中跪奏請皇帝降輿升殿，就拜興，引皇帝卽御座。執事官於午陛下起居訖，舍人引侍中、門下侍郎入殿，至御榻前，門下侍郎相向立。侍中跪奏請皇帝降殿升輿，就拜興，導至大明殿外。侍中跪奏請皇帝升輿，就拜興。至大明門外，太僕卿進御馬。侍中跪奏請皇帝降輿乘馬訖，門下侍郎跪奏請車駕進發，就拜興，進發時稱警蹕。至崇天門外，門下侍郎跪奏請車駕少駐，敕衆官上馬，就拜興。侍中承旨退稱曰「制可」，贊者承傳，敕衆官上馬。少頃，門下侍郎跪奏請車駕進發，就拜興，進發時稱警蹕。導至太廟外紅門內，門下侍郎跪奏請車駕權停，敕衆官下馬，就拜興。贊者承傳，敕衆官下馬。門下侍郎跪奏請車駕進發，至石橋南，侍中跪奏請皇帝下馬，步入神門，就拜興。皇帝下馬，侍儀官同導駕官前導，皇帝步入神門稍西，侍中跪奏請皇帝升輿，就拜興。至大次殿門前，侍中跪奏請皇帝降輿，入就大次，就拜興。簾降，宿衞如式。侍中入跪奏，敕衆官各還齋次，承旨贊者承傳，敕衆官各還齋次。俟行禮時至丑時一刻頃，侍儀官備擎執，同導駕官於大次殿門前，舍人引侍中、門下侍郎入大次座前，侍中跪奏請皇帝中嚴，服袞冕，就拜興，退。少頃，再引侍中跪奏外辦，就拜興，退。禮儀使跪奏請皇帝行禮，侍儀官同導駕官導引皇帝至西神門，擎執侍儀官同導駕官止。行禮畢，皇帝由西神門出，侍儀官備擎執，同導駕官引導皇帝還至大次。舍人引侍中入跪奏，請皇帝解嚴，釋袞冕。尙食進膳如式畢，侍中跪版奏外辦，就拜興，退。導皇帝出大次，侍中跪奏請皇帝升輿，就拜興。侍儀官同導駕官前導，至神門外，太僕卿進御馬，侍中跪奏請皇帝降輿乘馬，就拜興。乘馬訖，門下侍郎跪奏請車駕進發，就拜興，退，進發時稱警蹕。至櫺星門外，門下侍郎跪奏請車駕少駐，敕衆官上馬，就拜興。侍中承旨退稱曰「制可」，贊者承傳，敕衆官上馬。少頃，門下侍郎跪奏請車駕進發，就拜興，進發時稱警蹕，教坊樂振作。至麗正門裏石橋北，引門下侍郎跪奏請車駕權停，敕衆官下馬，就拜興。贊者承傳，敕衆官下馬。門下侍郎跪奏請車駕進發，侍儀官引擎執，同導駕官前導，執事官後從，皇帝由紅門裏輦路至大明門外。侍中跪奏請皇帝降馬乘輿，就拜興。侍儀官擎執，同導駕官導至大明殿，諸執事殿下相向立。俟皇帝入殿升座，侍中跪奏敕衆官皆退，贊者承傳，敕衆官皆退。

三皇廟祭祀禮樂

至正九年，御史臺以江西湖東道肅政廉訪使文殊訥所言具呈中書。其言曰：「三皇開天立極，功被萬世。京師每歲春秋祀事，命太醫官主祭，揆禮未稱。請如國子學、宣聖廟春秋釋奠，上遣中書省臣代祀，一切儀禮倣其制。」中書付禮部集禮官議之。是年十月二十四日，平章政事太不花、定住等以聞，制曰「可」。於是命太常定儀式，工部範祭器，江浙行省製雅樂器。後命太常博士定樂曲名，翰林國史院撰樂章十有六曲。明年，祭器、樂器俱備，以醫籍百四十有八戶充廟戶禮樂生。御藥院大使盧亨素習音律，受命教樂工四十有二人，各執其技，乃季秋九月九日蕆事。宣徽供禮饌，光祿勳供內醞，太府供金帛，廣源庫供薌炬，大興府尹供犧牲、制幣、粢盛、殽核。中書奏擬三獻官以次定，諸執事並以清望充。前一日，內降御香，三獻官以下公服備大樂儀仗迎香，至開天殿庋置。退習明日祭儀，習畢就廟齋宿。京朝文武百司與祭官如之，各以禮助祭。翰林詞臣具祝文，曰「皇帝敬遣某官某致祭」。

樂章前卷祀社稷樂章，俱在禮樂類中，今附于此。

降神，奏咸成之曲：

黃鐘宮三成

於皇三聖，神化無方。繼天立極，垂憲百王。聿崇明祀，率由舊章。靈兮來下，休有烈光。

降神，奏賓成之曲：

大呂角二成

帝德在人，日用不知。神之在天，矧可度思。辰良日吉，蕆事有儀。感以至誠，尙右享之。

降神，奏顧成之曲：

太簇徵二成

大道之行，肇自古先。功烈所加，何千萬年。是尊是奉，執事孔虔。神哉沛兮，泠風騤然。

降神，奏臨成之曲：

應鐘羽二成

雅奏告成，神斯降格。妥安有位，淸廟奕奕。肸蠁潛通，豐融烜赫。我其承之，百世無斁。

初獻盥洗，奏蠲成之曲：

姑洗宮

靈旂戾止，式燕以寧。吉蠲致享，惟寅惟淸。挹彼注茲，沃盥而升。有孚顒若，交于神明。

初獻升殿，奏恭成之曲：

南呂宮

齊明盛服，恪恭命祀。洋洋在上，匪遠具邇。左右周旋，陟降庭止。式禮莫愆，用介多祉。

奠幣，奏祗成之曲：

南呂宮

駿奔在列，品物咸備。禮嚴載見，式陳量幣。惟茲篚實，肅將忱意。靈兮安留，成我熙事。

初獻降殿。與升殿同。

捧俎，奏闕成之曲：

姑洗宮

我祀如何，有牲在滌。既全且潔，爲俎孔碩。以將以享，其儀不忒。神其迪嘗，純嘏是錫。

初獻盥洗。與前同。

初獻升殿。與前同。

大皞宓犧氏位酌獻，奏闕成之曲：

南呂宮

五德之首，巍巍聖神。八卦有作，誕開我人。物無能稱，玄酒在尊。歆監在茲，惟德是親。

炎帝神農氏位酌獻，奏闕成之曲：

南呂宮

耒耜之利，人賴以生。鼓腹含哺，帝力難名。欲報之德，黍稷非馨。眷言顧之，享于克誠。

黃帝有熊氏位酌獻，奏闕成之曲：

南呂宮

爲衣爲裳，法乾效坤。三辰順序，萬國來賓。典祀有常，多儀具陳。純精昭達，匪籍彌文。

配位酌獻，奏闕成之曲：

南呂宮

三聖儼臨，孰侑其食。惟爾有神，同功合德。丕擁靈休，留娛嘉席。歷世昭配，永永無極。

初獻降殿。與前同。

亞獻，奏闕成之曲：終獻同。

姑洗宮

綏節安歌，載升貳觴。禮成三終，申薦令芳。凡百有職，罔敢怠遑。神具醉止，欣欣樂康。

徹豆，奏闕成之曲：

南呂宮

籩豆有踐，殷薦亶時。禮文疏洽，廢徹不遲。愼終如始，進退無違。神其祚我，綏以繁釐。

送神，奏闕成之曲：

黄鐘宫

夜如何其，明星煌煌。靈逝弗留，飈舉雲翔。瞻望靡及，德音不忘。庶回景貺，發爲禎祥。

望瘞，奏闕成之曲：

姑洗宫

工祝致告，禮備樂終。加牲兼幣，訖薶愈恭。精神斯磬，〔四〕惠澤無窮。儲休錫美，萬福來崇。

顔子考妣封謚

至順元年冬十一月望，曲阜兖國復聖公新廟落成。元統二年，改封顔子考曲阜侯爲杞國公，謚文裕；妣齊姜氏爲杞國夫人，謚端獻；夫人戴氏兖國夫人，謚貞素。又割益都鄒縣牧地三十頃，徵其歲入，以給常祀。

宋五賢從祀

至正十九年十一月，江浙行省據杭州路申備本路經歷司呈，准提控案牘兼照磨承發架閣胡瑜牒，嘗謂：

文治興隆，宜舉行於曠典；儒先褒美，期激勵於將來。凡在聞知，詎容緘默。蓋國家化民成俗，莫先於學校。而學校之設，必崇先聖先師之祀者，所以報功而示勸也。

我朝崇儒重道之意，度越前古。既已加封先聖大成之號，又追崇宋儒周敦頤等封爵，俾從祀廟庭，報功示勸之道，可謂至矣。然有司討論未盡，尚遺先儒楊時等五人，未列從祀，遂使盛明之世，猶有闕典。惟故宋龍圖閣直學士、謚文靖、龜山先生楊時，親得程門道統之傳，排王氏經義之謬，南渡後，朱、張、呂氏之學，其源委脈絡，皆出於時者也。故宋處士、延平先生李侗，傳河洛之學，以授朱熹，凡集註所引師說，即其講論之旨也。故宋中書舍人、謚文定胡安國，聞道伊洛，志在春秋，纂爲集傳，羽翼正經，明天理而扶世教，有功於聖人之門者也。故宋處士、贈太師榮國公、謚文正、九峯先生蔡沈，從學朱子，親承指授，著書集傳，發明先儒之所未及，深有功於聖經者也。故宋翰林學士、參知政事、謚文忠、西山先生眞德秀，博學窮經，踐履篤實。當時立僞學之禁，以錮善類，德秀晚出，獨以斯文爲己任，講習躬行，黨禁解而正學明。此五人者，學問接道統之傳，著述發儒先之祕，其功甚大。況科舉取士，已將胡安國春秋、蔡沈尚書集傳表章而尊用之，眞德秀大學衍義亦備經筵講讀，是皆有補於國家之治道者矣。各人出處，詳見宋史本傳，俱應追錫名爵，從祀先聖廟庭，可以敦厚儒風，激勸後學。如蒙備呈上司，申達朝省，命禮官討論典禮，如周敦頤等例，聞奏施行，以補闕典，吾道幸甚。

本省以其言具咨中書省，仍遣胡瑜赴都投呈。至正二十一年七月，中書判送禮部，行移翰林、集賢、太常三院會議，俱准所言，回呈中書省。二十二年八月，奏准送禮部定擬五先生封爵謚號。俱贈太師。楊時追封吳國公，李侗追封越國公，胡安國追封楚國公，蔡沈追封建國公，眞德秀追封福國公。各給詞頭宣命，遣官齎往福建行省，訪問各人子孫給付。如無子孫者，於其故所居鄉里郡縣學，或書院祠堂內，安置施行。

朱熹加封齊國父追謚獻靖

至正二十二年十二月，追謚朱熹父爲獻靖，其制詞云：「考德而論時，灼見風儀之俊；觀子而知父，追聞詩禮之傳。久閟幽堂，丕昭公論。故宋左承議郎、守尚書吏部員外郎、兼史館校勘、累贈通議大夫朱松，仕不躁進，德合中行。遡鄒魯之淵源，式開來學；開圖書之蘊奥，妙契玄機。奏對雖忤於權姦，嗣續篤生於賢哲。化民成俗，著書滿家。既繼志述事之光前，何節惠易名之孔後。才高弗展，嗟沉滯於下僚；道大莫容，竟昌明於永世。神靈不昧，休命其承。可謚獻靖。」

其改封熹爲齊國公制詞云：「聖賢之蘊載諸經，義理實明於先正；風節之厲垂諸世，褒崇豈間於異時。不有鉅儒，孰膺寵數。故宋華文閣待制、累贈寶謨閣直學士、太師、追封徽國公、謚文朱熹，挺生異質，蚤擢科名。試用於郡縣，而善政孔多；迴翔於舘閣，而直言無隱。權姦屢挫，志慮不回。著書立言，嘉乃簡編之富；愛君憂國，負其經濟之長。正學久達於中原，涣號申行於仁廟。詢諸僉議，宜易故封。國啓營丘，爰錫太公之境土；壤隣洙泗，尚覩尼父之宫牆。緬想英風，載欽新命。可追封齊國公，餘並如故。」

國俗舊禮

每歲，太廟四祭，用司禋監官一員，名蒙古巫祝。當省牲時，法服，同三獻官升殿，詣室戶告腯，還至牲所，以國語呼累朝帝后名諱而告之。明旦，三獻禮畢，獻官、御史、太常卿、博士復陞殿，分詣各室，蒙古博兒赤跪割牲，太僕卿以朱漆盂奉馬乳酌奠，巫祝以國語告神訖，太祝奉祝幣詣燎位，獻官以下復版位載拜，禮畢。

每歲，駕幸上都，以六月二十四日祭祀，謂之洒馬妳子。用馬一，羯羊八，綵段練絹各九匹，以白羊毛纏若穗者九，貂鼠皮三，命蒙古巫覡及蒙古、漢人秀才達官四員領其事，再拜告天。又呼太祖成吉思御名而祝之，曰：「托天皇帝福蔭，年年祭賽者。」禮畢，掌祭官四員，各以祭幣表裏一與之；餘幣及祭物，則凡與祭者共分之。

每歲，九月內及十二月十六日以後，於燒飯院中，用馬一，羊三，馬湩，酒醴，紅織金幣及裏絹各三匹，命蒙古達官一員，偕蒙古巫覡，掘地爲坎以燎肉，仍以酒醴、馬湩雜燒之。巫覡以國語呼累朝御名而祭焉。

每歲，十二月下旬，擇日，於西鎭國寺內牆下，灑掃平地，太府監供綵幣，中尙監供細氈鍼線，武備寺供弓箭環刀，束稈草爲人形一，爲狗一，剪雜色綵段爲之腸胃，選達官世家之貴重者交射之。非別速、札剌爾、乃蠻、忙古、台列班、塔達、珊竹、雪泥等氏族，不得與列。射至糜爛，以羊酒祭之。祭畢，帝后及太子嬪妃併射者，各解所服衣，俾蒙古巫覡祝讚之。

祝讚畢，遂以與之，名曰脫災。國俗謂之射草狗。

每歲，十二月十六日以後，選日，用白黑羊毛爲線，帝后及太子，自頂至手足，皆用羊毛線纏繫之，坐于寢殿。蒙古巫覡念呪語，奉銀槽貯火，置米糠于其中，沃以酥油，以其煙薰帝之身，斷所繫毛線，納諸槽內。又以紅帛長數寸，帝手裂碎之，唾之者三，併投火中。卽解所服衣帽付巫覡，謂之脫舊災、迎新福云。

凡后妃妊身，將及月辰，則移居于外氈帳房。若生皇子孫，則錫百官以金銀綵段，謂之撒答海。及彌月，復還內寢。其帳房，則以頒賜近臣云。

凡帝后有疾危殆，度不可愈，亦移居外氈帳房。有不諱，則就殯殮其中。葬後，每日用羊二次燒飯以爲祭，至四十九日而後已。其帳房亦以賜近臣云。

凡宮車晏駕，棺用香楠木，中分爲二，刳肖人形，其廣狹長短，僅足容身而已。殮用貂皮襖、皮帽，其靴韈、繫腰、盒鉢，俱用白粉皮爲之。殉以金壺瓶二，盞一，椀楪匙筯各一。

殮訖，用黃金爲箍四條以束之。輿車用白氊青緣納失失爲簾，覆棺亦以納失失爲之。前行，用蒙古巫媼一人，衣新衣，騎馬，牽馬一匹，以黃金飾鞍轡，籠以納失失，謂之金靈馬。日三次，用羊奠祭。至所葬陵地，其開穴所起之土成塊，依次排列之。棺既下，復依次掩覆之。其有剩土，則遠置他所。送葬官三員，居五里外。日一次燒飯致祭，三年然後返。

世祖至元七年，以帝師八思巴之言，於大明殿御座上置白傘蓋一，頂用素段，泥金書梵字於其上，謂鎮伏邪魔護安國刹。自後每歲二月十五日，於大〔明〕殿啓建白傘蓋佛事，〔三〕用諸色儀仗社直，迎引傘蓋，周遊皇城內外，云與衆生祓除不祥，導迎福祉。歲正月十五日，宣政院同中書省奏，請先期中書奉旨移文樞密院，八衞撥傘鼓手一百二十人，殿後軍甲馬五百人，擡舁監壇漢關羽神轎軍及雜用五百人。宣政院所轄官寺三百六十所，掌供應佛像、壇面、幢幡、寶蓋、車鼓、頭旗三百六十壇，每壇擎執擡舁二十六人，鈸鼓僧一十二人。大都路掌供各色金門大社一百二十隊，教坊司雲和署掌大樂鼓、板杖鼓、篳篥、龍笛、琵琶、箏、纂七色，凡四百人。興和署掌妓女雜扮隊戲一百五十人，祥和署掌雜把戲男女一百五十人，儀鳳司掌漢人、回回、河西三色細樂，每色各三隊，凡三百二十四人。凡執役者，皆官給鎧甲袍服器仗，俱以鮮麗整齊爲尚，珠玉金繡，裝束奇巧，首尾排列三十餘里。都城士女，闔閭聚觀。禮部官點視諸色隊仗，刑部官巡綽喧鬧，樞密院官分守城門，而中書省官一員總督視之。先二日，於西鎮國寺迎太子遊四門，舁高塑像，具儀仗入城。十四日，帝師率梵僧五百人，於大明殿內建佛事。至十五日，恭請傘蓋于御座，奉置寶輿，諸儀衞隊仗列于殿前，諸色社直暨諸壇面列于崇天門外，迎引出宮。至慶壽寺，具素食，食罷起行，從西宮門外垣海子南岸，入厚載紅門，由東華門過延春門而西。帝及后妃公主，於玉德殿門外，搭金脊吾殿綵樓而觀覽焉。及諸隊仗社直送金傘還宮，復恭置御榻上。帝師僧衆作佛事，至十六日罷散。歲以爲常，謂之游皇城。或有因事而輟，尋復舉行。夏六月中，上京亦如之。

校勘記

〔一〕引〔班〕贊鞠躬平身　道光本據續太常集禮增入，從補。

〔二〕自卑而尊與儀仗倒捲而〔北〕左右駐立　道光本據續太常集禮增入，從補。

〔三〕近侍官代禮官　按本書卷七三、七四、七五均作「近侍官」、「大禮使」。疑此處「代禮官」爲「大禮使」之誤。

〔四〕精神斯馨　按黃金華集卷四三皇廟樂章作「精誠斯馨」，疑此處「神」當作「誠」。

〔五〕於大〔明〕殿啓建白傘蓋佛事　據上下文所見「大明殿」補。